Hikeline

Wanderführer

Eifel Süd

Hikeline®-Wanderführer Eifel Süd

A-3751 Rodingersdorf, Hauptstr. 31
Tel.: +43/2983/28982-0, Fax: -500
E-Mail: hikeline@esterbauer.com
www.esterbauer.com

1. Auflage 2012
ISBN: 978-3-85000-552-4

Bitte geben Sie bei jeder Korrespondenz die Auflage und die ISBN an!

Erstellt in Zusammenarbeit mit dem Wandermagazin

Dank an alle, die uns bei der Erstellung dieses Buches tatkräftig unterstützt haben.

Das Hikeline-Team:
Heidi Authried, Beatrix Bauer, Markus Belz, Michael Bernhard, Michael Binder, Veronika Bock, Sandra Eisner, Roland Esterbauer, Gabi Glasstetter, Dagmar Güldenpfennig, Tobias Klein, Martina Kreindl, Bettina Müllauer, Eveline Müllauer, Gregor Münch, Karin Neichsner, Niki Nowak, Carmen Paradeiser, Julia Pelikan, Petra Riss, Christian Schlechte, Erik Schmidt, Mandy Schwalbe, Martina Specht, Matthias Thal, Martin Wischin, Wolfgang Zangerl.

Umschlagbild: Helmut Gassen
Bildnachweis: Ferienregion Felsenland-Südeifel - TI Bollendorf: S. 209, S. 210, S. 212; Heinrich Wagner: S. 18, S. 19, S. 214, S. 216; Helmut Gassen: S. 169, S. 171; Karin Hünerfauth-Brixius: S. 120, S. 187, S. 189, S. 192; Klaus Peter Kappest, Rhein-Mosel: S. 21, S. 8, S. 9, S. 10, S. 11, S. 13, S. 22, S. 23, S. 25, S. 28, S. 30, S. 31, S. 33, S. 34, S. 36, S. 37, S. 38, S. 40, S. 41, S. 42, S. 44, S. 46, S. 48, S. 51, S. 52, S. 54, S. 58, S. 59, S. 60, S. 61, S. 62, S. 64, S. 66, S. 68, S. 69, S. 72, S. 74, S. 75, S. 76, S. 77, S. 79, S. 80, S. 81, S. 83, S. 84, S. 85, S. 88, S. 90, S. 91, S. 92, S. 96, S. 97, S. 98, S. 102, S. 106; Mike Binder: S. 166; Moseleifel Tourismus: S. 184; Naturpark Nordeifel e. V. Rheinland-Pfalz: S. 108, S. 109, S. 111, S. 112, S. 115, S. 116, S. 17; Siegfried Schüler, Dockweiler: S. 134; TI Gerolsteiner Land: S. 126, S. 128, S. 130; Ulrike Poller: S. 158, S. 159; Verbandsgemeinschaft Neuerburg: S. 194, S. 196, S. 198, S. 200, S. 202, S. 205, S. 206; W&A Marketing&Verlag GmbH: S. 14 , S. 152, S. 175, S. 176, S. 178; W&A-Verlag, Helmut Otto: S. 118, S. 124, S. 137, S. 140, S. 147, S. 161, S. 162, S. 164, S. 173, S. 174, S. 180, S. 182; Winfried Hoor, Verbandsgemeinschaft Irrel: S. 143, S. 144, S. 154

Kartografie erstellt mit axpand (www.axes-systems.com)

241gmmib

Vorwort

Die südliche Eifel ist eine Landschaft von illustrer Vielfalt, die alles bietet, was das Wandervergnügen garantiert. Die einstige Vulkanlandschaft gibt sich am besten zu erkennen, während Sie über die charakteristischen Kuppen oder Bergrücken wandern, oftmals mit freiem Blick auf die lebhaft geschwungene Umgebung. Regionaltypische Phänomene finden sich in den tiefdunklen Maaren, mit Wasser gefüllten Explosionskratern von scheinbar endloser Tiefe, in den Wacholderheiden mit ihrer ganz besonderen Stimmung und nicht zuletzt an den malerischen und urromantischen Weinhängen von Rhein und Mosel, die es häufig gestatten, direkt entlang der Rebstöcke zu wandern. Darüber hinaus bietet Ihnen die südliche Eifel einen ganzen Reigen lebhafter Bäche wie Salm, Kyll, Elz und Lieser, die sich ihren Weg durch wahrhaft wildromantische Täler suchen. Über diesen thronen Schlösser und Burgen solcher Art, wie man sie aus Märchenbüchern kennt, in den Tälern findet sich im Gegenzug eine große Zahl pittoresker Fachwerkstädtchen. Nicht zuletzt bietet sich in guter Regelmäßigkeit die Möglichkeit zu einer gemütlichen Einkehr selbst in abgeschiedenen Lagen.

Präzise Karten, genaue Streckenbeschreibungen, zahlreiche Stadt- und Ortspläne und Hinweise auf das kulturelle und touristische Angebot der Region – in diesem Buch finden Sie alles, was Sie zu einer Wanderung in der südlichen Eifel brauchen – außer gutem Wetter, das können wir Ihnen nur wünschen.

TRACK GPS DOWNLOAD

Die GPS-Tracks zu diesem Buch erhalten Sie nach Registrierung im Internet unter:
www.esterbauer.com
Produktcode: 552-4Ag8-P85s

Kartenlegende

* in Auswahl

Wanderweg
breiter oder gut begehbarer Weg
z. B.: Wald- und Forstweg

Verkehrsreicher Abschnitt
Strecke auf oder direkt an Straße mit starker Verkehrsbelastung

Variante, Alternativstrecke
z. B.: Ausflüge • Abkürzungen • Ein- oder Ausstiege • alternative Hauptroute

Sonstige Wanderwege
kreuzende Touren • nachträgliche, von uns nicht geprüfte Wege

Wanderweg geplant

Wanderweg gesperrt

Tunnelstrecke, Unterführung

Fährverbindung

Wegpunkt

Gefahrenstelle

Text beachten

Treppe

Tourist-Information

Hotel, Pension; Jugendherberge

Campingplatz; Zeltplatz

Gasthaus

Einkaufsmöglichkeit; Kiosk

Erlach sehenswerter Ort

Einrichtung im Ort vorhanden

sonstige Sehenswürdigkeit

sehenswerte Kirche; Kapelle

sehenswertes Kloster

sehenswerte Synagoge; Moschee

sehenswerte/s Schloss, Burg

sehenswerte Ruine

sehenswertes Denkmal; Wegkreuz

sehenswerte/s Bergwerk; Höhle

sehenswerter Turm; Leuchtturm

sehenswerte Wassermühle; Windmühle

sehenswertes/r Kraftwerk; Flughafen

Museum

Ausgrabung; Römische Objekte

Tierpark; Naturpark-Information

Naturpark; sonstige Natursehenswürdigkeit

Aussichtspunkt

Rastplatz; Unterstand

Schutzhütte; Grillplatz

Wanderparkplatz

Brunnen*

Freibad, Badestelle; Hallenbad

Bushaltestelle*

Maßstab 1 : 50.000

1 cm ≙ 500 m   1 km ≙ 2 cm

0 1 2 3 4 km

- Kirche; Kapelle
- Kloster
- Synagoge; Moschee
- Schloss, Burg
- Ruine
- Denkmal
- Wegkreuz
- Bergwerk
- Höhle
- historischer Grenzstein, Römerstein
- Grabanlage, Hügelgrab
- Turm; Leuchtturm
- Wassermühle; Windmühle
- Funk-, Sendeanlage
- Kraftwerk
- Umspannwerk, Trafostation
- Windkraftanlage
- Sportplatz, Stadion
- Golfplatz; Tennisplatz
- Flughafen; Landeplatz
- Quelle
- Kläranlage
- Schiffsanleger; Schleuse

Nur in Ortsplänen

- Parkplatz
- Parkhaus/Tiefgarage
- Post*
- Apotheke*
- Krankenhaus
- Feuerwehr
- Polizei
- Theater*

- Wald; Wiese, Weide
- Nassfläche, Sumpf, Moor; Heide
- Weinbau; Garten
- Friedhof; Sand, Düne
- Steinbruch, Tagebau; Gletscher
- Fels; Schutt
- Gebäude; Siedlungsfläche
- öffentl. Gebäude; Industriegebiet
- See/Staumauer/Fluss
- A13 Autobahn
- B12 Schnellverkehrsstraße
- B236 Fernverkehrsstraße
- Hauptstraße
- Pass untergeordnete Hauptstraße / Pass
- 550 Nebenstraße / Höhenpunkt
- Fahrweg; Weg
- Pfad; Fähre
- S Eisenbahn / Bahnhof; S-Bahnhof
- Eisenbahn stillgelegt; Nebenbahn
- Straßenbahn / Haltepunkt; Bergbahn
- Materialseilbahn; Sessellift
- Staatsgrenze / Grenzübergang
- Landesgrenze
- Kreisgrenze, Bezirksgrenze
- Damm
- Stadtmauer, Mauer
- Kanal
- Naturpark, Nationalpark
- Truppenübungsplatz, Sperrgebiet
- Höhenlinie 100m
- Höhenlinie 25m
- 5242 Kilometerraster mit UTM-Koordinaten

Inhalt

Niederburg, Kobern-Gondorf

Eifel Süd

Die Südeifel befindet sich im Westen Deutschlands im nördlichen Teil des Bundeslandes Rheinland-Pfalz und ist Teil des Rheinischen Schiefergebirges. Nach Süden und Osten wird sie durch die Flüsse Mosel und Rhein begrenzt. Die westliche Begrenzung ergibt sich durch die Nachbarländer Belgien und Luxemburg mit den Grenzflüssen Sauer und Our. Nördlich schließt sich die nordrhein-westfälische Nordeifel an.
Die Südeifel ist bekannt durch die allgegenwärtigen Zeugnisse des Vulkanismus. Was als erdgeschichtlicher Prozess vor 4 Millionen Jahren im westlichen Teil begann, bewegte sich im Laufe der Zeit nach Osten. Zu den jüngsten vulkanischen Aktivitäten in der Eifel zählt der Vulkanausbruch am Laacher See vor etwa 13.000 Jahren. Der westliche Teil der Region ist geprägt durch den Deutsch-Luxemburgischen Naturpark, der mit der Schneifel, dem Tal der Schmetterlinge am Irsenbach, dem Ferschweiler Plateau sowie dem Our- und Sauertal seine Höhepunkte zeigt. Die Region wird von zahlreichen weiteren Flüssen durchquert, darunter Enz, Kyll, Salm, Lieser und Prüm. An den Außengrenzen der Südeifel liegen die sehenswerten Städte Koblenz und Trier. Trier, die älteste deutsche Stadt, ist UNESCO-Welterbestätte, und auch das Mittelrheintal um Koblenz zählt zum UNESCO-Welterbe.

Die Eifel wurde erst im 5. Jahrhundert von den Franken besiedelt. Die Römer ihrerseits hinterließen Ihre Spuren nicht nur in der Stadt Trier am südlichen Rand der Eifel, sondern auch im Landschaftsbild in Form von Straßen, Wällen und Brunnenanlagen. Im Mittelalter durchlebte die Region eine wechselvolle Geschichte durch Machtkämpfe zwischen Bischöfen und Grafen. In dieser Zeit war auch die Bautätigkeit sehr groß, im Rahmen dessen entstanden zahlreiche Burgen.
Das 16. und 17. Jahrhundert fügte dem Land durch Pest, Hungersnot und Krieg Schwächungen großen Ausmaßes zu, die Eifel erholte sich jedoch im 18. Jahrhundert und erlebte eine kulturelle Blüte während der Zeit des Barock. Ende des 18. Jahrhunderts dann wurde sie von den Franzosen erobert, woraus zahlreiche Reformen resultierten. Der Handel blühte auf, Klöster und Kirchen wurden aufgelöst – das Land wurde umfassend modernisiert. Im Jahre 1815 wurden die Franzosen unter Napoleon bei Waterloo vernichtend geschlagen, und die Eifelregion kam unter Preußische Herrschaft.
In der Eifel kommt heute neben der Landwirtschaft sowie dem Gestein- und Mineralienabbau dem Tourismus eine wichtige wirtschaftliche Bedeutung zu. Zudem werden die renommierten Mineralwasser-Marken Gerolsteiner und Apollinaris in der Eifel abgefüllt, und auch die Bitburger Brauerei hat ihren Sitz in diesem Gebiet.

Streckencharakteristik

Länge, Höhenmeter und Touren

Die in diesem Wanderführer beschriebenen 50 Touren sind zwischen 4 und 26 Kilometer lang und decken eine große Bandbreite zwischen einfachen, kurzen Spaziergängen und anspruchsvolleren Ganztagestouren ab, wobei sämtliche Strecken für durchschnittliche Wanderer gut zu bewältigen sind. Insgesamt werden in diesem Buch rund 665 Kilometer Wanderwege vorgestellt. Das lebendige Relief der hügeligen Eifellandschaften bringt

Blick von der Hitzlay ins Moseltal

Heidehimmel Volkesfeld

Höhenunterschiede mit sich, die bezwungen sein wollen. Die Höhenmeter im Anstieg liegen zwischen 170 und 770 Meter, nur eine Tour kommt auf über 1.100 Meter Höhendifferenz. Die Anstiege sind ganz unterschiedlicher Natur, mal gibt es kurze, steile Anstiege, in der Mehrzahl der Fälle geht es aber eher längere Zeit moderat hinauf. Die angegebenen Gehzeiten verstehen sich als Richtwerte und bewegen sich zwischen 1 und 9 Stunden, Pausen und Zeiten für Besichtigungen sind dabei nicht inbegriffen.

Wegequalität, Verkehr

Der Großteil der hier beschreibenen Touren verläuft auf gut ausgebauten Wanderwegen meist abseits verkehrsreicher Straßen. Nur einzelne Abschnitte führen an stärker befahrenen Straßen entlang. Bisweilen gibt es auch anspruchsvollere Wanderpfade, auf denen es steil bergauf oder bergab geht. Doch auch diese sind eher die Ausnahme und meist in abwechslungsreiche Touren integriert.

Wegweisung, Anforderungen

Die Touren sind unterschiedlich beschildert, die Mehrzahl der Touren sind einheitlich ausgeschilderte sogenannte Traumpfade. Andere Touren verlaufen auf dem dichten Wanderwegenetz der Region und weisen dementsprechend wechselnde Markierungen auf. Viele Wanderwege in der Eifel sind mit Zahlen oder Symbolen markiert. Passagen gänzlich ohne Markierung sind die absolute Ausnahme.

Tourenplanung

Zentrale Infostellen

Eifel Tourismus GmbH, Kalvarienbergstr. 1, 54959 Prüm, ✆ 06551/96560, Fax: 06551/965696

Nationalparkverwaltung Eifel, Urftseestr. 34, 53937 Schleiden-Gemünd, ✆ 02444/95100, Fax: 02444/951085

Rhein-Mosel-Eifel-Touristik, Bahnhofstr. 9, 56068 Koblenz, ✆ 0261/108419, Fax: 0261/3002797, info@remet.de, www.remet.de

Mosellandtouristik GmbH, Kordelweg 1, 54470 Bernkastel-Kues, ✆ 06531/9733-0, Fax: 06531/9733-33, info@mosellandtouristik.de, www.mosellandtouristik.de

Verein Naturpark Südeifel, Auf Omesen 2, 54666 Irrel, ✆ 06525/79206, Fax: 06525/79280, info@naturpark-suedeifel.de, www.naturpark-suedeifel.de

An- und Abreise mit der Bahn

Infostellen

Deutsche Bahn AG, www.bahn.de, **Reise-Service**, ✆ 0180/5996633 (€ 0,14/ Minute aus dem Festnetz, Tarif bei Mobilfunk abweichend), Mo-So 0-24 Uhr, Auskünfte über Zugverbindungen, Fahrpreise im In- und Ausland, Buchung von Tickets und Reservierungen

Kostenlose Fahrplanauskunft: ✆ 0800/1507090

Löwenburg, Monreal

Verkehrsverbund Region Trier GmbH (VRT): ✆ 01805/131619 (€ 0,14/Min.)
Verkehrsverbund Rhein Mosel (VRM): ✆ 01805/986986 (€ 0,14/Min.)
Eifelquerbahn und **Pellenz-Eifel-Bahn**, Kasselburger Weg 16, 54568 Gerolstein, ✆ 06591/949987-19, www.eifelquerbahn.de

An- und Abreise mit dem Bus

Infostellen

VRT (Verkehrsverbund Region Trier) (Landkreise Daun, Bitburg-Prüm, Trier-Saarburg und Bernkastel-Wittlich), Bahnhofspl. 1, 54292 Trier, ✆ 01805/131619, www.vrt-info.de
VRM (Verkehrsverbund Rhein-Mosel) (Landkreis Cochem-Zell), Schlossstr. 18-20, 56068 Koblenz, ✆ 01805/986986, www.vrminfo.de
RMV (Rhein-Mosel-Verkehrs-GmbH) für die Landkreise Daun (✆ 06592/982757), Cochem-Zell (✆ 02671/8976), Mayen-Koblenz (✆ 02651/409030) und Trier-Saarburg (✆ 0651/147520), www.rmv-bus.de
VRT und VRM bieten jeweils günstige Tages-Tickets für Einzelpersonen und Gruppen an. Reisen Sie mit mehreren Verkehrsverbünden, empfiehlt sich das Rheinland-Pfalz-Ticket der Deutschen Bahn.

Mit der Bahn entlang der Strecke

Direkte Bahnanbindung besteht von Koblenz nach Trier über Kobern-Gondorf, Hatzenport und Wittlich. Zwischen Trier und Gerolstein gibt es Verbindungen über Kordel und Bitburg.
Die Eifelquerbahn fährt mit historischen Schienenbussen von Andernach über Mendig, Mayen Ost und West sowie Monreal nach Kaisersesch (Pellenz-Eifel-Bahn), in der Saison auch von Kaisersesch über Daun und Dockweiler nach Gerolstein.
Eifelquerbahn und **Pellenz-Eifel-Bahn**, ✆ 06591/949987-19, www.eifelquerbahn.de

An- und Abreise mit dem Auto

Der östliche Rand der Südeifel ist mit dem Pkw gut zu erreichen, die A 61 verläuft von Nordwesten kommend vorbei an Koblenz weiter südlich. Tiefer hinein in die Südeifel führen die A 48 bis Daun in Verbindung mit der A 1, noch weiter westlich stößt die A 60 vor, die vorbei an Bitburg und Prüm bis zur belgischen Grenze verläuft. Die einzelnen Orte sind meist durch Bundesstraßen gut angebunden, was selbst für die abgelegenen Touren nahe der luxemburgischen Grenze gilt.

Blick vom Gänsehalsturm

Beste Reisezeit

In der Eifel kann eigentlich zu jeder Jahreszeit gewandert werden. Am schönsten ist es natürlich im Frühjahr zur Blütezeit und im Herbst, wenn sich das Laub verfärbt. Zu diesen Zeiten sind meist auch die Temperaturen am angenehmsten. Durch die vielen Wälder verlaufen die Wege oft im Schatten, somit sind Sie auch im Sommer nicht allzu großer Hitze ausgesetzt. Wer sich von niedrigen Temperaturen nicht abschrecken lässt, kann die Eifel auch im Winter entdecken. Sie entfaltet dann einen ganz besonderen Reiz. Allerdings sollten Sie bedenken, dass sowohl im Spätherbst bei anhaltender Nässe als auch im Winter bei Schnee und Eis vor allem auf den Wegen über Stufen und Treppen und auf wurzelüberzogenen Pfaden akute Rutschgefahr besteht.

Bekleidung, Ausrüstung

Für eine gelungene Wanderung ist die Ausrüstung ein wichtiger Faktor. Der Markt für Outdoorbekleidung ist mittlerweile unübersehbar, deswegen hier nur einige Grundregeln:

Der wichtigste Ausrüstungsgegenstand sind Schuhe mit Profilsohle. Die Passform sollte man vor einer längeren Unternehmung unbedingt auf Tagestouren überprüfen!

Für die Kleidung gilt das „Zwiebelprinzip“: Mehrere Schichten erfüllen verschiedene Funktionen und lassen sich separat tragen und vielfältig kom-

Aussichtshütte über dem Liesertal

binieren. Die unterste Schicht soll Schweiß vom Körper weg führen, darüber folgen bei Bedarf eine wärmende Schicht und zuletzt die äußerste Hülle, die Wind und Regen abhalten, trotzdem aber dampfdurchlässig sein soll. Als Materialien kommen entweder Kunstfasern – leicht, wenig Feuchtigkeitsaufnahme, leider manchmal starke Geruchsbildung – oder hochwertige Wolle – etwas schwerer, wärmt aber auch im nassen Zustand und nimmt kaum Geruch an – in Frage. Baumwolle ist für anspruchsvolle Touren weniger geeignet, denn sie nimmt viel Feuchtigkeit auf und braucht sehr lange zum Trocknen.

Für Tagestouren benötigt man einen Regenschutz, eine Trinkflasche, Sonnenschutz, ein kleines Erste-Hilfe-Set und etwas Verpflegung für unterwegs. Bei Mehrtagestouren kommen noch Wäsche zum Wechseln, ein kleines Waschzeug und Kleidung für den Abend dazu. All das sollte in einem Rucksack von maximal 35 Litern Volumen Platz finden. Vor allem untrainierte Menschen sollten darauf achten, sich nicht zu viel Gepäck zuzumuten, denn die zusätzliche Belastung durch das Tragen kann eine schöne Wanderung schnell zur Quälerei werden lassen. Wenn Sie sich beim Packen des Reisegepäcks nicht einschränken wollen, dann sollten Sie einen Gepäcktransfer buchen.

Wanderreiseveranstalter und Gepäcktransport

Eurohike, A-5162 Obertrum, Mühlstr. 20, 0043/(0)6219/7444, office@eurohike.at, www.eurohike.at

Zu diesem Buch

Dieser **Hikeline-Wanderführer** enthält alle Informationen, die Sie für Ihre Wanderung benötigen: exakte Karten, eine detaillierte Wegbeschreibung und die wichtigsten Informationen zu touristischen Attraktionen und Sehenswürdigkeiten.
Und das alles mit der **Hikeline-Garantie**: Die Routen in unseren Büchern sind von unserem Kooperationspartner vor Ort geprüft worden. Um höchste Aktualität zu gewährleisten, nehmen wir nach der Erhebung Korrekturen von Lesern bzw. offiziellen Stellen bis Redaktionsschluss entgegen, die dann jedoch teilweise nicht mehr an Ort und Stelle verifiziert werden können.

Papier

Alle unsere Wanderführer werden auf hochwertigem Synthetikpapier gedruckt, welches nicht nur reißfest und besonders leicht, sondern auch komplett wasserfest ist. Dadurch lassen sich die Bücher bequem in der Jackentasche tragen und auch bei Regen problemlos verwenden. Wenn das Buch stark durchnässt wurde, lassen Sie es einfach mit aufgefächerten Seiten trocknen.

Konzept

Am Beginn jeder Tour finden Sie folgende Daten der **Hauptroute** zusammengefasst: Start- und Zielort, die Länge, die zu bewältigenden Höhenmeter im Auf- und Abstieg, die durchschnittliche Wegzeit in normalem Gehtempo, ein Höhenprofil und die Anteile an Asphalt, Wanderwegen und -pfaden. Zusätzlich finden Sie dort auch eine kurze Charakteristik der Tour.

Die Längen der möglichen Ein- und Ausstiege beim Tourbeginn bzw. -ende werden im Text separat beschrieben.

Konzept

Am Beginn jeder Tour finden Sie grundlegende Informationen wie Start- und Zielort, die Länge, die zu bewältigenden Höhenmeter im Auf- und Abstieg, die Gesamtschwierigkeit, die durchschnittliche Wegzeit in normalem Gehtempo, ein Höhenprofil und die Anteile an Asphaltwegen, Wanderwegen und -pfaden sowie eine kurze Charakteristik der Tour. Die Gehzeiten und die Gesamtschwierigkeit werden bei allen Touren nach einem einheitlichen Prinzip ermittelt, somit sind Abweichungen von der Beschilderung vor Ort – bei der z. B. die Gehzeit oft von Gemeinde zu Gemeinde unterschiedlich berechnet wird – möglich.

Schwierigkeitsgrade der Touren

LEICHT

Angenehme Familienwanderung, insgesamt nur geringe Höhenunterschiede und keine starken Steigungen und Gefälle, wenige kurze steilere Abschnitte sind aber möglich. Die Tour verläuft meist auf breiten und gefahrlos zu begehenden Wegen, sie kann (fast) bei jeder Witterung begangen werden. Die Wanderung stellt keine großen Anforderungen an Ausrüstung, Erfahrung und Kondition.

MITTEL

Die Wanderung erfordert normale Kondition und etwas Ausdauer. Längere Steilabschnitte und schmale, steinige Pfade oder schwierig zu begehende Bereiche sind möglich, Trittsicherheit ist teilweise erforderlich. Im Gebirge können gesicherte Kletter- und Gehpassagen sowie Leitern vorkommen, die Hände werden – wenn überhaupt – nur auf wenigen Metern zur Fortbewegung benötigt. Die Wege können witterungsbedingt schwieriger begehbar und rutschig sein.

SCHWER

Die Tour erfordert abschnittsweise große Anforderungen an Kondition, Erfahrung und Orientierung. Große Höhenunterschiede mit z. T. auch längeren steilen Abschnitten sind zu überwinden und/oder die Tour ist sehr lang sowie über weite Strecken schwierig zu begehen. Wege können ausgesetzt sein, im Gebirge kommen drahtseilgesicherte Passagen bzw. leichte Kletterstellen vor, Trittsicherheit ist unbedingt erforderlich. Die Begehbarkeit ist stark witterungsabhängig.

Buchenwald mit Bärlauch

Karten

Eine Übersicht über die geografische Lage der südlichen Eifel gibt Ihnen die Übersichtskarte auf der vorderen inneren Umschlagsseite.

Die Detailkarten sind im Maßstab 1:50.000 erstellt. Dies bedeutet, dass 1 Zentimeter auf der Karte einer Strecke von 500 Metern in der Natur entspricht. Zusätzlich zum genauen Routenverlauf informieren die Karten auch über kulturelle und gastronomische Einrichtungen entlang der Strecke. Die Höhenlinien haben einen Abstand von 25 Metern.

Allerdings können selbst die genauesten Karten den Blick auf die Wegbeschreibung nicht ersetzen. Stellen mit schwieriger Wegfindung werden in der Karte mit dem Symbol ⚠ gekennzeichnet, im Text finden Sie das gleiche Zeichen zur Markierung der betreffenden Stelle wieder, manchmal ergänzt durch ein Foto.

Die beschriebene Haupttour wird immer in Blau, Varianten oder Abstecher in Grün dargestellt. Die genaue Bedeutung der einzelnen Symbole wird in der Zeichenerklärung auf den Seiten 4 und 5 erläutert.

Textteil

Der Textteil besteht im Wesentlichen aus der genauen Routenbeschreibung. Stichwortartige Streckeninformationen werden von dem Zeichen ⤳ begleitet. Manche besonders markante oder wichtige Punkte auf der Strecke sind als Wegpunkte **1**, **2**, **3**, ... durchnummeriert und – zur besseren Orientierung – mit dem selben Symbol in den Karten und im Höhenprofil wieder zu finden.

Die Kilometerangaben, im Text hochgestellt, zeigen Ihnen die schon zurückgelegte Strecke seit dem Tourstart an, sie sind auf hundert Meter gerundet. In Klammern finden Sie die Höhe des betreffenden Punktes. Der Wegpunkt **5** 5,2 (520) ist also 5,2 Kilometer vom Ausgangspunkt der Wanderung entfernt und liegt auf einer Höhe von 520 Metern (auf 5 Meter gerundet).

Ferner sind alle wichtigen **Orte** zur besseren Orientierung aus dem Text hervorgehoben. Die Symbole Ortsanfang und Ortsende kennzeichnen ein größeres, geschlossenes Siedlungsgebiet. Gibt es interessante Sehenswürdigkeiten in einem Ort, so finden Sie unter dem Ortsbalken die jeweiligen Adressen, Telefonnummern und Öffnungszeiten.

Römische Langmauer

Die Beschreibung der einzelnen Orte sowie historisch, kulturell oder naturkundlich interessanter Gegebenheiten entlang der Route tragen zu einem abgerundeten Reiseerlebnis bei. Diese Textblöcke sind kursiv gesetzt und unterscheiden sich dadurch auch optisch von der Streckenbeschreibung.

Absätze in grüner Farbe behandeln Varianten und Ausflüge.

TIPP Textabschnitte in Blau heben Stellen hervor, an denen Sie auf den weiteren Wegeverlauf und auf mögliche Varianten hingewiesen werden. Sie geben auch Empfehlungen und Erläuterungen zu Sehenswürdigkeiten oder Freizeitaktivitäten etwas abseits der Route.

Klausenhöhle

GPS-Navigation

GPS (Global Positioning System) erlaubt eine präzise Positionsbestimmung mittels Navigationssatelliten und einem Empfangsgerät, dem GPS-Empfänger. Die Navigation basiert auf dem UTM-System (Universal Transversal Mercator-projection). Das UTM-Gitternetz unterteilt die Erde in 60 Zonen von je 6 Grad Breite. Die Positionsangabe setzt sich aus dem „East"- oder Rechtswert und dem „North"- oder Hochwert zusammen. Der „East"- Wert (E) gibt den Abstand zum jeweiligen Bezugsmeridian in Kilometern plus 500 Kilometer zur Vermeidung negativer Zahlen an. Der „North"- Wert (N) gibt den Abstand zum Äquator in Kilometern an.

GPS-Navigation in der Karte

Das Gebiet dieser Karten liegt in der Zone 32 und hat den Bezugsmeridian 9 Grad Ost. Um zu navigieren ist der GPS-Empfänger auf WGS 84 (World Geodetic System 1984) und UTM-Projektion einzustellen. Die Koordinaten (East und North) sind in der Karte in Kilometern, auf dem GPS-Empfänger in Metern angegeben. Für die GPS-Navigation ist auf den Karten ein grau gepunktetes Gitter mit einer Maschenweite von 1 Kilometer vorhanden. Da einige Karteninhalte hervorgehoben oder generalisiert dargestellt werden, ist eine absolute Lagegenauigkeit nicht immer garantiert.

MITTEL

Tour 1 — 12,2 km

Traumpfad Höhlen- und Schluchtensteig

Start/Ziel: Kell, Parkplatz Bergwege (K 57)
Gehzeit: 3½ - 4 Std. **Aufstieg:** 350 m **Abstieg:** 350 m

Charakteristik: Diese Tour führt Sie entlang zweier Bachtäler und bietet Ihnen dazwischen eindrucksvolle Panoramablicke.
Sie wandern hinab ins Tal des Krayerbaches, vorbei an einigen Mühlen und hinauf zum Schützenhaus. Von der Schönen Aussicht steigen Sie hinunter ins Brohlbachtal und treffen dort beim Eisenbahn-Viadukt auf die begehbaren Trasshöhlen. Vorbei an der Klosterruine Tönisstein wandern Sie durch die Wolfsschlucht mit ihrem Felsenzauber und zuletzt entlang einiger Römerquellen hinauf zum Ausgangspunkt. Einkehren können Sie nach 7 Kilometern im Gasthaus Jägerheim.
Markierung: Traumpfad-Logo
Anfahrt: Pkw: über A 61 Abfahrt Niederzissen, dann B 412 Richtung Burgbrohl, über L 113 auf die K 58 bis Kell, dort Laacher Straße (K 57) bis zum Parkplatz; ÖPNV: Bus 310 (VRM, s. S. 12) von Andernach bzw. Maria Laach nach Kell oder Wassenach

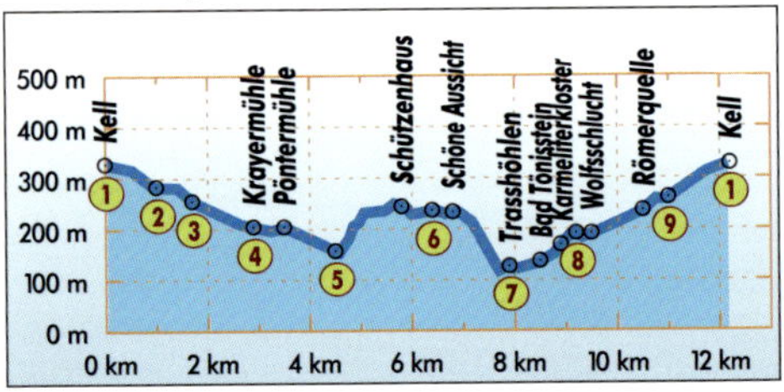

Kell

Wallfahrtskirche St. Lubentius. Die Kirche aus dem 13. Jh. wurde Mitte des 18. Jhs. durch einen Neubau ersetzt. Im Rahmen der Säkularisation des Klosters Antoniusstein erhielt die Kirche ein Gnadenbild der schmerzhaften Mutter Gottes.

EINSTIEG: Die Tour startet ca. 1 km südlich des Ortes beim Parkplatz an der K 57.

1 0,0 (330) Gehen Sie vom kleinen Parkplatz hinab entlang der **K 57** in Richtung der Häuser von Berghof, mit schönem Blick ins Pöntertal ~ nach 200 m links in den Feldweg ~ Sie wandern sanft abwärts über die Felder.

2 1,0 (280) An der T-Kreuzung links und oberhalb des

In den Trasshöhlen

sanften Abhanges entlang ~ vorbei an urigen Obstbäumen ~ in dem weiten Linksbogen scharf rechts und hinab ins pittoreske **Krayerbachtal**.

3 1,7 (250) Noch vor dem tiefsten Punkt links in Richtung des Waldstreifens ~ vor dem Wäldchen rechts hinab und unten links auf den breiteren Weg und entlang des Waldrandes, später entlang von Hecken über die Wiesen ~ oberhalb des Krayerbachs zur Krayermühle.

Krayermühle

4 2,9 (205) Hinter der Mühle rechts auf die **K 58** und über den Bach ~ nach 100 m links in die kleine Straße und vorbei am Dammhof ~ entlang des Waldrandes durch das tief eingeschnittene **Pönterbachtal** ~ Sie wandern an der **Pöntermühle** vorbei ~ weiter dicht entlang des Baches.

5 4,5 (155) Bald nachdem das Tal enger wird, zweigen Sie links ab und wandern über einige Kehren steil hinauf zum Waldrand ~ oben gehen Sie scharf rechts ~ Sie erreichen die Lichtung am **Schützenhaus** und halten sich dort rechts ~ im Linksbogen durch den Wald ~ vorbei an großen Strommasten.

AUSFLUG **Beim zweiten großen Mast lohnt ein kurzer Abstecher zum Schweppenburgblick.**

Am Waldrand rechts und vorbei an einem dritten Mast.

6 6,4 (240) Der gewundene Weg führt Sie durch Wald ~ rechts abzweigen und auf dem steil absteigenden Hermann-Löns-Pfad hinab ~ weiter unten rechts, nach der Rechtskurve links abzweigen und hinab zum Gasthaus Jägerheim.

Jägerheim, Brohltalstr. 123,
☎ 02636/2305

Aus dem Wald heraus und beim Gasthaus unter dem Eisenbahn-Viadukt hindurch die Straße queren, kurz links über den Brohlbach und dahinter rechts ~ über die Wiese und durch die Trasshöhlen.

Trasshöhlen, begehbare Höhlengewölbe

7 7,9 (125) Nochmals unter der Bahn hindurch und unweit der Straße entlang ~ vor der **Nonnsmühle** links, im Scheitelpunkt der Kurve die Straße nach rechts verlassen ~ wenig später kurz rechts entlang der **L 113**.

Bad Tönisstein

Die Ruine des ehemaligen **Karmeliterklosters** (1465) in Bad Tönisstein steht unter Denkmalschutz.

Vor den Häusern von Bad Tönisstein rechts und nach der Linkskurve rechts ab auf den Pfad ~ vorbei an den Resten des Klosters Tönisstein wandern Sie durch die wildromantische Wolfsschlucht.

8 9,2 (195) Vor der L 113 rechts und dicht entlang der Straße dem Bach folgen.

Die einzigartige **Wolfsschlucht** bietet neben bizarren Felsgebilden, lebendig sprudelnden Quellen und einem Wasserfall eine ganz eigene, ursprüngliche Welt.

Über die **L 113** und entlang des Waldrandes sanft ansteigend zur Römerquelle.

Aus der **Römerquelle** sprudelt CO_2-haltiges Wasser mit leichtem Schwefelgeruch.

9 11,0 (260) An einem weiteren Römerbrunnen scharf links und entlang des Waldrandes steiler hinauf ~ oben aus dem Wald heraus und rechts halten, dann auf das Hochplateau über die Felder ~ von hier oben genießen Sie den sogenannten Siebengebirgsblick.

1 12,2 (330) Zurück am Parkplatz haben Sie das Ziel der Tour erreicht.

Kell

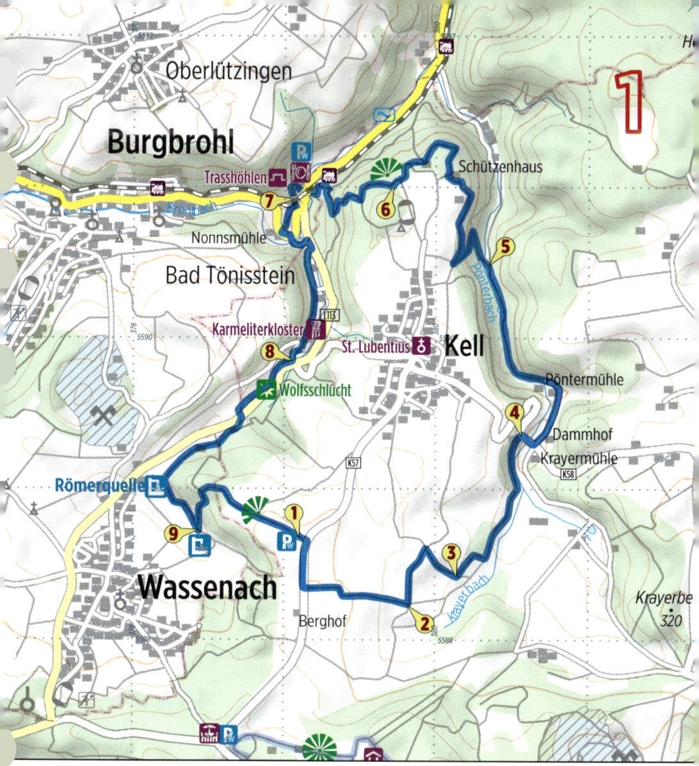

Schöne Aussicht

MITTEL

Tour 2 — 15,9 km

Traumpfad Pellenzer Seepfad

Start/Ziel: Nickenich, Parkplatz am Tumulus

Gehzeit: 5 - 5½ Std. **Aufstieg:** 525 m **Abstieg:** 525 m

Charakteristik: Diese waldreiche Runde bietet Ihnen eindrückliche Zeugnisse der vulkanischen Vergangenheit, darunter die Schwarze Wand, den Tagebau Eppelsberg und die sonderbar anmutenden Mofetten im Laacher See.

Von Nickenich wandern Sie zunächst zum Waldsee und vorbei an der Teufelskanzel hinauf zum Krufter Ofen. Von dort geht es hinab zum großen Laacher See, wahlweise mit einem Abstecher zum Kloster Maria Laach. Vom schattigen Ufer führt der Weg steil hinauf und bietet bald einige Fernblicke. Vorbei an einem weiteren Steinbruch erreichen Sie wenig später den römischen Tumulus am Rand von Nickenich.

Markierung: Traumpfad-Logo

Anfahrt: Pkw: über die A 61, Abfahrt Kruft, auf der B 256 nach Kruft, von dort auf der L 119 nach Nickenich, dort zum Parkplatz am Tumulus; ÖPNV: von Bhf. Andernach mit dem Regiobus 310 (VRM s. S. 12, täglich)

Nickenich

PLZ: 56645; Vorwahl: 02632

Ortsgemeindeverwaltung, Kirchstr. 2, ✆ 98500

St. Arnulfus zu Nickenich (1849), Arnulfusstr. 2, ✆ 987055. Am Standort der heutigen Hallenkirche befanden sich zuvor bereits zwei Kirchen. Der romanische Turm geht noch auf die zweite Kirche zurück.

Pellenzmuseum für Archäologie, Zehntstraße, ✆ 958952, ÖZ: Di- Fr 9-12 Uhr und 14-17 Uhr, Sa, So/Fei 14-17 Uhr. Das Museum zeigt seltene Fundstücke aus der Kelten-, Römer- und Germanen-Zeit.

Tumulus und **Römisches Stelengrabmal** am Nickenicher Sportplatz. Das römische Stelengrab zeugt vom Totenkult der Römer. Tumulus ist die Bezeichnung für Überreste römischer Grabmale.

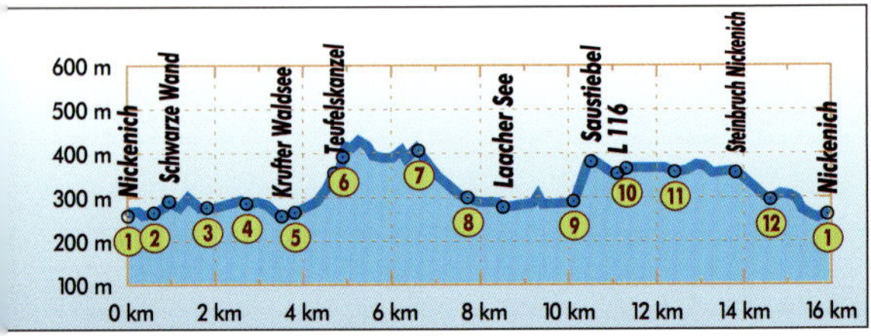

Lavawand

1 0,0 (255) Die Tour beginnt am **Parkplatz** beim römischen Tumulus in Nickenich ⤳ wenden Sie vom Tumulus ausgehend dem Ort den Rücken zu und gehen in der Rechtskurve des Fahrweges geradeaus in den kleinen Weg ⤳ hinauf zum Waldrand und dort links ⤳ leicht hinab, hinter den Teichen rechts und bald der Linkskurve folgen.

2 0,6 (260) Nach knapp 100 m erneut links und kurz durch den Wald ⤳ der breite Weg führt bald in offene Landschaft mit Blicken auf Nickenich ⤳ nach kurzem Anstieg erreichen Sie die imposante Aschewand.

Die **Schwarze Wand** ist eine eindrucksvolle Aschewand.

Der Weg ist reich an Bögen.

AUSFLUG **Nach kurzem Aufstieg lohnt ein Abstecher zur Rast an der Hermann-Hütte mit großartigem Panoramablick.**

Der Weg führt leicht abwärts an den Rand des Tagebaus am Eppelsberg.

3 1,8 (270) Am Wegekreuz kurz vor dem Tagebau gehen Sie halb rechts und oberhalb der Grube entlang ⤳ an der folgenden Kreuzung halbrechts halten und sanft hinauf, dann nach 150 m links.

4 2,7 (280) Nach einer sanften S-Kurve an der Kreuzung rechts und weiterhin auf gleicher Hanghöhe durch den Wald ⤳ bei den Einmündungen von rechts halblinks halten und hinab ⤳

unten an dem kleinen Platz über die Kreuzung und gleich dahinter rechts zum **Krufter Waldsee** ⤳ oberhalb des Sees entlang.

Krufter Waldsee

5 3,8 (265) Links vom See weg und gleich wieder rechts ⤳ im sanften Rechtsbogen, bald entlang einer Waldwiese ⤳ an der T-Kreuzung links und vorbei an einer eindrucksvollen Wand aus Vulkanasche, danach an der zweiten Möglichkeit rechts ⤳ nach 100 m geht es links in den steilen Anstieg zum Krufter Ofen ⤳ vorbei an der **Teufelskanzel** mit ihrem sagenhaften Fernblick.

6 4,9 (385) Oben dann links in den Waldweg und um den Berg herum ⤳ am Ende des Rechtsbogens rechts hoch zur **Schutzhütte** „Am Krufter Ofen" ⤳ nach wenigen Metern links und weiter um den **Krufter Ofen** herum ⤳ dann in einer Spitzkehre links und sanft hinab ⤳ einer weiteren Spitzkehre rechts folgen, nach 200 m rechts halten und nun dem gewundenen Weg wieder leicht aufsteigend folgen.

7 6,6 (410) Am Ende des Weges links in den querenden Waldweg und durch den Wald hinab zum Laacher See ⤳ aus dem Wald heraus.

TIPP Gehen Sie an der folgenden Kreuzung geradeaus, gelangen Sie nach 1,5 km zum idyllisch oberhalb des Sees gelegenen Kloster Maria Laach.

Maria Laach

Kloster und Benediktinerabtei Maria Laach (1093), ✆ 02652/59-0, ÖZ: tägl. 9-18 Uhr (im Winter abweichend). Die Benediktinerabtei Maria Laach liegt im gleichnamigen Ort. Die zugehörige romanische Kirche wurde 1156 geweiht und stellt ein romanisches Bauwerk dar.

8 7,7 (295) Nach Verlassen des Waldes an der Kreuzung rechts ⤳ über die Felder wandern Sie zum Ufer des

Laacher Sees, nach links bieten sich erste Blicke auf das Kloster Maria Laach ⤳ der breite Weg verläuft dicht entlang des Ufers.

TIPP Ein Abstecher zum Seeufer lohnt, um das Phänomen der sog. Mofetten zu sehen.

Mofetten sind Austritte von Kohlenstoffdioxid, das Wasser scheint zu köcheln. Der Laacher See zählt dabei zu den bekannteren Orten dieser Begleiterscheinung des Vulkanismus.

Durch die Bäume bieten sich abermals Blicke auf das jenseitig gelegene Kloster.

9 **10,1 (290)** Nach längerer Zeit wendet sich der Traumpfad weg vom Ufer und steigt steil auf ⤳ oben erreichen Sie die **Schutzhütte Saustiebel** ⤳ ab hier geht es sanft hinab ⤳ an der T-Kreuzung kurz vor einer Lichtung rechts auf den querenden Weg und an der folgenden Kreuzung links ⤳ leicht rechts versetzt die L 116 queren und nach wenigen Metern links.

10 11,3 (365) Nach gut 100 m rechts halten, geradeaus ginge es zum Parkplatz mit der **Rasthütte** ⤳ im Rechtsbogen aus dem Wald heraus, von nun an sehr reich an weiten Ausblicken bis zum Siebengebirge im Norden und in die Pellenz im Südosten ⤳ auf dem Wirtschaftsweg zwischen Wiesen und Feldern hindurch ⤳ vorbei an der Ruine der Alten Heimschule ⤳ vor dem Wald dem Linksbogen folgen, dann nach 150 m wieder rechts.

11 12,4 (355) Hinter der **Schutzhütte** rechts halten und nun längere Zeit dem Verlauf des bogenreichen Weges folgen ⤳ vorbei oberhalb eines freiliegenden Hanges ⤳ dahinter sanft abwärts ⤳ Sie streifen kurz die Oberkante des **Steinbruchs Nickenich**, dann beginnt der Abstieg in den Ort.

12 14,6 (290) Bei den ersten Häusern scharf rechts und am Feldrand entlang ⤳ 100 m nach dem Rechtsbogen links abbiegen und in zahlreichen Kurven hinab zur Landstraße ⤳ vor der **L 116** links und auf dem parallel verlaufenden Pfad bis zum Tennisplatz ⤳ über die Straße, dahinter rechts und nach 50 m links und entlang des Sportplatzes.

1 15,9 (255) Am römischen Tumulus erreichen Sie Ihren Ausgangspunkt und das Ende der Tour.

Nickenich

Blick von der Teufelskanzel

MITTEL

Tour 3 — 10,3 km

Traumpfad Bergheidenweg

Start/Ziel: Parkplatz an der Wintersportanlage zwischen Arft und B 412

Gehzeit: 3 - 3½ Std. **Aufstieg:** 285 m **Abstieg:** 285 m

Charakteristik: Diese kleine exklusive Runde über die einzigartigen Bergheiden bietet Eifel-Natur satt, vermischt mit einer guten Portion südeuropäischen Flairs.

Vom Parkplatz der Wintersportanlage wandern Sie zum aussichtsreichen Heidbüchel und von dort hinab ins Tal des Nettebaches. Weiter geht es durch das Selbachtal und dann hinauf zur Selbacher Wüstung mit ihrer Rundumsicht. Mit freiem Blick wandern Sie zum Heinrich-Menke-Park, wo Sie erneut auf ausgedehnte Bergheiden treffen. Zuletzt umrunden Sie noch den Raßberg.

Am Weg gibt es keine Einkehrmöglichkeit, packen Sie ausreichend Proviant ein.

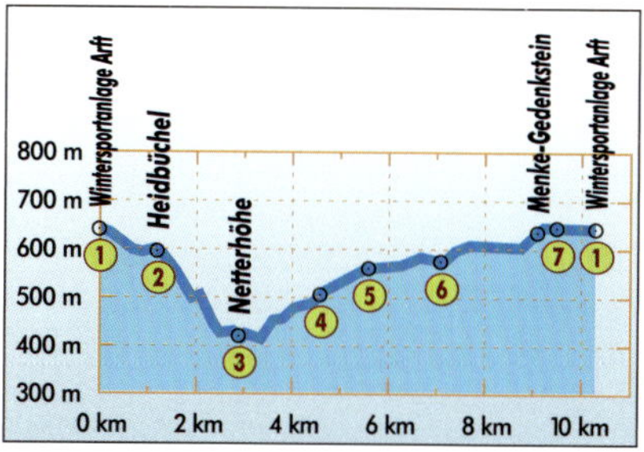

Markierung: Traumpfad-Logo

Anfahrt: Pkw: über die B 412 bis Abzweig Arft, Parkplatz an der Wintersportanlage; ÖPNV: Bhf. Mayen, dann Bus 340 (Wacholderbus, VRM, s. S. 12) nach Arft und zu Fuß auf der Dorfstraße zur Wintersportanlage Arft

Tipp: Eine Kombination mit dem etwas östlich gelegenen Traumpfad Wacholderweg (Tour 4) ist gut möglich.

Wintersportanlage Arft

In der Umgebung des Ortes findet eine Renaturierung der seinerzeit typischen Wacholderheiden der Vordereifel statt. Auf diese Weise soll das ursprüngliche Landschaftsbild wiederhergestellt werden.

1 0,0 (640) Sie beginnen Ihre Wanderung am **Parkplatz** der Wintersportanlage westlich von Arft ⁓ auf breitem Weg geht es entlang der ersten der Bergheiden ⁓ im Linksbogen 50 m vor dem Wald rechts hinab über die Wiesen ⁓ unten an der T-Kreuzung links auf den Feldweg

Auf dem Bergheidenweg

⤳ dieser führt Sie hinauf zum besonders schönen **Heidbüchel** im gleichnamigen Naturschutzgebiet.

Vom unbewaldeten Gipfelplateau des **Heidbüchel** bietet sich eine schöne Rundumsicht.

2 1,2 (595) Vom Heidbüchel steigen Sie wieder ab ⤳ unten links in den querenden Weg und in den Wald hinein ⤳ Sie queren den Wacholderweg ⤳ am Waldrand, mit Aussicht auf Netterhöfe, scharf rechts ⤳ bald wieder scharf links und weiter hinab zum Dorf und ins Nettetal ⤳ kurz vor den Häusern links und entlang der Weidezäune ⤳ am Ende rechts und hinab zum Bach.

Netterhöhe

3 2,9 (415) Am Ende der Dorfstraße links und über die **Nette** ⤳ ein Stück entlang des Baches und diesen erneut queren ⤳ über den **Selbach** und links in dessen Tal ⤳ entlang des Baches allmählich hinauf ⤳ das Tal öffnet sich.

4 4,6 (500) Nach einiger Zeit verlassen Sie das Tal scharf rechts und steigen hinauf ⤳ oben verlassen Sie den Wald und folgen dem Waldrand in einer Linkskehre ⤳ am Asphaltsträßchen links.

5 5,6 (565) Vorbei an der **Schutzhütte** auf der Selbacher Wüstung ⤳ weiter besonders aussichtsreich immer dem Kamm folgend ⤳ absteigend bis zur Landstraße.

6 7,1 (575) Die **L 10** queren und direkt dahinter links hinauf ⤳ oben rechts auf schnurgeradem Weg ⤳ der Linkskurve folgen und über die schönen Bergheiden des **Heinrich-Menke-Parks** ⤳ an der T-Kreuzung rechts und sanft hinab ⤳ nach einigen Kurven wieder aufsteigend und vorbei am Menke-Denkmal.

Der **Menke-Gedenkstein** erinnert an den Biologielehrer und Naturschützer Heinrich Menke (1880-1956), der sich intensiv für den Erhalt der Wacholderheiden einsetzte.

Am Waldrand entlang zur Landstraße. **7** 9,5 (645) Nochmals über die **L 10** und bald vorbei am **Konrad-Adenauer-Denkmal** ~ nach Umrundung des **Raßberges** mit seinem Sendemast gelangen Sie direkt zur L 10.

1 10,3 (640) Am **Parkplatz** bei der Wintersportanlage schließt sich die Runde.

Wintersportanlage Arft

Schafherde in der Heidelandschaft

LEICHT

Tour 4 — 8,6 km

Traumpfad Wacholderweg

Start/Ziel: Langscheid, Wacholderhütte

Gehzeit: 2½ - 3 Std. **Aufstieg:** 305 m **Abstieg:** 305 m

Charakteristik: Diese Runde liefert Ihnen eine herrliche Mischung aus Passagen von Laub- und Nadelwald und den charakteristischen Wacholderheiden mit ihrer ganz eigenen Stimmung.

Von der Wacholderhütte umrunden Sie mit freier Sicht zunächst den Wabelsberg und wandern zum Büschberg oberhalb von Arft. Von dort geht es nun länger sanft hinab, meistenteils durch den Wald. Unten dann folgen Sie längere Zeit dem Lauf der Nette. Sie verlassen schließlich das Bachtal und steigen hinauf zum Ausgangspunkt der Wanderung am Rand von Langscheid.

An der Wacholderhütte bietet sich Gelegenheit zur wohlverdienten Einkehr.

Markierung: Traumpfad-Logo

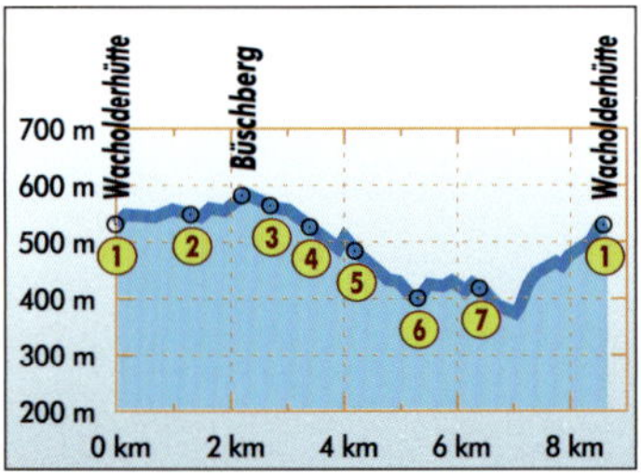

Anfahrt: Pkw: über die B 412 bis Abzweig Arft, von Arft links ab nach Langscheid, dort Beschilderung Wacholderhütte folgen, Parken an der Wacholderhütte; ÖPNV: Bhf. Mayen, dann Bus 340 (Wacholderbus, VRM, s. S. 12) nach Arft und auf der Bergstraße zu Wegpunkt 3 unterhalb des Büschbergs

Tipp: Eine Kombination mit dem etwas westlich gelegenen Traumpfad Bergheidenweg (Tour 3) ist gut möglich.

Langscheid, Wacholderhütte

PLZ: 56729; Vorwahl: 02655

Gasthaus Wacholderhütte, Neuer Weg 16, ✆ 1577, ÖZ: Di-Fr 11-19 Uhr, Sa, So/Fei 11-20 Uhr

Die **Langscheider Kapelle** (1847) wurde im Laufe der Zeit mehrfach renoviert.

1 0,0 (535) Gehen Sie schräg gegenüber der Wacholderhütte in den Feldweg und halten sich nach wenigen Metern links, rechts ginge es hinauf zum Heidegarten ⇝ oberhalb von Langscheid umrunden Sie mit wunderbarer Sicht auf die umliegenden Waldkuppen den **Wabelsberg** ⇝ der Weg endet an einer kleinen Stra-

ße, gehen Sie hier rechts und folgen deren S-Kurve ⁓ vor dem winzigen Wäldchen links ab und entlang des Waldrandes hinauf und die Kuppe umrunden.

2 1,3 (550) Am Ende des Waldes rechts hinab ⁓ unten links auf die Asphaltstraße und nach 100 m diese nach rechts verlassen ⁓ auf dem Wiesenweg in einer weiten S-Kurve hinauf zum Büschberg.

Schafe im Wacholder

Vom **Büschberg** mit seinem schönen Rastplatz bieten sich tolle Aussichten, u. a. nach Langenfeld mit der markanten Kirche.

Durch Wacholderheiden hinab zur Straße.

Wacholderheiden

3 2,7 (565) An der Straße kurz rechts, am Wegkreuz halbrechts in den Feldweg und über die Wiesen.

4 3,4 (525) Auf dem breiten Weg geradeaus vorbei am Abzweig zum Traumpfad Bergheidenweg ⤳ nach 200 m scharf rechts, nach weiteren 200 m scharf links und einer Kehre folgen.

5 4,2 (480) An der folgenden Gabelung gehen Sie rechts und am Rand des Talgrunds entlang ⤳ Sie wandern stets unweit des Baches bis zum Nettetal ⤳ vorbei an einer bachquerenden Straße.

6 5,3 (400) An der folgenden Gabelung rechts halten, nun im Tal der **Nette** ⤳ vor dem kleinen Wäldchen links und auf einem kurvenreichen Weg durch Wald und entlang von Feldern über dem Nettetal entlang ⤳ Sie queren in einer Schlinge ein Nebental, ⚠ danach verlassen Sie den breiten Weg und steigen rechts den Hang hinauf.

7 6,4 (420) Oben am Waldweg links und sanft hinab zur Nette ⤳ kurzzeitig nahe des Baches und am rechten Ufer bleiben, dann wenig später abzweigen und hinauf Richtung Langscheid ⤳ mit zahlreichen Abzweigungen aufwärts ⤳ zuletzt auf einem schönen Pfad durch urigen Wald ⤳ an der Asphaltstraße links und in den Ort.

1 8,6 (535) An der **Wacholderhütte** haben Sie das Ziel der Tour erreicht.

Wacholderhütte, Langscheid

LEICHT

Tour 5 **9,3 km**

Traumpfad Heidehimmel Volkesfeld

Start/Ziel: Volkesfeld, Heilquelle

Gehzeit: 3 Std. *Aufstieg:* 275 m *Abstieg:* 275 m

Charakteristik: Diese verschlungene Runde rund um Volkesfeld beginnt südwestlich des Ortes am Sauerbrunnen und wartet mit mehreren passablen Aussichtspunkten und den regionaltypischen Wacholderheiden auf.

Vom Sauerbrunnen südwestlich des Ortes geht es hoch zum Riethelkreuz. Sie umrunden Volkesfeld und tauchen dahinter in die Natur ein. Der hügelige Weg ist gesäumt von einladenden Rasthütten und schönen Aussichtspunkten wie der Falkley. Von dort geht es kurvenreich beständig hinab, bis Sie schließlich den Sauerbrunnen mit seinem heilsamen Mineral-Wasser erreichen.

Am Weg gibt es keine Einkehrmöglichkeiten, denken Sie an Proviant.

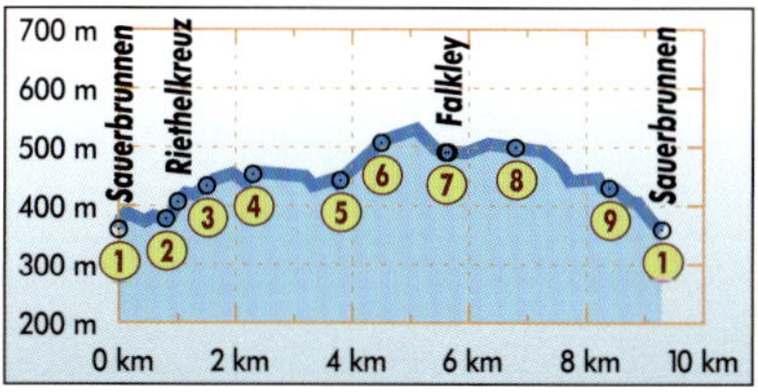

Markierung: Traumpfade-Logo

Anfahrt: Pkw: über A 61 Abfahrt Wehr, dann Richtung Adenau, von der B 412 nach Rieden, hinter Rieden am Waldsee vorbei, nach 700 m rechts auf die L 83 bis zum Parkplatz; ÖPNV: von Koblenz Hbf. mit Bus 350 nach Mayen Ost, dann mit Bus 814 nach Volkesfeld (VRM, s. S. 12)

Sauerbrunnen Volkesfeld

ℹ **Gemeinde Volkesfeld**, Talstr. 26, ✆ 02655/960336

Der eisenhaltige **Sauerbrunnen**, auch „Saurer Buhr" genannt, ist eine durchaus erfrischende und zudem staatlich anerkannte natürliche Heilquelle nahe des Nettetals.

1 **0,0 (360)** Die Tour beginnt im Nettetal am **Parkplatz** bei der Heilquelle nahe der L 83, ein Zuweg führt zum Startpunkt am Sauerbrunnen ~ über Holzstufen und auf weichem Waldweg steigen Sie hinauf zum ersten Ausblick ins Nettetal und nach Volkesfeld ~ am Hang entlang wandern Sie bis an den Ortsrand von Volkes-

feld ⇝ auf dem **Sauerbrunnenweg** erreichen Sie die ersten Häuser.

2 0,8 (380) Nach dem Rechtsbogen links für einige Meter auf die **Nettestraße** ⇝ kurz darauf rechts abzweigen und nach wenigen Metern rechts in den Pfad ⇝ Sie steigen hinauf zum Riethelkreuz.

Riethelkreuz (430 m)

Das basaltene **Riethelkreuz** (1954) ist weithin sichtbar, von dort bietet sich ein berauschender Panoramablick.

Vom Kreuz wandern Sie entspannt auf dem Kammweg, rechts unten liegt das Tal des Rehbaches mit der K 19 ⇝ im weiten Bogen am Neubaugebiet vorbei ⇝ bei den ersten Häusern links in die Straße **Am Riethel**.

Volkesfeld

3 1,5 (435) Hinter der Kreuzung halbrechts, dann vor den Bäumen scharf links und im weiten Rechtsbogen oberhalb der Häuser entlang.

4 2,3 (450) Am Ende des Weges links in die **Bergstraße** und in deren Linkskurve geradeaus in den Wiesenweg ⇝ Sie wandern weiterhin oberhalb der Häuser über die Wiesen ⇝ nach dem Rechtsbogen links über die **K 63**, hier bietet sich ein wunderbarer Panoramablick ⇝ kurz parallel zur Straße, dann rechts folgen ⇝ beim zweiten Haus links und noch vor der Straße rechts ⇝ der Feldweg führt im weiten Rechtsbogen zum Fuß einer Anhöhe.

5 3,8 (445) An der Dreieckskreuzung gehen Sie links in den aufsteigenden Weg ⇝ im weiten Linksbogen den wiesigen Hang sanft hinauf ⇝ der Weg mündet in einen Wirtschaftsweg, diesen halbrechts queren und weiter aufwärts.

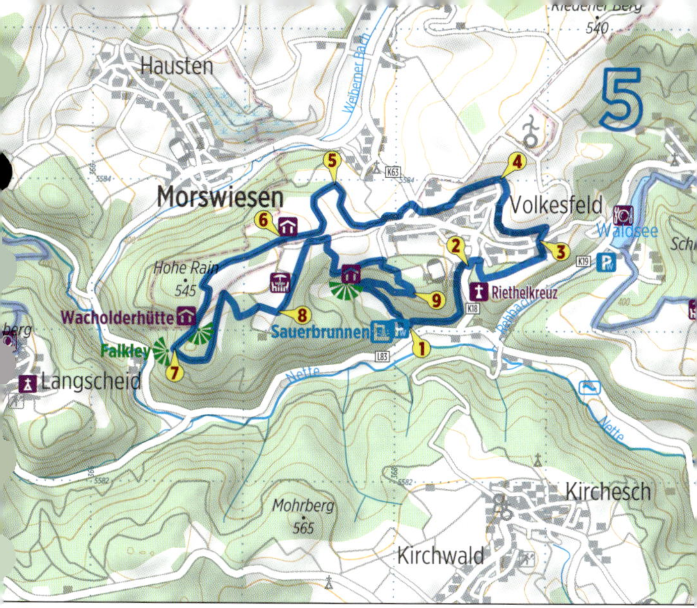

6 4,5 (505) Hinter der **Rasthütte** über den Wirtschaftsweg und auf schmalem Pfad weiter den wiesigen Hang hinauf zur Waberner Heide ~ der Pfad mündet in einen Wirtschaftsweg, hier geradeaus und nach 50 m in dessen Rechtsbogen geradeaus ~ nach 100 m links zum Waldrand und diesem nach rechts abwärts folgen ~ geradeaus vorbei an der **Waberner Wacholderhütte**

Heilquelle Volkesfeld

und hinein in den Wald ~ Sie erreichen den Felssporn mit dem **Falkleyblick**.

Vom **Falkleyblick** genießen Sie eine hervorragende Aussicht ins Nettetal.

Riethelkreuz

AUSSICHT Von hier können Sie einen kurzen Abstecher zum Aussichtspunkt Noorkopf machen.

7 5,6 (490) Vom Falkenleyblick folgen Sie dem Hauptweg im Linksbogen um den Berg herum ⤳ Sie verlassen den Wald ⤳ vor dem sanften Rechtsknick bei den Bäumen rechts und sogleich in den Wald hinein ⤳ im Linksbogen durch den Wald und dahinter über die Wiesen.

8 6,8 (495) Vor dem Waldrand links ⤳ wenig später befindet sich etwas links des Weges eine **Rastplatz** ⤳ bis zum Sträßchen, diesem rechts folgen und nach 100 m rechts in den Feldweg ⤳ reich an Bögen sanft abwärts, stets entlang des Waldrandes ⤳ nach dem Linksbogen vorbei an einer **Rasthütte** mit schönem Blick ins Nettetal ⤳ am Wirtschaftsweg scharf rechts und dessen kurvigem Verlauf absteigend durch den Wald folgen.

9 8,4 (425) Bei der Einmündung des Weges von links der Rechtskehre folgen ⤳ weiter in Kurven hinab ⤳ unten an der Kreuzung scharf links und entlang des Talgrundes zurück zum Sauerbrunnen.

1 9,3 (360) Am Wanderparkplatz erreichen Sie das Ende dieser Tour.

Sauerbrunnen Volkesfeld

Tour 6 — 14,1 km

Traumpfad Waldseepfad Rieden

Start/Ziel: Parkplatz Waldsee westlich von Rieden
Gehzeit: 4½ - 5 Std. **Aufstieg:** 425 m **Abstieg:** 425 m

Charakteristik: Am ins Tal geschmiegten Waldsee Rieden beginnt diese Tour, das Gegenstück bietet die grandiose Rundumsicht vom Turm hoch oben auf dem Gänsehals. Unterwegs wechseln Wald und offene Landschaft beständig.
Vom Waldsee wandern Sie nach Rieden und umrunden dann den Schorenberg. In Serpentinen steigen Sie hinauf zum Gänsehals, an dessen Fuß sich ein schöner Aussichtsrastplatz befindet. Vorbei am Schmitzkopf wandern Sie zum Maifeldblick und danach längere Zeit kurvenreich durch den Wald. Im Wechsel von Wald und Feld geht es schließlich zurück zum Waldsee, zuletzt steiler absteigend.
Einkehrmöglichkeiten finden Sie am Waldsee und in Rieden.
Markierung: Traumpfad-Logo

Anfahrt: Pkw: über die A 61, Abfahrt Kempenich, auf der B 412 Richtung Kempenich, nach Rieden abfahren, durch den Ort und weiter bis zum Waldsee, der Parkplatz ist augeschildert; alternativ: Wanderparkplatz Gänsehals (siehe Tour 29) oder in Rieden am Kirmesplatz; ÖPNV: vom Bhf. Mayen Ost mit Bus 814 (VRM, s. S. 12) zum Waldsee

Waldsee Rieden

Eifeler Seehütte, Nettetalstr. 1, ✆ 02655/3696, ÖZ: tägl. ab 11.30 Uhr

Der **Waldsee Rieden** wird nicht nur im Sommer freizeitlich genutzt – im Winter lässt sich wunderbar Schlittschuh laufen.

1 0,0 (360) Die Tour beginnt am **Riedener Waldsee**, folgen Sie von dessem südlichen Ende dem rechten Ufer unterhalb der steil ansteigenden Talflanke ~ hinter dem zweiten kleinen See über den **Rehbach** und dahinter rechts entlang des Baches.

2 0,9 (375) An der kleinen Straße links und nach 50 m

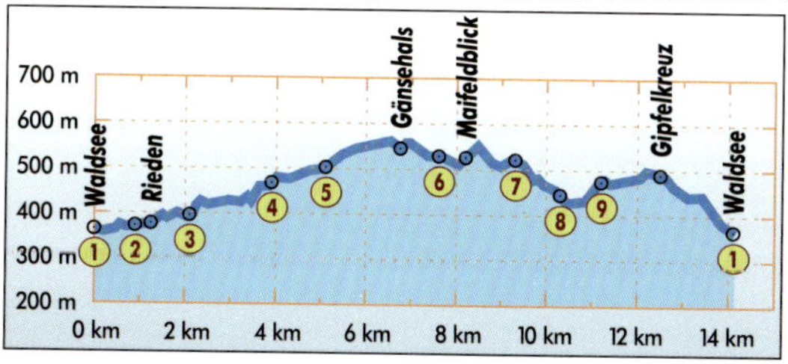

Aussicht vom Gänsehalsturm

wieder rechts, dann weiter entlang des Baches ⇝ an der T-Kreuzung mit der **Bachstraße** rechts.

INS ZENTRUM Folgen Sie der Bachstraße nach links, gelangen Sie in die Ortsmitte von Rieden.

Rieden

PLZ: 56745; Vorwahl: 02655

Gemeinde Rieden, Brohltalstr. 44, ✆ 3633

Silberdistel, Kirchstr. 77, ✆ 941991

Die 1330 erstmals erwähnte Pfarrkirche **St. Hubertus** geht bereits auf die Zeit der Romanik zurück, wovon einzelne Elemente zeugen.

Die Bachstraße führt sanft bergan ⇝ nach 150 m links in den Weg über die Wiesen und dessen Verlauf vor dem Hang entlang folgen ⇝ am Ende des Weges vor den Häusern links in die Straße **In der Aspel**.

3 **2,1 (400)** An der T-Kreuzung links in die **Oberstraße**, nach dem dritten Haus rechts und geradezu auf dem Pfad in den Wald hinauf ⇝ oben an der kleinen Straße links ⇝ hinter dem kleinen Parkplatz rechts abzweigen in den Waldweg ⇝ auf etwa gleicher Höhe umrunden Sie auf dem bequemen Weg den **Schorenberg**, zuletzt sehr reich an Kurven ⇝ Sie wandern durch imposante Buchenbestände.

4 **3,9 (465)** Einen Weg querend verlassen Sie den Wald und folgen noch kurz dem Waldrand ⇝ der Weg wendet sich nach links und führt über die Weiden, hier schon mit ersten Blicken auf den Gänsehals mit seinem Turm ⇝ vor dem Wald gehen Sie links und queren auf diesem Weg die Senke ⇝ wieder hinauf und vor

dem Wald links und entlang des Waldrandes.

5 **5,1 (495)** Wieder in den Wald hinein, nach wenigen Metern in den Serpentinenpfad und steil hinauf durch Nadelwald ⤳ oben rechts entlang des Waldrandes und 100 m nach dem Linksbogen rechts ⤳ über das Sträßchen und dahinter halbrechts halten ⤳ nun auf dem erhabenen

Kamm des Gänsehals bis zu dessen Gipfel.

Gänsehals (575 m)

Auf dem **Gänsehals** gibt es einen Richtfunkturm, der auf 24 m Höhe über eine frei zugängliche Aussichtsplattform verfügt. Von hier blicken Sie rundum in die Vulkaneifel und ins Neuwieder Becken.

Verlauf sanft absteigend durch den Wald folgen ⤳ aus dem Wald heraus und ein Feld umrunden.

8 10,3 (445) Vom Feld weg nach rechts in den linken der beiden Wege ⤳ vor dem Gebäude rechts abbiegen und im weiten Linksbogen hinauf durch den Wald.

Am Waldsee

Vom Gipfel steigen Sie hinab zur **Gänsehalshütte** mit großartigen Ausblicken bis zum Laacher See und ins Neuwieder Becken ⤳ an dieser vorbei und vor dem **Wanderparkplatz** rechts hinauf.

6 7,6 (530) An der nächsten Kreuzung links und unterhalb des **Schmitzkopfes** entlang, hier bieten sich schöne Panoramablicke ⤳ an der Gabelung am Waldrand rechts halten ⤳ an der nächsten Kreuzung geradeaus, vorbei am **Maifeldblick** ⤳ über den Kamm und dahinter sanft absteigend am Hang entlang.

7 9,3 (525) Am querenden Waldweg rechts und dessen gewundenem

9 11,2 (475) An der Gabelung vor dem Wäldchen rechts und entlang des Waldrandes ⤳ entlang eines Feldes, vor dem nächsten Waldhügel links und wenig später rechts in den Wirtschaftsweg ⤳ an der kleinen Straße erneut rechts und bis zum **Parkplatz** beim Gipfelkreuz und der Rasthütte. Hinter dem **Parkplatz** an der Kreuzung links und dem Weg hinab folgen ⤳ vor dem Wald links, an der folgenden Kreuzung wieder rechts ⤳ an der kleinen Straße rechts und dieser hinab bis zum Waldsee folgen.

1 14,1 (360) Am Riedener Waldsee schließt sich diese Runde.

Waldsee Rieden

Tour 7 — 12,8 km

Traumpfad Vier-Berge-Tour

Start/Ziel: Parkplatz Schweinsgraben, südwestlich von Bell
Gehzeit: 4 - 4½ Std. **Aufstieg:** 520 m **Abstieg:** 520 m

Charakteristik: Vier Eifeler Berge verbindet diese Tour in abwechslungsreicher Landschaft und bietet darüber hinaus noch die eindrucksvolle Genovefa-Höhle und die Mineralquelle Erlenborn.
Vom Parkplatz Schweinsgraben geht es meist durch Wald bis zum Fuß des Gänsehalses, wo sich ein Abstecher zum Turm auf dem Gipfel empfiehlt. Sie wandern unterhalb des Schmitzkopfes, alsbald mit freier Sicht. Als dritten Berg umrunden Sie den Sulzbusch, dahinter geht es ein Stück bergab. Schließlich lauert der knackige Aufstieg auf dem Hochstein, der jedoch mit einer großartigen Aussicht und der Genovefa-Höhle belohnt. Sie wandern hinab ins Tal des Kellbaches und erreichen vorbei am Erlenbrunnen und den Rauhbuur-Felsen Ihren Ausgangspunkt.

Markierung: Traumpfad-Logo

Anfahrt: Pkw: über die A 61 Abfahrt Wehr, dann L 82 Richtung Bell, in Bell rechts Richtung Ettringen, nach 1 km befindet sich rechts der Wanderparkplatz; ÖPNV: Bahn: Bhf. Andernach nach Mendig (TransRegio), dann mit Regiobus 312 (Vulkanbus, VRM, s. S. 12) nach Bell, von dort über die Brunnenstraße 1,5 km zu Fuß zum Startpunkt; alternativ: mit Vulkanbus bis Haltestelle Röderhöfe und nördlich der Hochsteinhöhle in die Tour einsteigen

Parkplatz Schweinsgraben

1 0,0 (380) Die Tour beginnt am Parkplatz Schweinsgraben ⤳ rechts über den Parkplatz und nun weiter auf Waldpfaden.

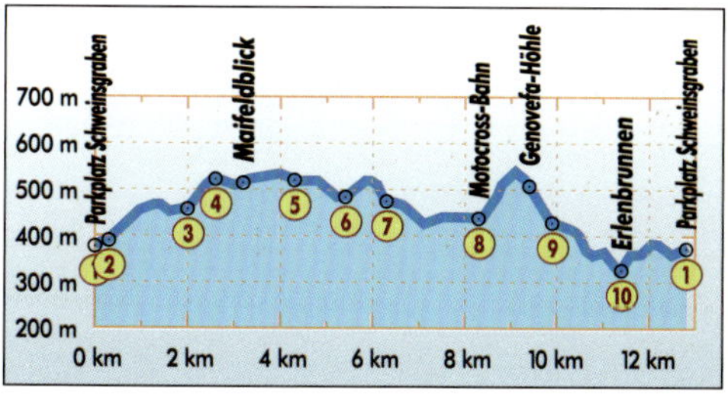

2 0,3 (390) Sie kreuzen eine Schneise, 100 m später links halten ⤳ über einen Waldweg ⤳ 300 m später rechts, einen Waldweg kreuzen und längere Zeit dem bogenreichen Verlauf des Weges folgen.

3 2,0 (460) Kurz vor der Straße scharf links und dem Weg hinauf zum Parkplatz am Fuß des ersten der vier Berge, dem **Gänsehals**, folgen ⁓ vom Parkplatz bieten sich Blicke zum Laacher See und ins Neuwieder Becken, etwas weiter nördlich befindet sich die Gänsehalshütte.

AUSSICHT Wollen Sie noch mehr Aussicht, empfiehlt sich ein Abstecher hinauf zum Gänsehals-Aussichtsturm.

Gänsehals (575 m)

Auf dem **Gänsehals** gibt es einen Richtfunkturm, der auf 24 m Höhe über eine frei zugängliche Aussichtsplattform verfügt. Von hier blicken Sie rundum in die Vulkaneifel und ins Neuwieder Becken.

Am Parkplatz links hinauf.

4 2,6 (530) An der nächsten Kreuzung links und unterhalb des **Schmitzkopfes** entlang, dem zweiten Berg, hier bieten sich schöne Panoramablicke ⁓ an der Gabelung am Waldrand rechts halten, dann an der nächsten Kreuzung links entlang der Lichtung ⁓ im sanften Rechtsbogen zwischen Wiesen und Waldstücken hindurch.

5 4,3 (525) Vor dem Waldrand scharf links und nach 150 m scharf rechts in den Wald hinein ⁓ der Weg endet am breiteren Waldweg, gehen Sie hier links hinab ⁓ an der T-Kreuzung gehen Sie rechts und

Blick vom Hochstein nach Ettringen

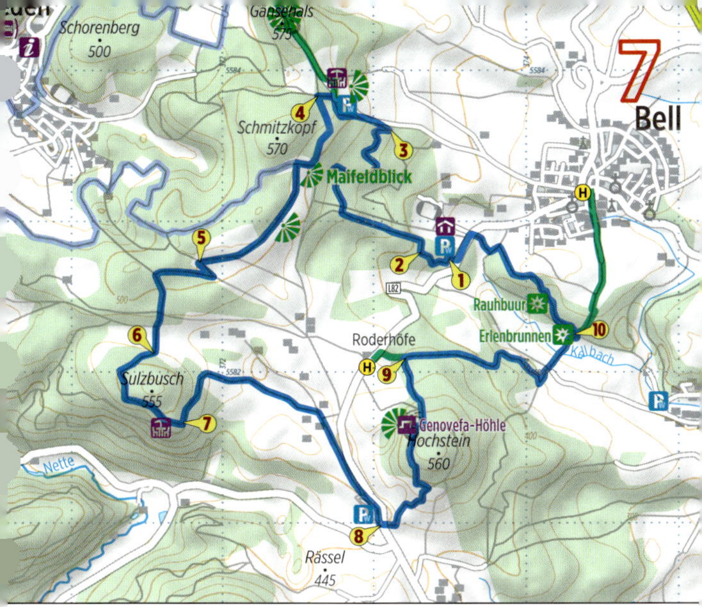

gleich wieder links ↝ am Waldrand halblinks in den Wirtschaftsweg über die Felder.

6 5,4 (490) Drüben am Waldrand rechts und hinauf zum **Sulzbusch** ↝ Sie umrunden nun den dritten der Berge ↝ es geht wieder bergab.

7 6,3 (470) In der Rechtskehre links abzweigen ↝ der lange, sanfte Abstieg führt im weitgefassten Rechtsbogen zunächst durch Wald, dann über Wiesen und Felder ↝ vor der **L 82** rechts und ein Stück dicht entlang der Straße ↝ über den **Parkplatz** der Motocross-Bahn.

8 8,3 (440) Wenig später die Straße überqueren und gegenüber in den Weg ↝ vorbei an Zufluchtshöhlen und wenige Meter später links in den direkten Aufstieg zum letzten der vier Berge, dem **Hochstein** ↝ der steile Aufstieg erfordert eine gewisse Kondition ↝ über Wiesen mit Waldinseln steigen Sie zum Gipfel auf und gewinnen dabei weit über 100 Höhenmeter ↝ oben angelangt durch den Wald zum Aussichtsfelsen.

Hochstein (560 m)

- Der 1790 erstmals erwähnte **Hochstein** gilt als Wahrzeichen von Mendig. Er verfügt über einen Aussichtsfelsen.
- Die **Genovefa-Höhle** befindet sich kurz unterhalb des Aussichtsfelsens.

Der Abstieg führt Sie unweit des Waldrandes hinab.

Auf der Vier-Berge-Tour

9 9,9 (425) Gehen Sie unten am Waldweg rechts ⁓ Sie kreuzen einen Waldweg ⁓ 300 m später links abzweigen und dem Weg hinab ins Tal des Kellbaches folgen ⁓ an der Waldwegekreuzung scharf links Richtung Erlenbrunnen ⁓ Sie erreichen die Rasthütte am Erlenbrunnen.

Erlenbrunnen

Die 1809 eingefasste **Mineralquelle Erlenbrunnen** ist ein Sauerbrunnen.

AUSFLUG Von hier aus führt Sie ein Zuweg hinauf in die Ortsmitte von Bell.

10 11,4 (340) Steigen Sie von der Rasthütte aufwärts in die Talflanke.

AUSFLUG Unterwegs empfiehlt sich ein Abstecher ins Felsengebiet Rauhbuur.

Felsengebiet **Rauhbuur** mit massiven Tuffsteinwänden. Das Material wurde lange Zeit zum Backofenbau verwendet.

Am Waldrand treffen Sie auf ein Sträßchen, gehen Sie hier links und kurz darauf vor den Häusern rechts ⁓ an der **L 82** links, dann nach 100 m rechts und gleich wieder links zum Parkplatz.

1 12,8 (380) Am **Parkplatz Schweinsgraben** mit der Rasthütte endet diese Tour.

Parkplatz Schweinsgraben

Tour 8 — 12,0 km
Traumpfad Wanderather

Start/Ziel: Wanderath, Kirche
Gehzeit: 4 Std. **Aufstieg:** 395 m **Abstieg:** 395 m

Charakteristik: Der Wanderather weiß zum einen durch seine üppige und vielfältige Pflanzenwelt zu begeistern, zum anderen aber auch durch die Stille seiner malerischen Bachtäler, und er bietet mit der Kapelle St. Jost auch ein Stückchen Kultur direkt am Weg.

Von Wanderath führt Sie der Weg hinab nach Oberwelschenbach und steigt weiter hinab bis ins Tal des Achterbaches. Entlang des zu großen Teilen offenen Bachtales wandern Sie zur St.-Jost-Mühle mit ihrer Wallfahrtskapelle. Ab hier begleitet Sie der Nitzbach, dann einer seiner Zuflüsse im sanften Anstieg. Über die Hohe Warte mit ihrer herrlichen Aussicht wandern Sie vorbei an Freilingen hinauf nach Wanderath.

Einkehrmöglichkeiten am Weg gibt es keine.

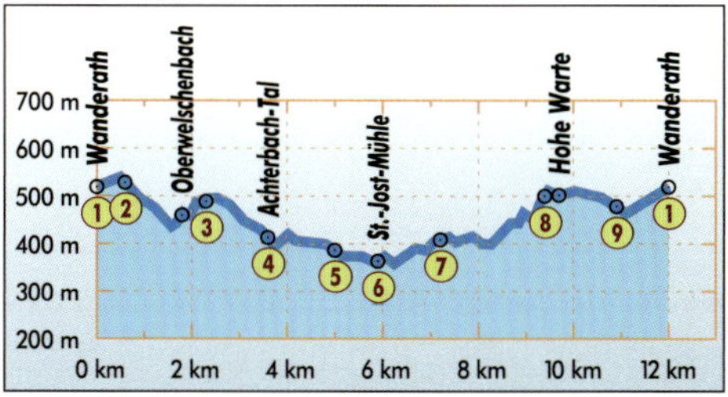

Markierung: Traumpfad-Logo

Anfahrt: Pkw: über die B 258 nach Virneburg und von dort nach Baar-Wanderath, Parkmöglichkeiten in der Nähe der Kirche oder am Gasthof; ÖPNV: Bhf. Mayen-Ost, dann Bus 344 (VRM, s. S. 12) bis Wanderath

Wanderath

PLZ: 56729; Vorwahl: 02656

Pfarrkirche **St. Valerius**. Der trutzige Westturm stammt aus dem 13. Jh.

1 0,0 (520) Gehen Sie gegenüber des Friedhofs und der **Kirche** in den schräg abzweigenden **Birkenweg**, im Rechtsknick und ein Stück bergauf ⁓ nach 50 m an der Kreuzung rechts und im Rechtsbogen der Straße halblinks geradeaus aufsteigend über die Felder, dabei mit herrlichem Panoramablick ⁓ im Bogen zu den Häusern und dort rechts auf die kleine Straße.

2 0,6 (530) Bei den letzten Bäumen halbrechts auf den wunderschönen Wiesenweg auf dem Rücken des Kammes ⁓ am Ende hinab nach

Oberwelschenbach ⤳ an der **K 11** links und nach 50 m rechts in den Ort hinein.

Oberwelschenbach

Nach dem ersten Haus auf der rechten Seite rechts und steiler hinauf durch den Wald.

3 2,3 (490) Oben scharf links und nun über die Felder ⤳ am breiteren Wirtschaftsweg links und kurz darauf in dessen Linkskurve geradeaus auf den Wiesenweg durch die Heidelandschaft ⤳ vorbei an Ginsterbüschen ⤳ am Ende halbrechts auf den querenden Weg, der bald sanft absteigt ⤳ hinter der **Rasthütte** scharf rechts über die kleine Straße, wenig später im Linksbogen links ab und bald vorbei an einer Baumreihe.

4 3,6 (415) Unten im **Achterbach-Tal** an dem einzelstehenden Baum scharf rechts auf den Splittweg und entlang von Weiden, nun bis St.-Jost-Mühle dicht entlang des Baches ⤳ das Tal verengt sich ⤳ Sie überqueren den Bach und wandern nun dicht am linken Ufer.

5 5,0 (390) Über die Brücke, vorbei an der **Schwarzen Madonna** und weiter durch das Tal ⤳ Sie passieren den **Jodokus-Brunnen** und kommen bald zur St.-Jost-Mühle.

St.-Jost-Mühle

Sehenswerte **Wallfahrtskapelle St. Jost** mit Wandfresken und kunstvollem Altar. Mit Jugendhütte.

6 5,9 (365) Hier wechseln Sie vom Achterbach-Tal nach rechts in das des größeren Nitzbaches ⤳ zurück am Abzweig läuft man im **Nitzbachtal** aufwärts ⤳ Sie wandern dicht entlang des gewundenen Baches.

St. Jost

7 **7,2 (405)** Wo sich der Nitzbach südlich nach links wendet, gehen Sie vorbei am Abzweig über den **Welschenbach** geradeaus und folgen dessen Lauf nun in den dichter werdenden Wald hinauf ~ nach einem einstigen Steinbruch links über den Bach und nun in zahlreichen Kehren hinauf zur Hohen Warte ~ Sie verlassen den Wald und steigen rechts über die Wiesen hinauf.

8 **9,4 (505)** Oben vor dem Wald rechts auf den Feldweg und entlang der Wacholderheide die Hohe Warte umrunden.

Von der **Hohen Warte** genießen Sie Blicke sowohl in Richtung Virneburg als auch nach Welschenbach.

Beim ersten Blick auf Freilingen scharf rechts in den Feldweg und kurz darauf diesen geradeaus verlassen ~ auf dem Kamm über die Felder ~ hinab zur **K 11** und diese überqueren, nun bereits mit Blick auf Wanderath.

9 **10,9 (480)** Unten rechts auf die Asphaltstraße und in deren Linkskurve geradeaus auf den Wiesenweg ~ Sie wandern hinauf nach Wanderath ~ hinter dem ersten Haus links und an der Straße scharf rechts, dann links vor zur Kirche.

1 **12,0 (520)** An der **Kirche** endet diese Tour.

Wanderath

MITTEL

Tour 9 10,1 km

Traumpfad Virne-Burgweg

Start/Ziel: Virneburg, Gemeindehalle

Gehzeit: 3 - 3½ Std. **Aufstieg:** 340 m **Abstieg:** 340 m

Charakteristik: Dieser Traumpfad bietet ein vielfältiges Kontrastprogramm, angefangen von einer erhabenen Burgruine über idyllische Bachtäler bis hin zu weitläufigen Wacholderheiden.

Der Weg führt Sie vom beschaulichen Virneburg vorbei an der über dem Ort thronenden Burgruine ins Tal des Nitzbaches. Von dort wandern Sie stetig ansteigend hinauf zur Wacholderheide auf dem Schafberg, wo sich ein Panoramablick eröffnet. Nicht minder eindrucksvoll ist die bald folgende Blumenrather Heide, durch die Sie zum Brauberg wandern. Von hier geht es, vorbei an der Schönen Aussicht auf Virneburg, durch den Wald erneut ins Nitzbachtal und zuletzt über eine Anhöhe zurück nach Virneburg.

Markierung: Traumpfade-Logo

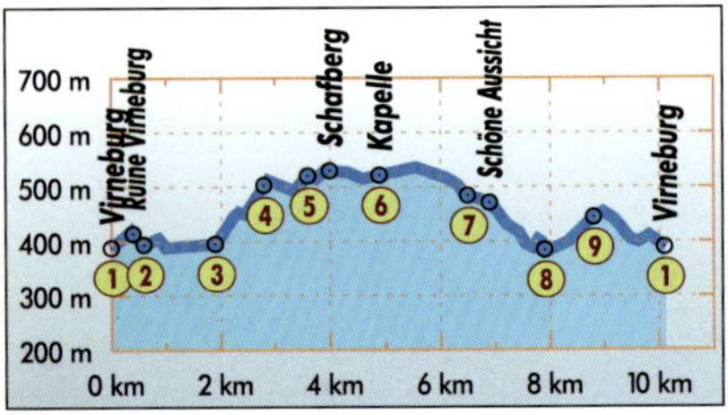

Anfahrt: Pkw: über die A 48 Abfahrt Mayen/Mendig, dann B 258 Richtung Nürburgring bis Virneburg, Parkplatz an der Gemeindehalle; ÖPNV: Bahn: Bhf. Mayen-Ost, dann Bus 344 (VRM, s. S. 12)

Virneburg

PLZ: 56729; Vorwahl: 02656

Das Wohnzimmer mit Galerie, Hauptstr. 33, ✆ 951626

1 **0,0 (390)** Von der Gemeindehalle und dem **Parkplatz** an der Straße **In der Au** wandern Sie vorbei an der Spitze des Teiches und überqueren kurz darauf den Nitzbach ⤳ rechts in die **Talstraße** und nach 50 m links zwischen den Häusern hinauf zur **Kapelle** und rechts haltend hinauf zur **Burgruine**.

Burgruine Virneburg (11. Jh.). Die Burg wurde 1187 erstmals urkundlich erwähnt. Die mächtige Anlage mit schönem Blick auf den Ort kann jederzeit besichtigt werden.

Von der Ruine wandern Sie wieder hinab in den Ort.

2 **0,6 (400)** Über die **B 258** und zwischen den Häusern hinauf zum Waldrand ⤳ leicht über dem Tal des **Nitzbaches** dicht

entlang des Waldrandes ~ vorbei am **Wanderparkplatz**.

3 1,9 (400) Nach 600 m zweigen Sie in ein Seitental ab ~ entlang einiger **Fischteiche** ~ in weiten Bögen steigt der Weg beständig an.

4 2,8 (505) Oben am Waldrand links und wieder durch den Wald zur Wacholderheide am Schafberg ~ aus dem Wald heraus.

5 3,6 (520) Kurz darauf links in den Feldweg und wenig später rechts auf den Schafberg.

Schafberg (530 m)

Der flache und längliche Gipfel des **Schafberges** ist von Wacholderheiden bedeckt. Von hier bietet sich ein schöner Blick in die Eifel.

Unterwegs auf dem Traumpfad

Weiter auf dem Bergrücken entlang. **6** 4,9 (525) Leicht versetzt über die **B 258** und vorbei an der **Kapelle** und dem **Parkplatz** ⤳ Sie wandern jetzt durch die Blumenrather Heide.

Blumenrather Heide. Weitläufige Wacholderheide.

Nach 400 m links und bald rechts halten, dann am Feldweg links ⤳ Linksbogen steigen Sie hinab ins Nitzbachtal.

8 7,9 (385) Über den Bach, kurz links entlang der kleinen Straße ⤳ beim Abzweig zu den Häusern scharf rechts, gleich wieder links und nun steil hinauf über die Wiesen ⤳ mit schöner Aussicht auf dem Höhenrücken entlang.

Virneburg

dessen Verlauf vorbei am **Brauberg** folgen.

7 6,5 (485) An der T-Kreuzung bei der **Schutzhütte** rechts und durch den Wald, ab hier auf einem Bergpfad ⤳ auf dem zeitweise ausgesetzten Pfad oberhalb des Hanges entlang ⤳ unterwegs bieten sich schöne Ausblicke ⤳ Sie passieren die Schöne Aussicht.

Von der **Schönen Aussicht** blicken Sie auf Virneburg, die Burgruine und in die Eifel.

Dahinter rechts halten und bald wieder links ⤳ im weiten

9 8,8 (445) Rechts auf den Wirtschaftsweg und nach ca. 200 m links ab und in einer Kehre in den Wiesenweg ⤳ durch Buschwerk wandern Sie hinab ⤳ noch vor den ersten Häusern scharf rechts ⤳ nach 150 m links hinab und am Waldrand wieder links ⤳ vor den Häusern rechts folgen ⤳ mit schönen Blicken auf die Burgruine ⤳ bei den Häusern weiter auf der Straße ⤳ beim Spielplatz links.

1 10,1 (390) Sie beenden die Runde am **Parkplatz** an der Gemeindehalle.

Virneburg

MITTEL

Tour 10 15,2 km

Traumpfad Förstersteig

Start/Ziel: Kürrenberg, Portal Oberes Ruppental

Gehzeit: 5 - 5½ Std. **Aufstieg:** 610 m **Abstieg:** 610 m

Charakteristik: Der an Höhenmetern reiche Förstersteig führt seinem Namen entsprechend fast ausschließlich durch herrlichen Wald und bietet doch in Regelmäßigkeit weite Aussichten.

Vom Kürrenberger Ortsrand wandern Sie durch das offene Ruppental und schon bald entlang des Eiterbaches. Mit der Luisenplatzhütte und dem Altener Tempelchen passieren Sie schon bald zwei schön gelegene Rasthütten mit jeweils hervorragender Aussicht. Entlang der Bergflanke schlingt sich der Weg oberhalb des Nettetales entlang. In mehreren Kehren steigen Sie schließlich hinab ins Tal. Kurz darauf bietet sich an der Hammesmühle die Möglichkeit zur Einkehr sowie für einen Abstecher zu Schloss Bürresheim. Vom Tal des Nitzbaches beginnt dann der beständige Anstieg hinauf zum Schälkopf und weiter zum Scheidkopf am Rand von Kürrenberg.

Markierung: Traumpfad-Logo

Anfahrt: Pkw: über A 48 Abfahrt Mayen/Mendig, B 258 Richtung Nürburgring und kurz vor Kürrenberg Waldeinfahrt rechts zum Wanderparkplatz Am Leichenweg direkt an der B 258, von dort Zugangsweg zum Portal; ÖPNV: Bahn: Koblenz Hbf., weiter mit Bus 350 (VRM, S. 12) nach Kürrenberg

Kürrenberg, Oberes Ruppental

1 0,0 (480) Die Runde auf dem **Förstersteig** beginnt mit einem sanften Abstieg durch das schattige **Ruppental** das schmale Tal ist zunächst noch offen.

2 0,8 (400) Auf Höhe der breitesten Stelle links auf den querenden Weg,

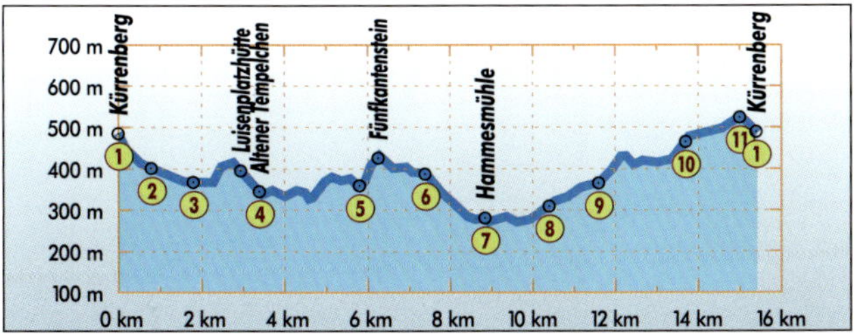

danach im Rechtsbogen ⤳ nach 200 m links und gleich wieder rechts ⤳ weiter dicht des Bächleins.

3 1,8 (365) Sie treffen am Eiterbachtal-Weiher auf den noch jungen **Eiterbach** und steigen nun durch den Wald hinauf ⤳ auf wunderschönem Waldweg hinauf zur **Luisenplatzhütte** ⤳ der Weg wird schmaler ⤳ Sie erreichen die Hangkante ⤳ Sie wandern weiter zum Aussichtspunkt am Altener Tempelchen.

Auch vom **Altener Tempelchen** haben Sie eine großartige Aussicht ins Nettetal und auf den Basaltabbau gegenüber.

4 3,4 (340) Vom Aussichtspunkt folgen Sie dem kurvigen Förstersteig oberhalb des Nettetals längere Zeit durch den Wald ⤳ links in den aufsteigenden Weg, oben dann am querenden Waldweg rechts und kurvenreich weiter.

5 5,8 (355) In einer Linkskehre beginnt der steile und abenteuerliche Anstieg hinauf zum Fünfkantenstein.

Fünfkantenstein. An dieser Kreuzung treffen 5 Waldbezirke aus dem 18. Jh. aufeinander. Mit Rasthütte.

Vom Fünfkantenstein wandern Sie auf dem Förstersteig bergab.

6 7,1 (400) Halten Sie sich rechts zum Aussichtspunkt Nettetalblick.

Vom **Nettetalblick** schauen Sie auf Schloss Bürresheim und ins Nettetal.

Auf steilem Pfad talwärts zu einem Waldweg ⤳ im weiten Zickzackkurs hinab ins Nettetal ⤳ am Ende rechts über den Bach und an der **L 83** links.

Hammesmühle

Historisches Gasthaus Hammesmühle, Bürresheimer Str. 113, ✆ 02651/76464

7 8,5 (285) Vorbei an der historischen **Hammesmühle**.

AUSFLUG

Hier empfiehlt sich unbedingt ein Abstecher zum Schloss Bürresheim, folgen Sie dazu 400 m der L 83.

Schloss Bürresheim (12. Jh.), Hauptstr. 40, ✆ 02651/76440, ÖZ: Jan.-Nov., nur mit Führung. Die intakte Anlage scheint geradewegs einem Märchenfilm entsprungen.

Auf der Hauptroute gehen Sie kurz nach der Hammesmühle links wieder über die Nette ⤳ in den Wald hinein und wenig später rechts halten in den absteigenden Weg ⤳ unten am Bach scharf links ⤳ auf der Hauptroute wandern Sie nun

Schloss Bürresheim

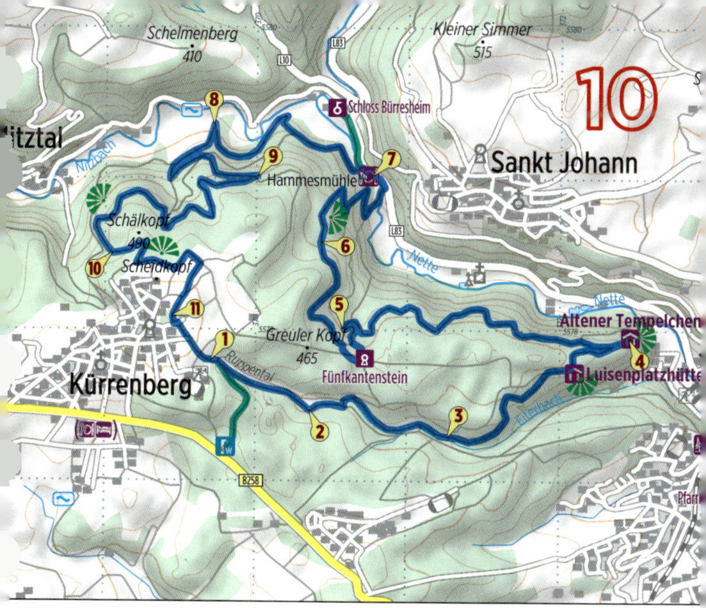

entlang des Nitzbaches und bald oberhalb des Tales.

8 10,1 (305) Am Ende eines langen Rechtsbogens scharf links hinauf und auf einem kleinen Kamm aus dem Tal heraus ~ oben rechts auf den Waldweg ~ nach ca. 300 m scharf links ~ geradeaus eine Waldstraße kreuzen.

9 11,3 (365) Vor der Rechtskurve scharf rechts abzweigen und auf gewundenem Weg durch Eichenwald hinauf zum Schälkopf ~ fast auf gleicher Höhe umrunden Sie den **Schälkopf** fast vollständig, vorbei an einem Aussichtspunkt auf den Ort Nitztal.

10 13,4 (455) Verlassen Sie den Waldweg auf den Pfad, der in Serpentinen steil hinaufführt ~ an der Waldwegekreuzung rechts hinab zum Waldrand, dort links oberhalb von Kürrenberg entlang ~ dem Waldrand vorbei an Wiesen und Pferdekoppeln nach links folgen und nach 100 m rechts in den Weg über die Felder ~ an der Kreuzung wieder rechts und hinauf zum Scheidkopf.

Scheidkopf. Mit gutem Blick nach Norden.

11 14,7 (530) Auf dem wiesigen Weg hinab zum Waldrand, dort kurz links und wieder rechts ~ hinab zum Wald.

1 15,2 (480) Am Portal zum Ruppental schließt sich die Runde.

Kürrenberg, Oberes Ruppental

LEICHT

Tour 11 — 6,6 km

Traumpfad Vulkanpfad

Start/Ziel: Ettringen, Hochsimmerhalle Kottenheimer Straße

Gehzeit: 2 - 2½ Std. **Aufstieg:** 230 m **Abstieg:** 230 m

Charakteristik: Der kleine Vulkanpfad zeigt trotz seiner Kürze eine erstaunliche Vielfalt – so finden sich entlang des Weges ein passabler Aussichtsberg ebenso wie Zeugnisse des Bergbaus, ein Mineralbrunnen oder ein schönes Bachtal, Sie wandern sowohl durch Wald als auch auch durch offene Landschaft.

Von Ettringen steigen Sie hinauf zum Ettringer Bellberg und über einen Sattel wieder hinauf zum Büden mit seiner Aussicht auf die alte Grube. Durch den Wald des Kottenheimer Winfelds schlagen Sie einen weiten Bogen zum Segbachtal, das Sie mit dem Hartborn-Brunnen empfängt. Entlang des Baches wandern Sie zurück nach Ettringen.

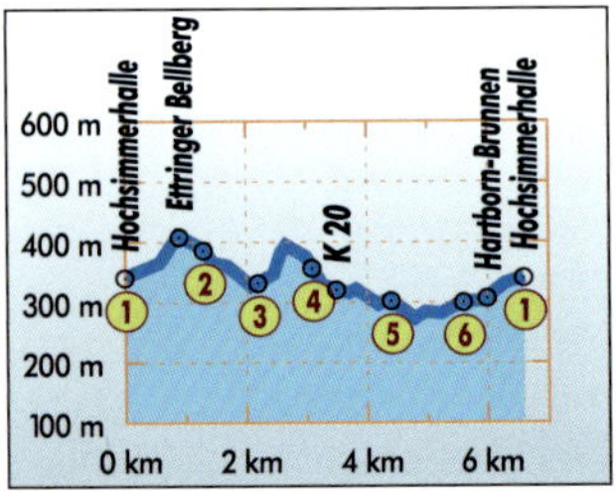

Es gibt keine Einkehrmöglichkeit am Weg.

Markierung: Traumpfad-Logo

Anfahrt: Pkw: A 61 Abfahrt Mendig oder A 48 Abfahrt Polch, Parkmöglichkeiten Hochsimmerhalle oder Ettringer Lay; ÖPNV: Bahn: Bhf. Mayen Ost, dann Bus 312 (VRM, S. 12) bis Ettringen Volksbank

Ettringen

PLZ: 56729; Vorwahl: 02651

Ortsgemeinde Ettringen, Kreuzstr. 8, ✆ 2362

1 0,0 (345) Sie beginnen Ihre Wanderung auf dem Vulkanpfad an der **Hochsimmerhalle** ⤳ entlang der **K 20** zu den Häusern ⤳ nach 100 m links in die Straße **In den Wiesen** und kurz darauf links abzweigen in die Straße **Am Layenpfad** ⤳ an der Kreuzung links in die **Keutelstraße** und bei den letzten Häusern dem Rechtsbogen folgen ⤳ am Ende des Asphalts auf den Feldweg abzweigen und über die Wiesen hinauf zum Gipfel des Ettringer Bellberges.

Vom Gipfel des **Ettringer Bellberges**, dem Kraterrand eines erloschenen Vulkans, bietet sich eine herrliche Rundumsicht auf

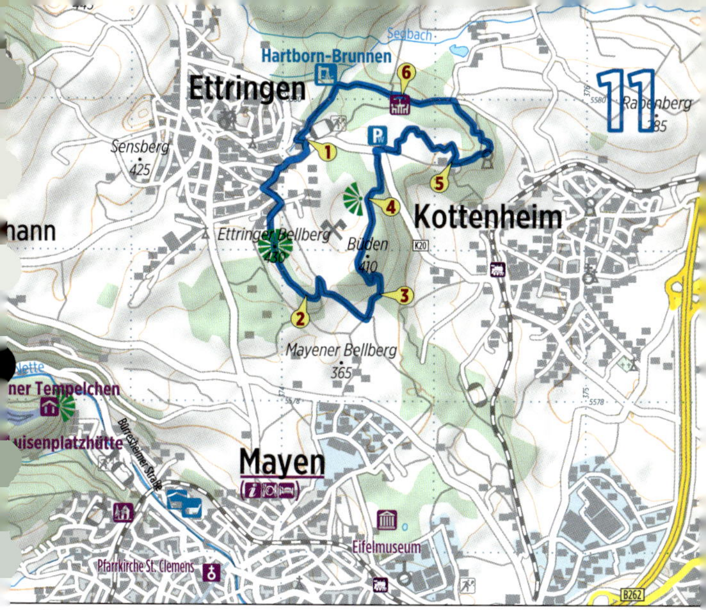

die Vulkanlandschaft und zum Aussichtsturm des Hochsimmer.

Sie folgen dem Kamm des Ettringer Bellberges.

2 1,3 (390) Vom Bellberg steigen Sie auf dem Pfad durch das Naturschutzgebiet wieder abwärts, zuletzt steil ⤳ unten rechts auf den breiteren Weg und über die Felder ⤳ kurz hinter dem kleinen Waldstück noch vor der Kurve links Richtung Wald.

3 2,2 (330) Links ab in den aufsteigenden Weg ⤳ entlang des Kraterwalls bis zum Beginn des Aufstiegs ⤳ durch dichten Mischwald hinauf auf den **Büden** ⤳ oben am zaungesicherten Kraterrand wandern Sie aussichtsreich dicht entlang des steil abfallenden Hanges mit seinem rot-schwarzen Gestein, unten liegt der Steinbruch der Basaltgrube Ettringen.

4 3,1 (360) Der Weg entfernt sich vom Abhang ⤳ links auf den querenden Waldweg und hinab zur Straße ⤳ über die **K 20** und am **Parkplatz** rechts in den Wald des sogenannten Kottenheimer Winfelds ⤳ der Pfad verläuft labyrinthartig durch das Gelände der einstigen Grube.

5 4,4 (305) Links auf den breiten Weg und durch den Wald hinab ⤳ noch vor dem Waldrand links in den Weg ⤳ der Weg wird schmaler ⤳ Sie wandern vorbei an eindrucksvollen Felsgebilden.

Felsen am Vulkanpfad

6 5,6 (295) Vorbei am **Rastplatz** bei der Felsgruppe und auf Pfaden durch den Wald ins Tal des **Segbaches** ~ rechts ab und das Tal queren ~ über den Bach, dahinter links und vorbei am Hartborn-Brunnen.

Der **Hartborn-Brunnen** ist ein erfrischender Sauerbrunnen.

Der breite Waldweg bringt Sie sanft ansteigend zurück nach Ettringen.

1 6,6 (345) Bei der **Hochsimmerhalle** endet die Tour.

Ettringen

LEICHT

Tour 12 — 9,7 km

Traumpfad Booser-Doppelmaar-Tour

Start/Ziel: Vulkanpark Wanderparkplatz Booser Doppelmaar, westlich von Boos

Gehzeit: 2½ - 3 Std. *Aufstieg:* 185 m *Abstieg:* 185 m

Lavabombe

Charakteristik: Diese entspannte Tour führt Sie zu einem echten Eifelturm mit großartiger Aussicht und zum Booser Doppelmaar, dem Resultat eines vulkanischen Dramas aus Feuer und Wasser.

Vom Wanderparkplatz wandern Sie zum Booser Eifelturm auf dem Schneeberg und treffen dort auf sichtbare Lavabomben. Mit guter Sicht geht es am Waldrand zum Hölgertberg und von dort hinab ins Tal des Nitzbaches, dessen schlängelndem Bachlauf Sie nun folgen. Ein schönes Nebental bringt Sie dann über Wiesen direkt zum trockenen Booser Doppelmaar, welches Sie im weiten Bogen umrunden.

Am Weg gibt es keine Einkehrmöglichkeiten.

Markierung: Traumpfad-Logo

Anfahrt: Pkw: über A 48 Abfahrt Mayen/Mendig, dann B 258 Richtung Nürburgring, in Kreuznick auf die B 410 Richtung Boos, hinter Boos ab zum Parkplatz Vulkanparkstation; ÖPNV: Bahn: Bhf. Mayen Ost, dann Bus 334 (VRM, s. S. 12) nach Boos

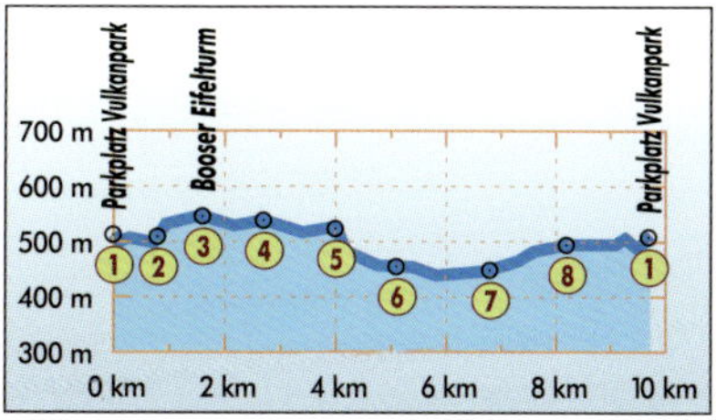

Vulkanpark Wanderparkplatz

1 0,0 (510) Gehen Sie vom **Parkplatz** an der **L 94** von der Straße weg am Wald-

Wiesenweg im Tal

rand entlang ⤳ im kurzen Aufstieg etwas höher.

2 0,8 (510) Vom Waldrand rechts durch den Waldstreifen ⤳ am anderen Waldrand links und vorbei an der **Schutzhütte** ⤳ Sie wandern oberhalb des Abhanges mit freier Sicht ⤳ vorbei an den gut sichtbaren Lavabomben ⤳ links hinauf zum Aussichtsturm.

Schneeberg (555 m)

Der Aussichtsturm auf dem Schneeberg oberhalb der Lavabomben wird auch **Booser Eifelturm** genannt. Mit weiter Sicht bis hin zu Westerwald und Hunsrück.

3 1,6 (540) Vom Aussichtsturm zurück zum Weg, kurz links und dem sanften Rechtsbogen folgen ⤳ über die Wiesen und an der Kreuzung links ⤳ in den Wald hinein, kurz darauf rechts abbiegen und nun länger durch den Wald.

4 2,7 (540) An der 5-Wege-Kreuzung halblinks in den mittleren Weg ⤳ hinaus aus dem Wald und geradeaus über die Felder, rechts unten liegt das Dorf Lind.

5 4,0 (525) Vor dem **Hölgertberg** am Waldrand links hinauf und über eine Wiese, dann wieder hinab auf einem schmalen Waldweg ⤳ aus dem Wald hinaus mit Blick auf das Tal des **Nitzbaches** ⤳ vor dem Wald entlang oberhalb des Tales.

6 5,1 (455) Sie verlassen den Waldrand und wandern leicht aufsteigend wieder in den Wald hinein ⤳ weiter dicht entlang des stark gewundenen Nitzbaches ⤳ Sie verlassen den Wald.

7 6,8 (450) Auf der Mitte des Nebentals links in den traumhaft schönen Weg über die Wiesen ⤳ Sie berühren einige Waldstücken und wandern im weiten Rechtsbogen zum Booser Doppelmaar ⤳ an der **L 94** rechts und oberhalb des Maares entlang ⤳ noch etwas weiter entlang der Straße.

Das **Booser Doppelmaar**, entstanden vor weit mehr als 10.000 Jahren in einem Vulkanfeld, besteht aus zwei verlandeten

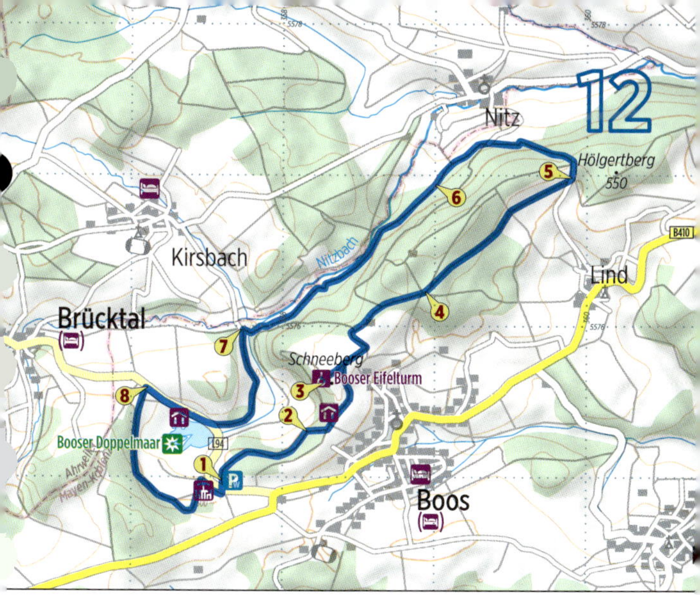

Maaren, die heute noch als flache Mulden erkennbar sind. Mit Rasthütte.

8 8,2 (490) Links von der Straße abbiegen und auf dem Feldweg die Senke umrunden ~ auf Höhe des **Rastplatzes Schemel** kurz vor der **L 94** rechts und entlang der Straße ~ am Ende der Kurve links über die Straße.

1 9,7 (510) Am **Parkplatz** erreichen Sie das Ende der Tour.

Vulkanpark Wanderparkplatz

Blick vom Eifelturm

MITTEL

Tour 13 — 9,2 km

Traumpfad Nette-Schieferpfad

Start/Ziel: Trimbs, Dorfplatz (Auf dem Reusch/Hauptstraße)

Gehzeit: 2½ - 3 Std. **Aufstieg:** 245 m **Abstieg:** 245 m

Im Naturschutzgebiet Nettetal

Charakteristik: Dieser Traumpfad besticht durch die Vielfalt und den Abwechslungsreichtum in der Landschaft, bietet Ihnen aber auch einen Einblick in die hiesige Eisenbahn-Historie – so wandern Sie durch einstige Bahntunnel, dazwischen bieten sich Blicke auf das Nette-Viadukt.

Von Trimbs folgen Sie zunächst dem Lauf der Nette, bevor Sie in mehreren Kehren zur Trimbser Schweiz aufsteigen. Im weiten Bogen umrunden Sie den Ort und genießen von oben prächtige Aussichten. Vom Burberg geht es allmählich hinab, bis Sie wieder im Nettetal mit seinen Auwäldern wandern. Nach kurzem Anstieg erreichen Sie die beleuchteten Tunnel der alten Eisenbahn-Trasse. Vom Burgkopf wandern Sie entlang des Waldrandes zurück nach Trimbs und steigen ein letztes Mal hinab ins Tal der Nette.

Möglichkeit zur Einkehr besteht in Trimbs.

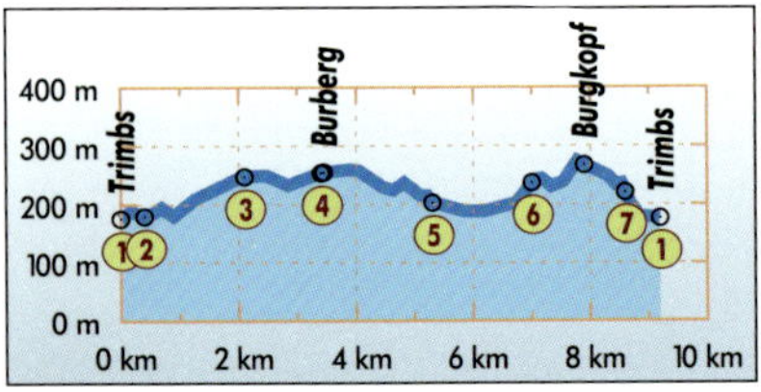

Markierung: Traumpfad-Logo

Anfahrt: Pkw: über die A 48 Abfahrt Polch, dann L 113 bis Trimbs, Parkplatz direkt am Dorfplatz; ÖPNV: Bus 350 (VRM, s. S. 12) von Ko-

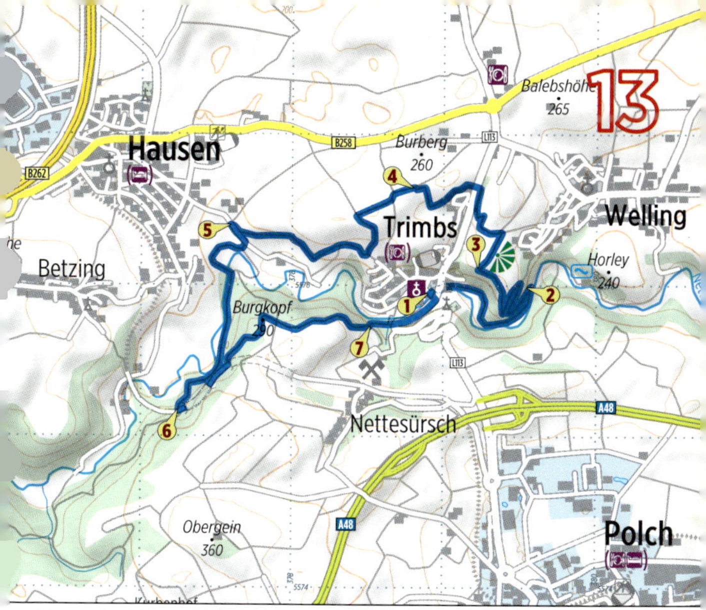

blenz oder Mayen, Haltestelle Straßburgerhaus, von dort Bus 337 (VRM) nach Trimbs oder 0,6 km zu Fuß

Trimbs

PLZ: 56753; Vorwahl: 02654

- **Trimbser Mühle**, Hauptstr. 1, ✆ 1616
- **Zur Nette**, Hauptstr. 4, ✆ 2317
- **St. Petrus** (1738) mit alten Wandmalereien
- **Schiefergruppe** am Dorfplatz, bestehend aus drei Blöcken

1 **0,0 (175)** Gehen Sie von der Steinbrücke über die Nette in die Straße **Auf dem Reusch** und unter der L 113 hindurch ⇝ nach 100 m links ab und im Rechtsbogen dem Waldrand entlang der lieblichen Talaue des Baches folgen.

2 **0,4 (180)** Wo der Weg die Nette berührt, scharf links und in mehreren Kehren hinauf in die Trimbser Schweiz ⇝ Sie wandern auf Wiesenwegen vorbei an faszinierenden Schieferklippen und über üppige Magerrasen ⇝ oben genießen Sie prächtige Aussichten auf Welling und auch Trimbs ⇝ oberhalb der Talflanke entlang.

3 **2,1 (250)** Sie kehren dem Nettetal den Rücken und wandern über die Felder mit Blick auf Welling ⇝ nach 300 m an der Kehre des Wirtschaftsweges links in den Wiesenweg und im Rechtsbogen zum Wald ⇝ sanft hinab, am Ende links über die **L 113** und im Linksbogen die kleine Siedlung herum ⇝ rechts auf den Wirtschaftweg und kurvenreich hinauf auf die Anhöhe des **Burbergs** mit großartiger Sicht ins Tal der Nette und das Nette-Viadukt.

4 3,4 (255) An der T-Kreuzung links, nach 150 m links und gleich wieder rechts ab ~ an der folgenden T-Kreuzung links und im weiten Rechtsbogen hinab ~ kurz vor den ersten Häusern an der Gabelung rechts in den schmaleren Weg und auf diesem längere Zeit sehr schön und ohne Gefälle oberhalb des breiten Tales.

5 5,3 (200) Am Ende links auf die kleine **Straße** zum Nettehof, diese bei erster Gelegenheit nach rechts verlassen und kurz darauf rechts halten ~ im Linksbogen einige **Teiche** umrunden und dahinter links zur Nette ~ über den Bach und dahinter rechts, links befindet sich ein kleiner Wasserfall ~ auf schönem Pfad entlang des plätschernden Baches ~ entlang des schönen Auwaldes ~ der Weg steigt an und verlässt den Bach.

6 7,0 (240) Oben beim imposanten Portal des Tunnels links und in diesen hinein ~ nun 250 m durch den ehemaligen Eisenbahntunnel Hausen 2, der beleuchtet ist.

AUSSICHT **Hinter dem Tunnel bietet sich ein eindrucksvoller Blick auf das Nette-Viadukt.**

Am Ende des Tunnels wieder in den Wald ~ windungsreich stets entlang der oberen Hangkante ~ am Gipfel des **Burgkopfes** vorbei ~ entlang des Waldrandes immer wieder mit wunderbaren Ausblicken.

7 8,6 (220) Oberhalb von Kellbach links abzweigen in den kleineren Weg und recht steil hinab Richtung L 113 ~ dem Weg links der Straße leicht oberhalb der Nette nach Trimbs folgen.

1 9,2 (175) An der Steinbrücke über die Nette schließt sich die Runde.

Trimbs

In der Trimbser Schweiz

SCHWER

Tour 14 16,9 km

Traumpfad Koberner Burgpfad

Start/Ziel: Kobern-Gondorf, Pfarrhaus

Gehzeit: 5½ - 6 Std. **Aufstieg:** 530 m **Abstieg:** 530 m

Charakteristik: Diese illustre Runde bietet neben dem bezaubernden Moseltal mit seinen Weinhängen mehrere verträumte Bachtäler, darüber hinaus eine keltische Kultstätte und zwei Burgen und dazwischen urwüchsige Natur.

Von Kobern wandern Sie oberhalb der Moselhänge zum Backesberg oberhalb von Gondorf und dann hinab zum Keverbachtal, wo Sie auf die Keverbacher Mühle und die Gerlachsmühle treffen. Sie verlassen das Tal und wandern mit freier Sicht entlang kleiner Weiler, zuletzt durch das urige Euligerhof. Entlang weiterer Bachtäler und durch Wald wandern Sie vorbei an zwei Mineralquellen zu den Burgen von Kobern und der spätromantischen Matthias-Kapelle.

Einkehren lässt sich an der Gerlachsmühle und in Kobern.

Markierung: Traumpfad-Logo

Anfahrt: Pkw: über die B 416 entlang der Mosel nach Kobern-Gondorf, Parkplatz am Pfarrhaus (Am Mühlengraben 27); ÖPNV: Bahn: Regionalexpress von Koblenz nach Kobern-Gondorf

Kobern-Gondorf

PLZ: 56330; Vorwahl: 02607

- **Tourist-Information Kobern-Gondorf**, Lennigstr. 12-14, ✆ 1055
- Der mittelalterliche **Marktplatz Kobern** mit dem historischen Tatzelwurmbrunnen war im frühen Mittelalter Turnierplatz. Die umgebenden Häuser stammen aus den letzten 350 Jahren.
- Der **Abteihof St. Marien** (1321) gilt als ältestes Fachwerkhaus Deutschlands.

1 0,0 (95) Die Runde beginnt am **Pfarrhaus** in Kobern, von hier steigt ein schmaler Serpentinenpfad hinauf, der schon bald mit schönen Ausblicken ins Moseltal aufwartet.

2 0,3 (115) Am Sträßchen rechts und nach dem Linksbogen links in den

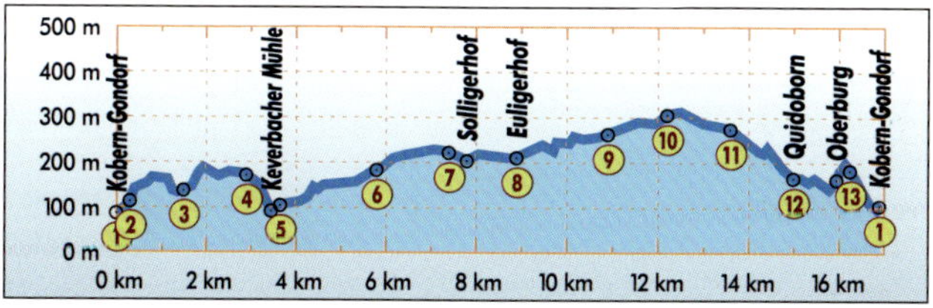

Bei Gerlachsmühle

Weg ⁓ nach zwei Spitzkehren nun länger am Hang entlang, Sie wandern oberhalb des Ortes Kobern-Gondorf.

3 1,5 (140) Der Weg endet in der Spitzkehre einer kleinen Asphaltstraße, halten Sie sich hier rechts und folgen ein Stück der Straße ⁓ nach dem Rechtsbogen halblinks in den Wirtschaftsweg ⁓ kurz darauf links folgen und am Wald wieder rechts ⁓ bald darauf wandern Sie oberhalb der Weinhänge mit herrlicher Aussicht ins Moseltal ⁓ der Weg mündet in ein Sträßchen ⁓ im weiten Rechtsbogen um den **Backesberg** ⁓ zur Rechten befindet sich eine ausgedehnte Photovoltaik-Anlage.

4 2,9 (175) An der Dreieckskreuzung links halten und leicht links versetzt weiter, noch immer oberhalb von Weinbergen ⁓ nach der Rechtskurve scharf links in den Weg und hinab ins Tal des **Keverbaches** ⁓ unten vor der **Keverbacher Mühle** rechts und gleich wieder rechts in Richtung Gerlachsmühle.

Gerlachsmühle

Weingut Gerlachs Mühle, Im Keverbachtal 2, ✆ 02607/6140

5 3,6 (105) Von der Gerlachsmühle wandern Sie nun mehrere Kilometer dicht entlang des kurvenreichen Keverbaches ⁓ sehr schön durch das romantische und tief eingeschnittene Bachtal.

6 5,8 (185) Nach längerer Zeit quert ein Waldweg, gehen Sie hier rechts aufsteigend in Richtung Solligerhof ⁓ Sie verlassen den Wald ⁓ vor den Anlagen von **Scheidterhof** links, dann nach 200 m wieder rechts ⁓ kurz vor der Asphalt-

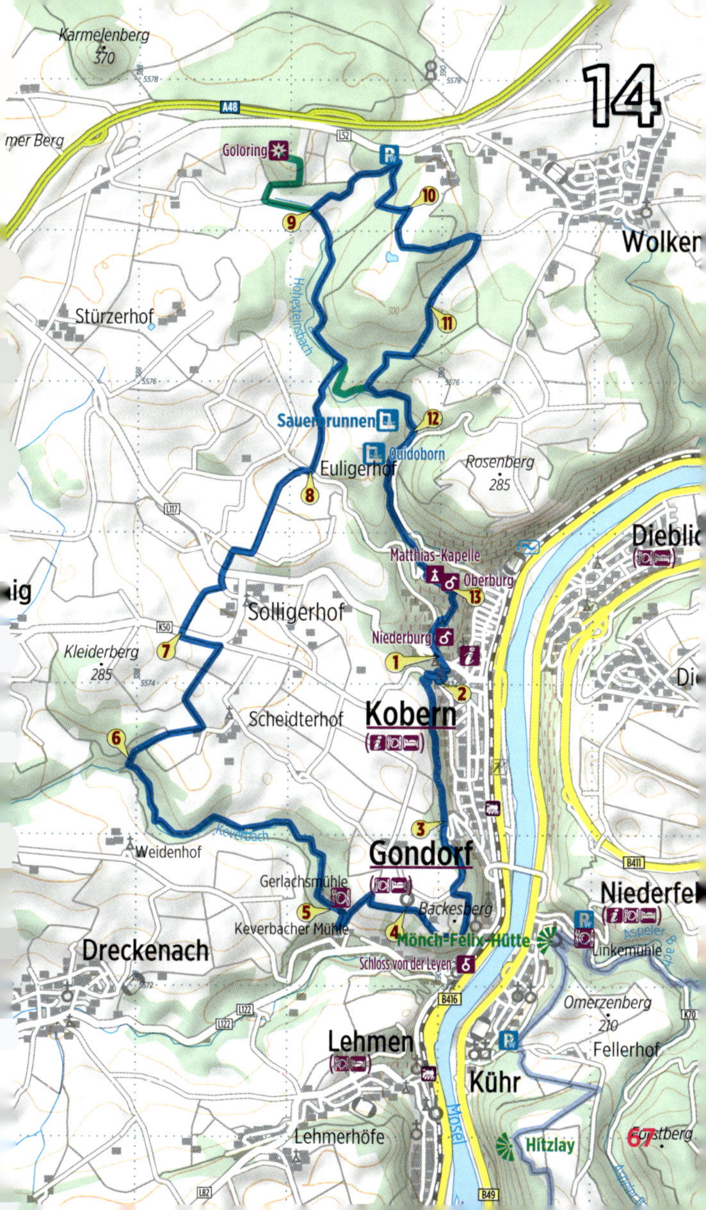
14
Karmelenberg
370
A48
mer Berg
Goloring
L52
9
10
Wolker
Hohesteinsbach
Stürzerhof
11
300
Sauerbrunnen
12
Quidoborn
Euligerhof
Rosenberg
285
8
L117
Dieblic
Matthias-Kapelle
Oberburg
13
ig
Solligerhof
K50
Niederburg
7
Kleiderberg
285
1
2
Di
Scheidterhof
Kobern
6
3
Keverbach
Weidenhof
Gondorf
B411
Niederfe
Gerlachsmühle
Backesberg
5
4
Keverbacher Mühle
Mönch-Felix-Hütte
Linkemühle
Aspeler Bach
Dreckenach
Schloss von der Leyen
B416
Omerzenberg
210
K70
L122
Lehmen
Fellerhof
Kühr
Mosel
Lehmerhöfe
Hitzlay
L82
B49

straße links und ein Stück parallel der Straße.

7 7,4 (225) Am nächsten Querweg rechts und die Asphaltstraße überqueren ⤳ unweit der Häuser von **Solligerhof** links auf die kleine Straße ⤳ kurz darauf die **L 117** überqueren ⤳ nach 150 m rechts, dann bald wieder links und nach Euligerhof.

Euligerhof

8 8,9 (210) Vorbei an den urigen Häusern und halblinks über die Kreuzung ⤳ von Bäumen und Buschwerk gesäumt wandern Sie zum Wald ⤳ am Waldrand links halten und nach wenigen Metern rechts, zunächst entlang des Waldrandes ⤳ über den **Hohesteinsbach**, kurz darauf links und nochmals links.

TIPP Gehen Sie nach dem Hohesteinsbach rechts und folgen dessen Lauf, lässt sich die Tour um ca. 5 km verkürzen.

Nun ein Stück entlang des Bachlaufes ⤳ bei den **zwei Teichen** einen Weg queren ⤳ Sie verlassen den Wald.

AUSFLUG An der kommenden Kreuzung können Sie einen Abstecher zur keltischen Kultstätte Goloring machen. Gehen Sie dazu geradeaus und nach 300 m rechts.

Goloring. Der Goloring ist eine vorgeschichtliche Kultstätte, die den irischen und englischen Henge-Denkmälern stark ähnelt.

9 10,9 (265) Auf der Hauptroute gehen Sie an der Kreuzung rechts und folgen dem Verlauf des Wirtschaftsweges ⤳ in den Wald hinein und sanft hinauf Richtung Parkplatz ⤳ in Sichtweite des **Parkplatzes** scharf rechts ⤳ nach ca. 400 m links in den Waldweg.

10 12,2 (310) Gehen Sie an der T-Kreuzung rechts ⤳ nach 150 m links ab-

Winzer vor der Niederburg

zweigen ⤳ bei der Wendeschleife links halten und nach 50 m rechts auf das Sträßchen und sanft hinab ⤳ unten am Waldrand rechts und diesem folgen.

11 13,6 (275) Wieder in den Wald hinein ⤳ nach mehreren Kurven erreichen Sie erneut den **Hohesteinsbach**, von links stößt die Abkürzung hinzu ⤳ im Rechtsbogen über den Bach und dessen Lauf folgen ⤳ vorbei am Sauerbrunnen.

Der **Sauerbrunnen** ist ein erfrischende natürliche Mineralquelle mit starkem Kohlensäuregehalt.

12 15,0 (165) Den Bach erneut queren und nach wenigen Metern rechts in den kleinen Weg Richtung Ruine Oberburg und ein weiteres Mal über den Bach ⤳ Sie passieren den Guidoborn.

Auch am **Quidoborn** entspringt eine stark eisenhaltige, natürliche Mineralquelle.

Sie wandern nun leicht oberhalb des Baches durch den Wald ⤳ schließlich steigen Sie hinauf zur Oberburg mit ihrer großartigen Aussicht.

Ruine Oberburg

Historisches Weinmuseum im Schloss Gondorf (Oberburg), ✆ 02607/1055, ÖZ: April-Okt., Sa 11-14 Uhr, So 14-16 Uhr. eingerichtet vom Kultur- und Heimatverein Gondorf e. V. Das Museum beschreibt anschaulich den Weg der Trauben vom Rebstock bis zur Weinflasche, historische Gerätschaften werden erklärt, gern auch bei einer Weinprobe.

Die spätromantische **Matthias-Kapelle** zählt zu den bekanntesten im Umkreis.

In der Matthiaskapelle

Sie wurde nach 1220 als Reliquienkapelle errichtet.

Schlossruine Gondorf. Das auch als Oberburg bezeichnete, erhaben über der Mosel gelegene Stammschloss derer von der Leyen stammt aus dem 14. Jh. und verfügt über eine großartige Aussicht.

Vorbei an der Burg und entlang der großen Wiese zur Straße ⤳ weiter bis zur Wendeschleife.

13 16,2 (195) Am Ende der Wendeschleife in den pittoresken Aussichts-Pfad, der durch die Weinberge steil absteigt ⤳ der **Kreuzweg** führt Sie vorbei an der Ruine Niederburg mit ihrem imposanten Turm.

Die markante Anlage von **Schloss Liebieg** (19. Jh.), heute größtenteils Ruine, wurde auch als Niederburg bezeichnet.

Einige Serpentinen bringen Sie schließlich nach Kobern ⤳ unten gehen Sie links in die Straße **Mühlental** und vor bis zur **L 117** ⤳ an der Vorfahrtstraße links bis zum Pfarrhaus.

1 16,9 (95) Am Pfarrhaus erreichen Sie den Ausgangspunkt dieser Tour.

Kobern-Gondorf

MITTEL

Tour 15 — 10,0 km

Traumpfad Hochbermeler

Start/Ziel: Bermel-Fensterseifen

Gehzeit: 3 - 3½ Std. **Aufstieg:** 355 m **Abstieg:** 355 m

Charakteristik: Höhepunkt dieser Tour ist der erloschene Vulkan Hochbermel, der Weg dorthin bietet verträumte Bachtäler und herrliche Fernsichten gleichermaßen.
Von Fensterseifen wandern Sie über den Minivulkan Schälskopf nach Heunenhof im Tal des Thürelzbaches. Ein Nebental bringt Sie vorbei an der historischen Köhlerhütte beständig höher, bis es zuletzt steil hinauf zum Hochbermel geht. Dort bieten sich imposante Einblicke in den Basaltsteinbruch. Beständig absteigend wandern Sie zurück nach Fensterseifen.
Am Weg gibt es keine Einkehrmöglichkeiten.

Markierung: Traumpfad-Logo

Anfahrt: Pkw: über die A 48 Abfahrt Laubach, dann Richtung Urmersbach, nach 150 m links auf die K 11 Richtung Kalenborn, bei Bermel rechts auf die L 96 Richtung Monreal und nach 2 km rechts abbiegen zum Parkplatz kurz vor Fensterseifen; ÖPNV: von Bhf. Mayen oder Monreal mit Bus 334 oder 980 (VRM, s. S. 12, nur werktags)

Tipp: In Fensterseifen sind Parkplätze oft knapp, alternativ lässt sich am Sportplatz südöstlich von Bermel parken, die Anfahrt dorthin ist von Bermel ausgeschildert.

Fensterseifen

1 0,0 (385) Startpunkt ist das idyllische Eifelörtchen Fensterseifen, gehen Sie im südlichen Ort in der Rechtskurve der Straße geradeaus, vorbei links des Hauses und dahinter über die Wiesen in Richtung Wald ⁓ der Weg windet sich hinauf Richtung Schälskopf ⁓ Sie verlassen den Wald und gehen bald darauf vor dem Feld rechts.

2 1,0 (450) Am Waldrand links und hinauf zum Schälskopf.

✲ Der **Schälskopf** ist ein ehemaliger Minivulkan.

Hinter dem Schälskopf gelangen Sie auf die

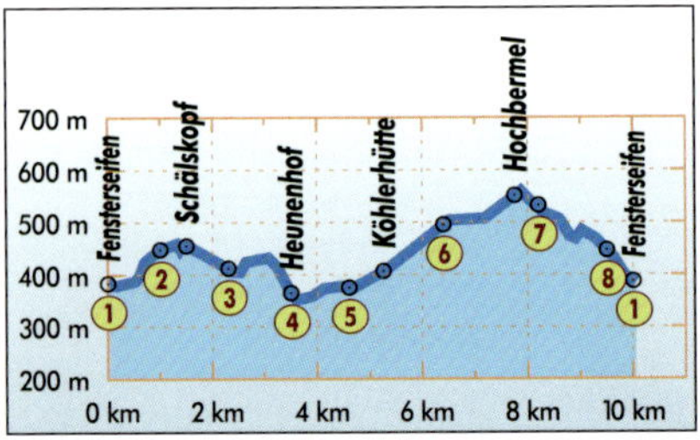

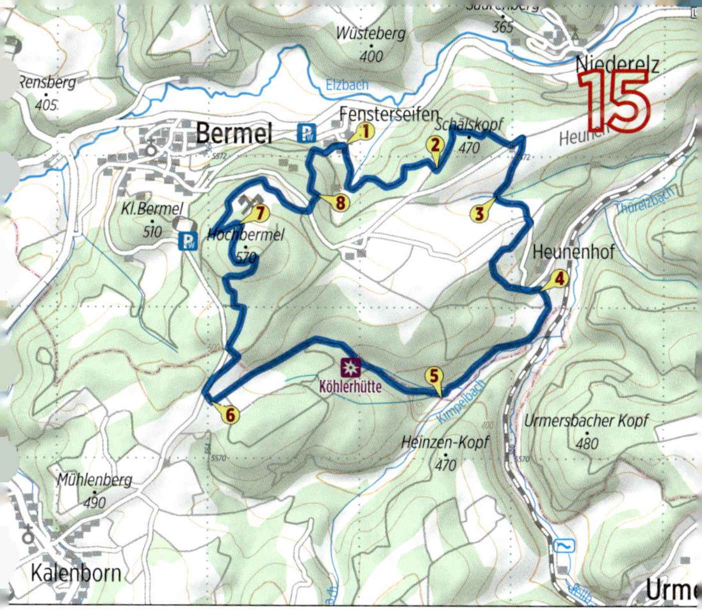

Hochfläche des Heunen, die Ihnen nun freie Sicht ins Tal des Thürelzbaches gewährt ⤳ aus dem Wald heraus, alsbald links auf den Wirtschaftsweg und nach knapp 100 m an der Kreuzung rechts ⤳ sanft hinab über die Felder.

3 2,3 (410) Im Linksbogen queren Sie ein bewaldetes Bachtal ⤳ der Weg führt über die Wiesen und endet an einem Wirtschaftsweg, gehen Sie hier kurz links und nach wenigen Metern halbrechts ⤳ der Weg beschreibt eine S-Kurve ⤳ in der folgenden Rechtskurve gehen Sie geradeaus, dann halblinks in den Wald hinab.

4 3,5 (360) Unten verlassen Sie den Wald südlich des Örtchens Heunenhof und wenden sich nach rechts ⤳ Sie erreichen bald das stille Tal des **Thürelzbaches** ⤳ an der Gabelung auf Höhe des Bahnübergangs halten Sie sich rechts und wandern ins noch idyllischere Seitental des **Kimpelbaches**.

5 4,6 (375) Hinter der Brücke gehen Sie rechts in ein weiteres Seitental und wandern sanft ansteigend durch urwüchsigen Wald ⤳ Sie erreichen die Köhlerhütte.

Historische **Köhlerhütte**

Weiter durch das bewaldetete Tal ⤳ weiter oben läuft dieses in offener Landschaft aus.

6 6,4 (495) Der Weg mündet in einen Wirtschaftsweg, der kurz darauf in

Felder am Schälskopf

einer Rechtskurve zu einer kleinen Straße führt ⁓ gehen Sie an der Straße rechts, verlassen diese jedoch nach ca. 100 m an der Gabelung nach rechts ⁓ vor dem Waldrand links, in den Wald hinein und kurz vor der Straße rechts ⁓ reich an Abbiegungen erklimmen Sie die Anhöhe des Hochbermel.

Auch der **Hochbermel** ist ein ehemaliger Vulkan. An der Nordflanke bieten sich großartige Blicke in den einstigen Basaltsteinbruch.

Sie umrunden die Kuppe etwas unterhalb des Gipfels.

7 8,2 (530) Auf Höhe des ehemaligen Basaltsteinbruchs folgen Sie dem Weg nach links, hier mit großartigen Fernsichten ⁓ auf felsigem Weg steigen Sie nun wieder hinab ⁓ unten am Forstweg scharf rechts ⁓ aus dem Wald heraus und kurz darauf links vor zur Hangkante ⁓ der Weg kehrt zurück zur Forststraße, der Sie nun ein Stück folgen, nach rechts bieten sich Blicke in den Kessel des **Basaltsteinbruchs** ⁓ die kleine Straße nach links überqueren und nun hinab.

8 9,5 (445) Links in den querenden Waldweg und nach wenigen Metern rechts und weiter hinab ⁓ bei den Häusern rechts, dann nach wenigen Metern links und nach Fensterseifen hinein ⁓ vorbei an einer kleinen Kapelle erreichen Sie den Ort.

1 10,0 (385) In der Linkskurve schließt sich diese Runde.

Fensterseifen

MITTEL

Tour 16 — 13,7 km

Traumpfad Monrealer Ritterschlag

Start/Ziel: Monreal, Altes Pfarrhaus

Gehzeit: 4½ - 5 Std. **Aufstieg:** 585 m **Abstieg:** 585 m

Charakteristik: Dieser Traumpfad wurde 2011 zum schönsten deutschen Wanderweg gewählt – zu Recht, bietet er doch neben dem äußerst pittoresken Monreal mit seinen beiden Burgruinen romantische Bachtäler, verwegene Schluchten, abenteuerliche Waldpfade und natürlich großartige Aussichten.

Vom bezaubernden Monreal wandern Sie entlang des Elzbaches, vorbei am Schnürenhof. Der Weg ins Tal des Thürelzbaches führt Sie über den Juckelsberg. Bei der Augstmühle treffen Sie wieder auf den Elzbach und wandern nun hinauf zu den beiden Burgruinen, die über Monreal thronen. Ein kurzer Abstieg bringt Sie zurück nach Monreal, wo Sie auch die verdiente Einkehr finden.

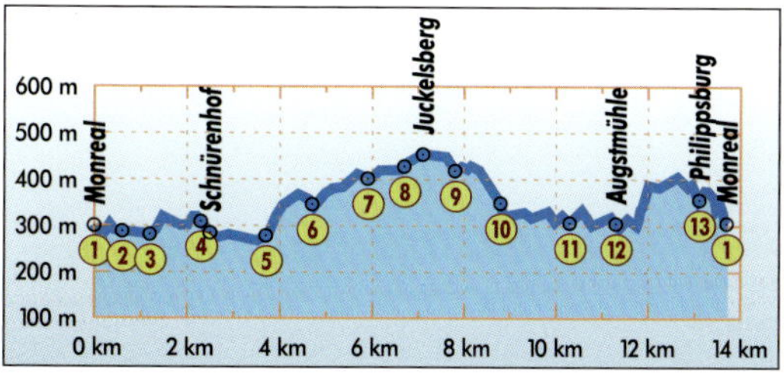

Markierung: Traumpfad-Logo

Anfahrt: Pkw: über die A 48 Abfahrt Mayen, dann B 262 Richtung Mayen, auf die B 258 Richtung Nürburgring, dann auf der L 98 nach Monreal; am Ortsende rechts auf die L 96 Richtung Uersfeld und gleich rechts zum Parkplatz am Alten Bahnhof, von dort Zuweg zum Startpunkt; ÖPNV: vom Bhf. Andernach mit der Regionalbahn nach Monreal

Monreal

PLZ: 56729; Vorwahl: 02651

- **Tourist-Information**, An St. Jost, ✆ 8009-59
- **Haus Löwenburg**, Bahnhofstr. 1, ✆ 71701
- Die auch **Löwenburg** (13. Jh.) genannte Burg Monreal, heute eine Ruine, ist eine Höhenburg.
- Die vergleichsweise kleinere **Philippsburg** (13. Jh.) erhielt im Volksmund den Spitznamen „das Reh“.
- Die kath. Pfarrkirche **Heiligste Drei-**

faltigkeit (1460) im gotischen Stil liegt unterhalb der Löwenburg am Ufer der Elz.

♁ Die **Georgskapelle** (13. Jh.) steht auf dem Monrealer Friedhof.

✲ **Viergiebelhaus** (1453), sorgfältig restauriert

Über dem überaus pittoresken historischen Ortskern des Ortes im Elztal thronen eindrücklich Löwenburg und Philippsburg. In Monreal gibt es drei Steinbrücken über die Elz, auf deren mittlerer die Statue des Heiligen Johannes von Nepomuk und das einzigartige Löwendenkmal stehen.

EINSTIEG Vom Bahnhof in Monreal führt ein Zugangsweg entlang der Gleise zum Startpunkt am Alten Pfarrhaus.

1 0,0 (300) Die Tour beginnt am **Alten Pfarrhaus**, von hier führt der Weg zunächst im Zickzack durch die Altstadt ⤳ auf der **Mühlenstraße** bis zur **Obertorstraße** und dort links, dann rechts am **Marktplatz** entlang ⤳ an dessen Ende links und auf der Unteren Schlossbrücke über den **Elzbach** ⤳ nach wenigen Metern rechts in die **Untertorstraße** ⤳ bei der nächsten Möglichkeit rechts ⤳ vor dem Bach links und unter der Brücke der L 98 hindurch ⤳ nun ein Stück entlang des Ufers.

2 0,6 (290) Hinter den Teichen rechts des Weges **In der Villwies** über die Wiese ⤳ an deren Ende vor dem Haus rechts, gleich wieder links und dann rechts in die Straße **Walkmühle** ⤳ Sie wandern durch das Wohngebiet.

3 1,2 (280) Am Ende der Straße auf dem Wendeplatz links halten und in den Pfad hinauf in den Wald ⤳ etwas weiter oben rechts halten und nun vor dem steilen Hang oberhalb des Elzbaches entlang ⤳ unterwegs

Blick auf Monreal und seine Burgen

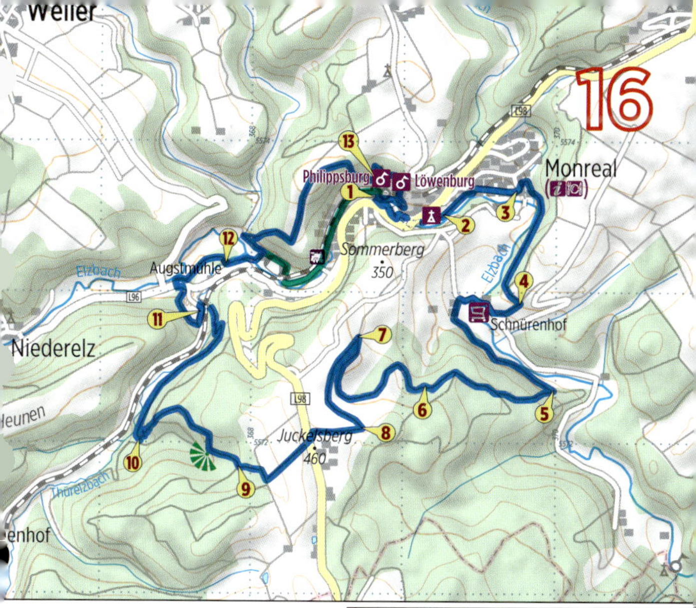

bieten sich eindrucksvolle Blicke auf die Burgen ~ Sie verlassen den Wald und folgen dem Linksbogen über die Felder.

4 2,3 (305) Am Feldweg rechts und hinab zum Schnürenhof ~ unten bei den Häusern rechts durch den Ort.

Schnürenhof

Hofladen Schnürenhof, Schnürenhof 1, ✆ 02651/71495, ÖZ: Di, Sa 9-12 Uhr, Fr 10-19 Uhr. Auch bekannt als Uschis Hofladen. Hier erhalten Sie Fleisch und Lebensmittel aus eigener Landwirtschaft.

Über den Elzbach und nach 100 m links und entlang der Häuser ~ an der Gabelung beim Waldrand links ~ Sie wandern dicht entlang des Waldrandes über dem breiten Elzbachtal.

Philippsburg

5 3,7 (280) An der T-Kreuzung scharf rechts und durch den Wald des Polcher Holzes aufsteigen ⤳ oben rechts auf den breiten Forstweg und dessen bogenreichem Verlauf durch den Wald folgen.

6 4,7 (345) Im engen Rechtsbogen links abzweigen und wieder den weiten Bögen des Weges folgen ⤳ Sie wandern nun durch offenere Landschaft und entlang von Wiesenhängen.

7 5,9 (400) Wo der Weg in einen anderen Wirtschaftsweg einmündet, scharf links abbiegen und nun hinauf zum **Juckelsberg** ⤳ Wegkreuze begleiten den Weg ⤳ der Weg wird zum Wiesenweg.

8 6,7 (430) Hinter der Plantage rechts hinauf zur Landstraße ⤳ kurz vor der **L 98** links, diese kurz danach überqueren und in den gegenüberliegenden Feldweg ⤳ vor dem Waldrand gehen Sie rechts und wenig später links hinab in den Wald.

9 7,8 (420) Am Forstweg rechts und dessen bogenreichem Verlauf vor dem Hang entlang folgen ⤳ diese Passage bietet Ihnen Ausblicke bis zum Hochbermel und ins verträumte Tal des Thürelzbaches ⤳ nach ca. 600 m auf diesem Weg führt links ein steiler Anstieg durch den Monrealer Wald hinab ins Tal, zuletzt auf Serpentinen.

10 8,8 (350) Unten im Tal halten Sie sich rechts und wandern nun längere Zeit etwas oberhalb des Tales ⤳ zwei gemäßigte Kehren führen Sie endgültig auf Bachhöhe ⤳ unter der Eisenbahn hindurch, dahinter links und über den Bach.

11 10,3 (305) Die Straße queren und nun im großzügigen Rechtsbogen den Hang hinauf und in den Wald hinein ⤳ auf dem Pfad wieder hinab, etwas vor dem Waldrand links und im Rechtsbogen die **L 96** überqueren ⤳ auf schmalem Pfad über den Kamm zwischen Elzbach und Thürelzbach und über letzteren zur Augstmühle.

Augstmühle

12 11,3 (305) Bei der Mühle links und dem kleinen Weg unterhalb der Straße folgen ⤳ über den Elzbach, vorbei am Sportplatz von Monreal und vor dem Wald links.

AUSSTIEG **Wollen Sie die Runde abkürzen und direkt zum Bahnhof zurück, gehen Sie hier rechts entlang des Sportplatzes. Ihnen entgeht jedoch ein großer Höhepunkt der Tour.**

Auf der Hauptroute gehen Sie nach gut 100 m rechts steiler hinauf in den Weg und steigen hinauf zum Kamm ⤳ der Aufstieg bringt Sie knapp 100 Höhenmeter höher zu den Burgen von Monreal ⤳ Sie folgen dem Weg auf dem erhabenen Kamm ⤳ nach einem Wiesenstück wird im Wald ein Felssporn mit spektakulärer Aussicht auf Monreal und die Burgen erreicht.

13 13,1 (355) Wenige Meter später zweigt der Zuweg zur **Philippsburg** ab ⤳ ein letzter Anstieg führt in die Gemäuer der **Löwenburg** ⤳ links vorbei an der Burg ⤳ auf schmalem Pfad geht es schließlich hinab nach Monreal ⤳ unten vor dem Elzbach rechts und wenig später links über die Brücke.

1 13,7 (300) Beim Alten Pfarrhaus endet diese Tour.

Monreal

Aussichtspunkt am Traumpfad Monrealer Ritterschlag

MITTEL

Tour 17 — 13,2 km

Traumpfad Schwalbersteig

Start/Ziel: Niederfell, Linkemühle

Gehzeit: 4 - 4½ Std. *Aufstieg:* 435 m *Abstieg:* 435 m

Charakteristik: Dieser schöne Traumpfad bietet einen spannenden Kontrast aus urwüchsigen Bachtälern, der Moselebene und den Ausblicken ins Tal der Mosel.
Von der Linkemühle folgen Sie dem Aspeler Bach durch sein Tal. Bei Schwalberhof treffen Sie auf das Schwalberbachtal mit seinem einzigartigen Dschungelpfad. Nach einer offenen Passage geht es hinab, erneut treffen Sie auf den Aspeler Bach. Vom Tal steigen Sie hinauf zum Moselplateau und wandern dort längere Zeit mit freiem Blick, vorbei an der Hitzlay mit ihrem sagenhaften Ausblick ins Moseltal. Ein weiterer Moselblick bietet sich oberhalb von Niederfell an der Mönch-Felix-Hütte, bevor Sie kurz darauf die Linkemühle erreichen.

Markierung: Traumpfad-Logo

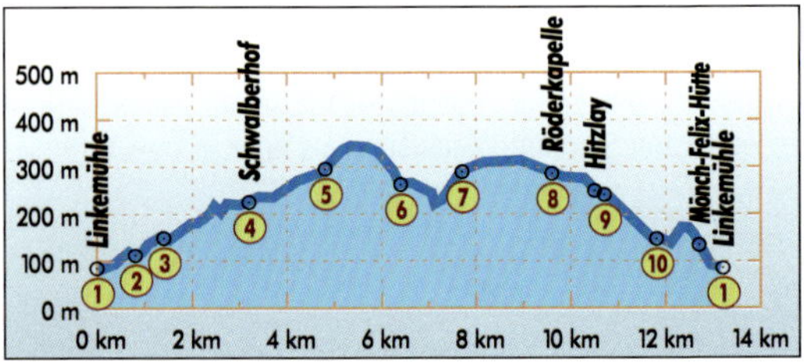

Anfahrt: Pkw: über die B 49 entlang der Mosel nach Niederfell, Parkplatz an der Linkemühle; ÖPNV: von Koblenz Hauptbhf. mit Bus 301 (VRM, S. 12) nach Niederfell

Niederfell

PLZ: 56332; Vorwahl: 02607

Ortsgemeinde Niederfell, Schulstr. 4, ✆ 308

Linke Mühle (17. Jh.), Bachstr. 22, ✆ 6505. Einst eine Getreidemühle mit Bauern- und Winzergehöft.

1 0,0 (90) Vom Gasthaus **Linkemühle** in Niederfell wandern Sie auf dem Pfad etwas oberhalb der **K 70** sanft ansteigend durch das ruhige Tal des **Aspeler Baches**, der entlang der anderen Straßenseite dahinplätschert ⤳ den Weg säumen urwüchsige Bäume und Felsklippen.

2 0,8 (115) An der Gabelung gehen Sie links hinab zur Straße ⤳ über die **K 70** und direkt dahinter rechts folgen ⤳ Sie wandern ansteigend entlang eines kleinen

Blick von der Hitzlay ins Moseltal

Wasserlaufes, dem **Teufelsbach**, bis nach ca. 400 m von rechts der Schwalberbach einmündet.

3 1,4 (150) Bei der Einmündung des Baches rechts halten und auf schmalem Pfad in Richtung Schwalberhof, ab hier nun entlang des **Schwalberbaches** ⁓ in einem weitgefassten Rechtsbogen zum Schwalberhof ⁓ zuletzt aus dem Wald heraus, über den Bach und zu den Häusern.

Schwalberhof

4 3,2 (230) Vor dem Schwalberhof scharf links auf das Sträßchen und nach 150 m hinter der Rechtskurve links ab in den Waldweg ⁓ auf dem Wirtschaftsweg wandern Sie nun am rechten Rand des hier zunächst offeneren Bachtales.

5 4,8 (300) An der Gabelung halten Sie sich rechts und wenden dem Schwalberbach den Rücken zu ⁓ Sie steigen auf zum Waldrand und folgen dort rechts dem Verlauf des Weges ⁓ weiter über die Felder und bald unter einer **Stromtrasse** hindurch ⁓ geradeaus auf das von rechts kommende Sträßchen, links ist Arkenwälderhof zu sehen ⁓ 100 m nach Beginn des Waldrandes scharf rechts in den Wald hinein ⁓ im weiten Linksbogen steigen Sie durch ein Nebental hinab in das Tal des Aspeler Baches.

6 6,4 (265) Unten an der Straße rechts und ein Stück entlang des **Aspeler Baches** ⁓ im Beginn eines weiten Rechtsbogens links in den Weg ⁓ mittels einer Furt über den Bach und den querenden Weg kreuzen ⁓ aufsteigend durch das Nebental, nun im verträumten Niederfeller Wald.

Röderkapelle

7 7,7 (295) Oben rechts auf den querenden Weg und auf gleicher Höhe durch den Wald ⇝ vorbei an einer **Rasthütte** und kurz dahinter rechts bleiben ⇝ Sie verlassen den Wald und wandern alsbald auf einem Höhenrücken mit weiter Sicht über die Felder ⇝ erneut unterqueren Sie die **Stromtrasse**.

8 9,6 (290) Biegen Sie hinter der Röder-Kapelle links ab.

Röderkapelle

Vor der oberen Hangkante rechts und nun oberhalb des Moseltals entlang ⇝ geradeaus auf einen von rechts kommenden Wirtschaftsweg ⇝ 500 m später links und immer dem Feldrand folgen ⇝ Sie erreichen den Aussichtspunkt.

Hitzlay

Vom Aussichtspunkt **Hitzlay** bietet sich eine wunderbare Aussicht übers Moseltal.

Von der Hitzlay folgen Sie weiterm dem Feldrand ⇝ bald darauf wenden Sie dem Moseltal den Rücken zu.

9 10,7 (245) Bei den Bäumen links halten und nun dem Wirtschaftsweg zwischen Streuobstwiesen und üppigen Büschungen folgen ⇝ kurz vor dem Sträßchen scharf links und wunderschön hinab über die Felder.

10 11,8 (150) Leicht oberhalb des **Parkplatzes** die Asphaltstraße etwas links versetzt queren ⇝ am Hang entlang wandern Sie zum nächsten Aussichtspunkt.

Mönch-Felix-Hütte mit Aussichtsturm. Die Hütte erhielt Ihren Namen nach einem Mönch, der im Jahre 70 n. Chr. nach 40-jähriger Pilgerschaft hier entlang kam. Von hier bietet sich ein sagenhafter Blick auf die Mosel.

Vom Aussichtsturm steigen Sie über den **Nachtigallenpfad** in einigen Kehren hinab zur Linkemühle.

1 13,2 (90) An der Linkemühle erreichen Sie den Ausgangspunkt der Wanderung.

Niederfell

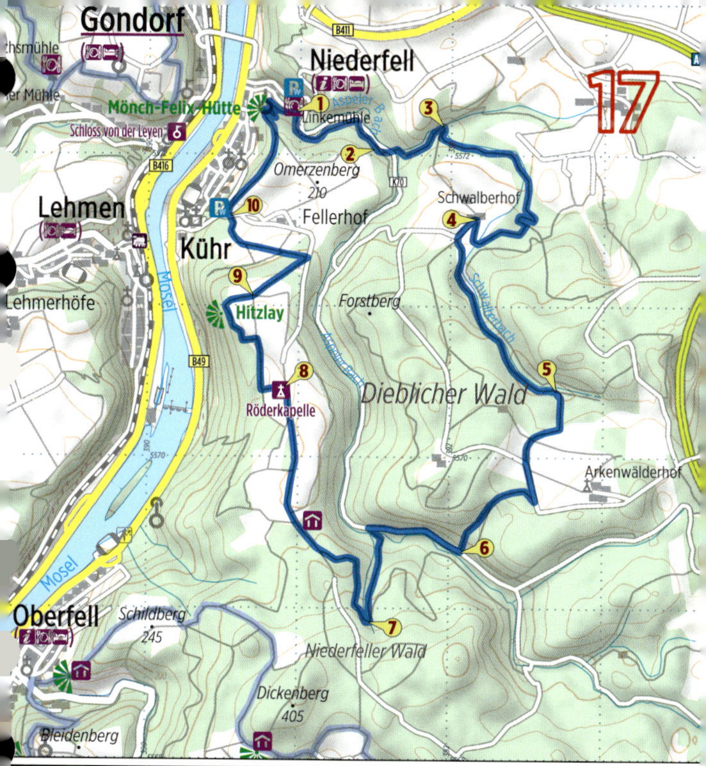

Im Tal des Aspeler Baches

MITTEL

Tour 18 — 11,1 km

Traumpfad Wolfsdelle

Start/Ziel: Rhens, Marktplatz

Gehzeit: 3½ - 4 Std. **Aufstieg:** 395 m **Abstieg:** 395 m

Charakteristik: Dieser Traumpfad bietet neben dem legendären Königsstuhl und zahlreichen spektakulären Ausblicken ein pittoreskes Fachwerkstädtchen am Rheinufer. Vom schönen Rhens wandern Sie vorbei am Königsstuhl hinauf zum Schamberg mit dem jüdischen Friedhof. Entlang des Waldrandes, später durch den Wald geht es hinab ins Mühlental und entlang des Ahrbaches, bevor Sie steiler hinauf zum Kriesenkopf steigen. Bei Wolfsdelle treten Sie aus dem Wald und wandern mit Panoramablick hinab nach Rhens.

Markierung: Traumpfad-Logo

Anfahrt: Pkw: über die B 9 bis Rhens, Parkmöglichkeiten Bramleyerstraße (Ortsmitte), Pfarrkirche oder Bahnhof; ÖPNV: Bahn: Regionalexpress von Koblenz, Frankfurt/Main, Boppard etc.; Bus: Bus 650 (VRM, s. S. 12) von Koblenz nach Rhens

Rhens

56321; Vorwahl: 02628

- **Tourist Information**, Am Viehtor 2, ☎ 9605-56
- Die alte Pfarrkirche **St. Dionysius** (873) ist seit 2002 Teil des UNESCO-Welterbes.
- Pfarrkirche **St. Theresia**, Mainzer Str. 5, ☎ 2224. Die neugotische Hallenkirche (1908) liegt außerhalb der Altstadt unterhalb der alten Pfarrkirche St. Dionysius, deren Größe nicht mehr ausreichte.
- **Scharfer Turm**, Am Rhein 3. Seit 1396 gibt es den direkt am Rhein liegenden Turm als Zollturm. In den Zeiten der Hexenverfolgung diente der Turm, einst Teil der Stadtmauer, auch zu Folter und Einkerkerung.
- **Rhenser Mineralbrunnen**, Brunnenstr. 2-8, ☎ 66-0. Der im 16. Jh. erstmals erwähnte Brunnen wird seit 150 Jahren industriell abgefüllt.

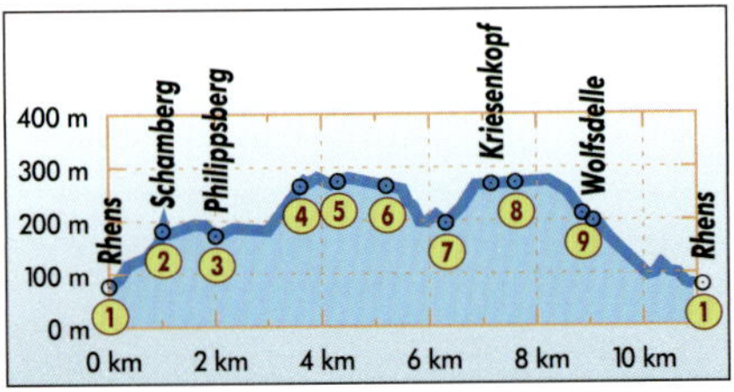

1 **0,0 (75)** Die Tour beginnt an der südlichen Stadtmauer unweit des Bahnhofs am Viehtor, gehen Sie vor dem Tor in die **Bramleystraße** und bald unter der Hochbrücke der B 9 hindurch ⤳ links

Königsstuhl

in die Straße **Am Viehtor** noch unter der Bundesstraße halbrechts abzweigen in den aufsteigenden Weg ⁓ oberhalb der Häuser entlang.

AUSFLUG **Nach gut 200 m können Sie nach rechts einen kurzen Abstecher zum Königsstuhl unternehmen.**

Königsstuhl von Rhens (1842), heute Waldescher Straße, ✆ 2244. Die steinere Nachbildung eines Throns stand bis 1929 direkt am Rhein. An diesem Oktagon hielten im Mittelalter die Kurfürsten Verhandlungen zur Wahl der röm.-dt. Könige ab. Der heutige Königsstuhl ersetzte seinen 1795 zerstörten Vorgängerbau und zählt zum UNESCO-Welterbe.

Auf der Hauptroute gehen Sie geradeaus auf den von rechts kommenden Wirtschaftsweg, verlassen diesen jedoch bereits nach 100 m nach rechts ⁓ noch vor der Straße links abbiegen ⁓ etwas nach dem Rechtsbogen links in den aufsteigenden Pfad und nun steil hinauf zum **Schamberg**.

2 1,0 (180) Rechts auf den Waldweg unterhalb des Gipfels vorbei am alten jüdischen Friedhof ⁓ heraus aus dem Wald und hinab zur Straße ⁓ über die **L 208** und gegenüber in den Wirtschaftsweg und über die Felder ⁓ nach der Rechtskurve geradeaus zum Waldrand.

3 2,0 (170) Bei den Häusern von **Philippsberg** links in den kleinen Weg, der nahe des Waldrandes verläuft ⁓ auf dem urigem Pfad im weitgestreckten Linksbogen durch den Wald ⁓ vorbei an einer Sitzgruppe ⁓ am Ende des Waldes weiter über die Wiesen ⁓ Sie queren ein Sträßchen ⁓ kurz darauf rechts hinüber zum Waldrand und davor links ⁓ sanft aufwärts und bald in den Wald hinein.

4 3,6 (260) Bei der ersten Möglichkeit links ⁓ links auf die kleine Straße, nach 75 m rechts und kurz darauf wieder links ⁓ kurz vor der Landstraße rechts, dann rechts auf die **L 208** und dieser ein Stück folgen.

5 4,3 (275) Etwas nach dem Rechtsbogen links in den breiten Waldweg und nun längere Zeit sanft ins Tal absteigen ⁓ an der Gabelung links halten und weiter hinab.

6 5,2 (265) Nach 300 m links abzweigen und in einer Kehre hinab ins Tal des **Mühlenbaches** ⁓ unten am Talrand rechts auf den Radweg und vor dem Wald entlang ⁓ nach 300 m links abzweigen und über den **Lendersbach** ⁓ nun ein Stück entlang des **Ahrbaches**.

7 6,3 (195) Der Bach wird gequert ⁓ 250 später links steil hinauf zum **Kriesenkopf** ⁓ am Ende des Linksbogens rechts auf den querenden Forstweg ⁓ nach der Rechtskurve geht es weiter über die Felder ⁓ im weiten Linksbogen

8 7,6 (270) In der Rechtskurve verlassen Sie den Wirtschaftsweg nach links auf den Feldweg ⁓ an der kleinen **Kapelle** links auf die Straße und dieser ein Stück folgen ⁓ kurz nach Beginn des Waldes links, kurz darauf an der Gabelung links halten und nun im weiten Rechtsbogen hinab.

Blick auf Rhens und die Marksburg

9 8,9 (210) Am querenden Waldweg leicht links versetzt weiter zu den Häusern von **Wolfsdelle** ⇝ am Waldrand geradeaus und über die Felder weiter sanft hinab ⇝ auf dem schmalen Kamm hinab zu den Wohngebieten, begleitet von äußerst vielfältiger Flora ⇝ bei den ersten Häusern rechts auf den Wirtschaftsweg ⇝ am Ende des Weges rechts auf die Straße **Mühlental** ⇝ durch das ruhige Wohngebiet wandern Sie zur bereits bekannten Bundesstraßen-Unterführung und von dort zurück zum Ausgangspunkt.

Wolfsdelle

1 11,1 (75) Am Viehtor bei der Stadtmauer endet diese Runde.

Rhens

MITTEL

Tour 19 — 12,5 km

Traumpfad Rheingoldbogen

Start/Ziel: Brey, Friedhof

Gehzeit: 3½ - 4 Std. **Aufstieg:** 315 m **Abstieg:** 315 m

Charakteristik: Dieser Traumpfad auf dem Rheinplateau ganz im Osten der Eifel vereint auf schönste Weise die Spuren des Weinbaus mit solchen, die die Römer hinterließen. Von Brey wandern Sie vorbei an den Überresten einer römischen Wasserleitung hinauf zum Königsberg mit seiner wunderbaren Aussicht. Sie wandern bis zum Ende des Kamms. Von Kloster Jakobsberg steigen Sie hinab in die historischen Weinberge des Bopparder Hamm und laufen mit erhabener Sicht auf die Rheinschleife längere Zeit direkt entlang der Rebstöcke. Entlang weiterer Aussichtspunkte geht es vorbei an der Muttergottes-Kapelle zurück nach Brey.
Eine Einkehrmöglichkeit besteht in Jakobsberg.

Markierung: Traumpfad-Logo

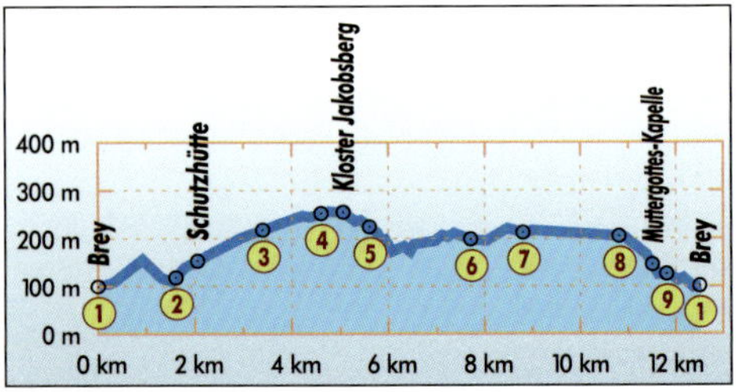

Anfahrt: Pkw: über die B 9 bis Brey, in der Ortsmitte der Rheingoldstraße folgen, links in den Ackerweg und bis zum Ortsrand, Parkmöglichkeit am Friedhof; ÖPNV: von Koblenz Hbf. mit Bus 650 (VRM, s. S. 12) nach Brey

Brey

PLZ: 56321; Vorwahl: 02628

- **Ortsgemeinde Brey**, Hinter der Kirche 2, ✆ 3891
- **Verkehrs- und Verschönerungsverein Brey**, Römerstr. 20, ✆ 8685
- **St. Margaretha und St. Heinrich** (14. Jh.). Mit gotischem Chor und Langhaus von 1955.

1 0,0 (100) Vom Startpunkt **Friedhof Brey** gehen Sie zunächst ein Stück durch den sehenswerten Ort, folgen Sie dazu dem **Ackerweg** in den Ort hinein ~ bei der zweiten Möglichkeit links in die **Rheingoldstraße** ~ aufsteigend aus dem Ort heraus ~ in der Linkskurve der Straße halbrechts in den Wirtschaftsweg und kurz darauf an der Gabelung rechts halten.

Die vor gut 100 Jahren wiederentdeckte **Römische Wasserleitung**, ein antiker Aquädukttunnel, diente vermutlich der Wasserversorung einer römischen Villa rustica im Rheintal. Seit 2002 zählt sie zum UNESCO-Weltkulturerbe Oberes Mittelrheintal.

In einer Kehre weiter den Hang hinab ~ bis zum **Sportplatz** Brey.

2 1,6 (120) An der T-Kreuzung rechts und gleich wieder links in den steilen Pfad ~ vorbei an der **Schutzhütte** mit großartiger Aussicht ins Rheintal ~ bevor rechts der Wald beginnt, zweigen Sie rechts ab ~ nun längere Zeit auf dem erhabenen Kamm entlang, der schließlich im Rheinplateau ausläuft.

3 3,4 (215) An der zweiten von zwei dicht aufeinander folgenden Gabelungen rechts ~ vorbei an einem langgestreckten Feld von Hügelgräbern, die erst auf den zweiten Blick zu erkennen sind.

4 4,6 (250) Kurz nach den letzten der Hügelchen links zum ehemaligen Jesuiten-Kloster Jakobsberg ~ hinter dem Parkplatz rechts Richtung Kapelle.

Jakobsberg

Jakobsberg Hotel, Im Tal der Loreley, ✆ 06742/8080

Das im 12. Jh. gegründete **Kloster Jakobsberg** (12. Jh.) hat eine bewegte Geschichte und wurde zuletzt im Jahre 1773 aufgelöst. Heute befindet sich in den

Blick auf Spay

ehemaligen Klostergemäuern ein Golfhotel.

Gehen Sie noch vor der Toreinfahrt rechts und am Ende der Straße weiter auf dem Weg Richtung Peternach ⤳ dieser führt reich an Kurven und Kehren steil hinab.

5 5,6 (225) Der Spitzkehre im Linksbogen folgen und weiter hinab in die Weinhänge der berühmten Lage des **Bopparder Hamm** ⤳ Sie wandern wunderschön oberhalb der Weinberge.

AUSSICHT **Von hier aus genießen Sie die freie Sicht auf die größte Rheinschleife sowie auf Boppard, Filsen und Osterspai.**

6 7,7 (195) Der Weg mündet in ein Sträßchen ⤳ weiter im weiten Rechtsbogen, dann in der engen Rechtskurve geradeaus in den Wirtschaftsweg ⤳ Sie wandern meist zwischen Wald und Weinbergen.

7 8,8 (210) Der Weg verlässt die Weinberge ⤳ Sie wandern entlang eines Feldes und kehren dem Rheintal bald darauf den Rücken ⤳ am Ende des Weges kurz links auf die kleine Straße und gleich wieder rechts, weiter sanft ansteigend hoch auf die ebene Hochfläche ⤳ an der Dreierkreuzung rechts ⤳ an der folgenden Dreierkreuzung links Richtung **Siebenborn** ⤳ von hier haben Sie Aussicht auf die Marksburg im rechtsrheinischen Braubach.

8 10,8 (205) Kurz vor dem Ort scharf rechts und nach 100 m halblinks abzweigen ⤳ etwas hinter den Gebäuden rechts halten ⤳ in einer S-Kurve in den Wald hinein und zur Muttergottes-Kapelle.

Muttergottes-Kapelle

Von der Kapelle steigt der Weg allmählich talwärts.

9 11,8 (125) Über die **K 78** und dahinter auf dem wunderschönen Wiesenpfad weiter hinab ⤳ im weiten Rechtsbogen an den Ortsrand von Brey ⤳ an der Kreuzung links zum Friedhof.

1 12,5 (100) Am Friedhof in Brey erreichen Sie das Ziel der Tour.

Brey

MITTEL

Tour 20 — 11,6 km

Traumpfad Pyrmonter Felsensteig

Start/Ziel: Pyrmonter Mühle, Parkplatz

Gehzeit: 4 Std. **Aufstieg:** 415 m **Abstieg:** 415 m

Charakteristik: Diese Tour bietet eine abwechslungsreiche Natur und ist reich an Höhepunkten – seien es nun die Pyrmonter Mühle mit ihrem idyllischen Wasserfall und die Burg Pyrmont oder auch steilen Felswände im Elzbachtal und die großartigen Aussichten entlang des Weges.

Von der Pyrmonter Mühle wandern Sie über den Heidberg beständig aufsteigend zum Sammetzkopf mit seiner Panorama-Aussicht. Von der Hauerhütte geht es durch das Naturschutzgebiet Juckelberg hinab ins Tal des Elzbaches. Der kurvenreiche Bachlauf führt Sie im tief eingeschnittenen Tal vorbei an den Felsen der Teufelskammer. Zuletzt wandern Sie hinauf zur erhaben gelegenen Burg Pyrmont und dann entlang des Wahlbaches zurück zur Pyrmonter Mühle.

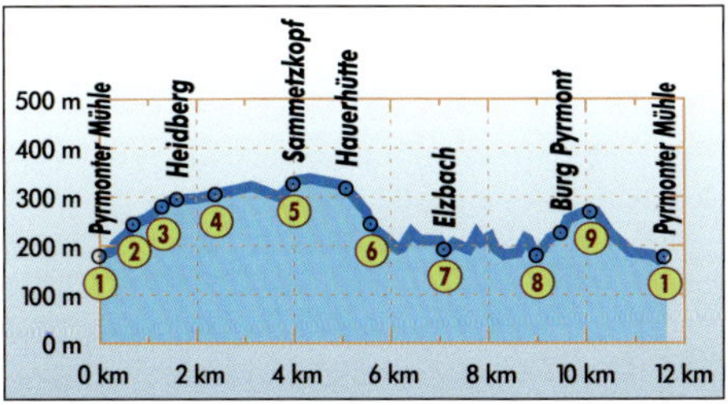

Markierung: Traumpfad-Logo

Anfahrt: Pkw: über die A 48 Ausfahrt Kaifenheim, dann über die L 109 nach Roes und über die K 27 Richtung Burg Pyrmont bis zum Parkplatz der Pyrmonter Mühle; ÖPNV: am Wochenende und an Feiertagen Bus 330 (Burgenbus, VRM, s. S. 12)

Pyrmonter Mühle

Pyrmonter Mühle (1651) am Wasserfall der Elz, Pyrmonter Mühle 1, ✆ 02672/7325, ÖZ: Okt.-April, Mo-Fr ab 17 Uhr, Sa, So ab 12 Uhr, Mai-Sept., Mo-Mi ab 17 Uhr, Fr-So ab 12 Uhr. Am Fuß der Burg entstand die 1317 erstmals erwähnte Ansiedlung.

Winzige **Kapelle** am Straßenrand

Elz-Wasserfälle am Mühlteich

1 **0,0 (180)** Der Weg startet am **Parkplatz** der Pyrmonter Mühle, unweit der rauschenden Wasserfälle gehen Sie entlang der **K 35** oberhalb der Wasserfälle und an der kleinen **Kapelle** am Straßenrand vorbei, dann nach ca. 100 m rechts in den Waldweg kurz durch Wald,

Pyrmonter Mühle

dann sanft hinauf über die Wiesen, gesäumt von mannigfaltigem Buschwerk ⤳ oben weiter auf dem Feldweg, kurz darauf links über die **K 35** und dahinter links.

2 0,7 (245) Nach einigen Metern rechts und sanft hinauf ⤳ oben am Feld links ⤳ sanft aufsteigend über die weiten Felder, links bieten sich Blicke auf die Burg Pyrmont.

3 1,3 (280) An der T-Kreuzung links, dann vor dem Hang rechts und am oberen Rand des Abhangs entlang.

Heidberg (300 m)

Dem Rechtsbogen folgen und nach 300 m links weiter entlang des Waldrandes ⤳ der Weg endet an einem Wirtschaftsweg, gehen Sie hier links.

4 2,4 (305) Am Ende des Waldes rechts ⤳ an der T-Kreuzung links auf den Wirtschaftsweg ⤳ nach einiger Zeit mündet von hinten rechts ein anderer Wirtschaftsweg ein ⤳ 150 m später rechts ab, dann nach 150 m links ⤳ Sie queren ein Sträßchen und folgen dem Verlauf des Weges ⤳ vor dem Waldstreifen links und hinauf zum Sammetzkopf.

Sammetzkopf (340 m)

Vom **Sammetzkopf** mit seinem Kreuz genießen Sie einen großartigen Rundblick.

5 4,0 (325) Vom Sammetzkopf folgen Sie weiter dem Feldweg ⤳ am Wirtschaftsweg links und nach 150 m rechts in den kleinen Weg über die Felder ⤳ am Ende des Weges links auf den Wirtschaftsweg und zum Juckelberg ⤳ im Rechtsbogen zur **Hauerhütte** und in den Wald hinein.

Im **NSG Juckelberg** treffen Sie auf urige Wälder und üppige Ginsterhecken.

An der Hauerhütte bietet sich eine Rast an, bevor Sie nun ins Tal des Elzbaches absteigen.

6 5,6 (245) Etwas oberhalb des **Elzbaches** links halten und nun mehrere Kilometer dessen verspieltem Lauf folgen, teils durch wunderbaren Erlenwald.

7 7,1 (190) Unterhalb der eindrucksvollen Teufelskammer überqueren Sie den Bachlauf gleich zweimal.

Teufelskammer mit eindrucksvollen Klippenformationen

Weiter entlang der ausgeprägten Schlingen des Baches ~ Sie überqueren ein letztes Mal den Bach.

8 9,0 (180) Kurz darauf an der **K 27** links, nach wenigen Metern von der

Burg Pyrmont

Straße links abzweigen und unterhalb der Burg sanft hinauf ⤳ an der T-Kreuzung scharf links auf die Straße und hinauf zur Burg.

Burg Pyrmont

Burg Pyrmont (1225), ✆ 02672/2345, ÖZ: Mai-Okt., Mi-So/Fei 11-17 Uhr. Diese Erlebnisburg, gelegen hoch über dem Elzbach-Wasserfall auf einem Schieferfels, bietet Ihnen eine Zeitreise zurück in vergangene Jahrhunderte.

Folgen Sie vor der Burg rechts dem Verlauf der Straße in einer extremen S-Kurve, gehen jedoch vor der ersten Kehre geradeaus in den Waldpfad ⤳ Sie wandern auf dem zauberhaften Pfad zwischen steil ansteigenden Klippen und zugewachsenen Höhlen.

9 10,1 (270) Bleiben Sie an der Gabelung links und folgen kurz darauf der Spitzkehre hinab ins Tal des **Wahlbaches** ⤳ der Pfad folgt dem Lauf des Baches unterhalb der steilen Talflanke ⤳ an der Waldwegekreuzung links hinab zur Pyrmonter Mühle, kurz darauf nochmals links und über den Wahlbach ⤳ im Rechtsbogen zum **Parkplatz**.

1 11,6 (180) Am Parkplatz endet diese Runde.

Pyrmonter Mühle

Blick von Burg Pyrmont

MITTEL

Tour 21 — 12,8 km

Traumpfad Bleidenberger Ausblicke

Start/Ziel: Oberfell, Kirche/Im Kirchenstück

Gehzeit: 4½ - 5 Std. **Aufstieg:** 550 m **Abstieg:** 550 m

Charakteristik: Klarer Höhepunkt dieser Tour ist die Burg Thurant, eine farbenfrohe Ritterburg wie aus dem Bilderbuch hoch über den Moselhängen. Darüber hinaus bietet die Runde herrliche Panoramablicke ins Moseltal und einen tiefen Canyon mit eindrucksvollen Felswänden.

Von Oberfell steigen Sie durch einen Weinberg steil hinauf bis zum Schildberg. Noch etwas höher geht es zum Dickenberg, den Sie umrunden und nun beständig hinabwandern. Durch ein Nebental erreichen Sie das tief eingeschnittene Tal des Alkener Baches, dem Sie nun längere Zeit folgen. Oberhalb der Moselhänge wandern Sie schließlich zur wunderschönen Burg Thurant und hinab ins pittoreske Weinörtchen Alken. Steil hinauf durch den Weinberg steigen Sie zur Wallfahrtskirche auf und umrunden dann den Bleidenberg. Ein letzter Abstieg führt Sie zurück nach Oberfell.

Markierung: Traumpfad-Logo

Anfahrt: Pkw: über A 61 Abfahrt Koblenz/Dieblich, dann B 411, dann B 49 entlang der Mosel nach Oberfell, Parkplatz an der Kirche; ÖPNV: Bus 301 (VRM, s. S. 12) von Koblenz nach Oberfell

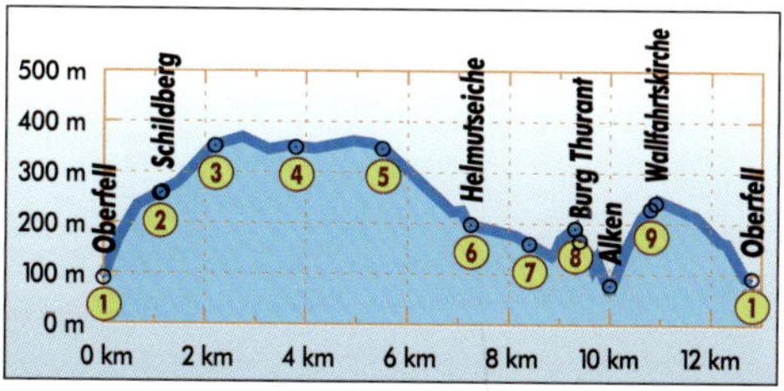

Oberfell

PLZ: 56332; Vorwahl: 02605

Gemeindeverwaltung Oberfell, Schulstr. 2, ✆ 4484

Zur Krone, Moselstr. 11, ✆ 665

Schweisthal, Moselstr. 21, ✆ 604

Der Fremdenverkehrsort an der Terrassenmosel liegt in einer der wärmsten Regionen Deutschlands in einem der schönen Moselbögen. Durch die klimatische Begünstigung bestehen auch hier beste Bedingungen für den Weinbau. Der Großteil der angebauten Sorten sind Weißweinreben.

1 0,0 (95) Die Tour beginnt oberhalb der Kirche ~ gehen Sie von der **Hauptstraße** in die Straße **Im Kirchenstück** und gleich rechts in den kleinen Weg, der am Rand des Weinbergs steil aufsteigt ~ vorbei an einer Aussichtshütte mit hervorragendem Blick ins Tal der Mosel ~ Sie steigen weiter hinauf zum **Schildberg** ~ unterwegs bieten sich großartige Panoramablicke in die Vordereifel ~ im Rechtsbogens über den Rücken des Schildberges.

2 1,1 (260) Vor dem Wald rechts und entlang des Waldrandes ~ am Ende kurz links, gleich wieder links halten und weiter hinauf ~ nach 300 m an der Gabelung rechts auf die kleine Straße und sanft hinauf zum Dickenberg ~ im Rechtsbogen entlang einer weiten Freifläche.

3 2,2 (355) Wieder in den Wald hinein und nun sanft abwärts im weitgestreckten Linksbogen um den Berg herum ~ aus dem Wald heraus und links in den Wirtschaftsweg entlang des Waldrandes ~ Sie umrunden die Wiesensenke.

4 3,8 (350) Links abbiegen und vorbei an mehreren Abzweigen bis zur K 71 immer dem Waldrand folgen ~ über die **K 71** und weiter am Waldrand entlang, den Wald jetzt zur Rechten.

5 5,5 (350) Am Ende des Rechtsbogens in den Wald hinein und kurz darauf rechts ab ~ Sie steigen nun ab durch ein Bachtal ~ über den Bach und weiter im urig-schönen Tal des **Alkener Baches**.

6 7,2 (205) Sie wandern vorüber an der **Helmutseiche**.

Die **Helmutseiche** ist ein eindrucksvoller Baumriese.

Immer entlang des Alkener Baches durch das eingeschnittene Tal Richtung Mosel.

7 8,4 (160) Sie überqueren den Bach und wandern nun an dessen linkem Ufer ~ wenig später verlassen Sie den Alkener Bach und erreichen das Tal der Mosel ~ leicht hinauf zur schönen Burg Thurant, die hoch über der Mosel thront.

Burg Thurant

Burg Thurant (1197), ✆ 02605/2004, ÖZ: Mai-Okt. 10-18 Uhr, Nov.-Febr. 10-16 Uhr, März-April 10-17 Uhr. Die mittelalterliche Burg Thurant ist das weithin sichtbare Wahrzeichen von Alken an der Mosel.

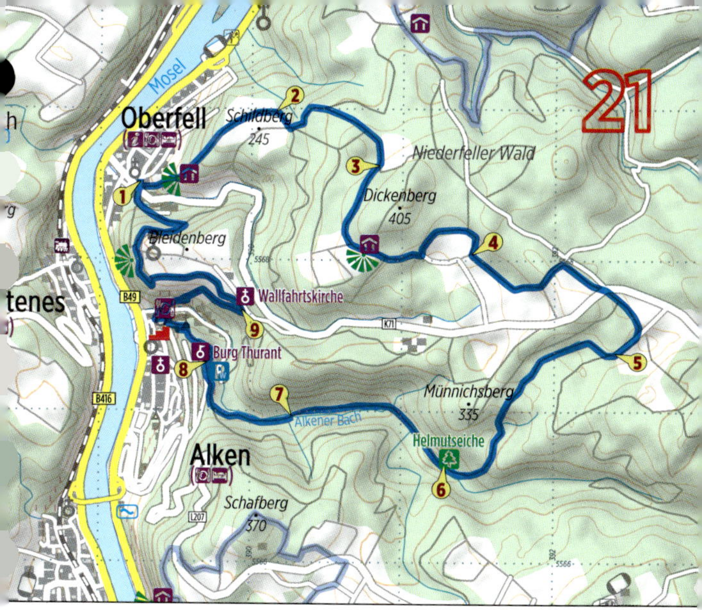

Burg Thurant, eine auf Schiefer stehende typische Spornburg, ist nicht nur besonders schön und darüber hinaus besonders schön gelegen, sondern noch in anderen Hinsichten eine besondere Burg. So finden sich direkt unterhalb der Burgmauern am steil abfallenden Moselhang ausgedehnte Weinberge und Weingärten, die der Anlage aus der Ferne betrachtet ein ganz eigenes Erscheinungsbild verleihen. Darüber hinaus war die Burg administrativ zweigeteilt, so dass es sowohl die Trierer Burg als auch die Kölner Burg gab, eine jede mit eigenem Bergfried, eigenen Wirtschaftsgebäuden und eigenem Zugang.

8 **9,3 (190)** Am Ende des Parkplatzes noch vor der Burg rechts ab auf den Pfad, der über Felsklippen hinab führt ~ Sie erreichen die Wallfahrtskapelle ~ von der Kapelle steigen Sie weiter ab in das pittoreske Weinstädtchen Alken, zuletzt über Stufen.

Alken

St.-Michaels-Kirche (1015), Mittelstr. 11, ✆ 02605/1298, ÖZ: Ostern-Oktober, So/Fei 14-17 Uhr. Die Kirche verfügt über einen sehenswerten Treppenaufgang mit 14 Kreuzwegstationen.

Unten an der **Von-Wiltberg-Straße** rechts, nochmals rechts in die **Bachstraße** und hinter dem ersten Haus links in den Pfad und steil hinauf

Burg Thurant

durch den Weinberg am Moselhang ⤳ Sie wandern auf dem ungefährlichen, doch sehr steilen **Sieben-Fußfälle-Klettersteig** ⤳ oben an der Straße rechts, wenig später zweimal links und bald wieder scharf rechts ⤳ weiter steil hinauf.

9 10,8 (230) Der Linkskehre des Pfades folgen, vorbei unterhalb der **Wallfahrtskirche** und mit sensationeller Aussicht um den Bleidenberg herum.

Wallfahrtskirche Bleidenberg

Auf dem Panoramaweg vorbei an zahlreichen Aussichtspunkten auf das jenseitige Moselufer ⤳ auf Höhe eines Funkmastes zweigen Sie links ab in den Abstieg ⤳ bei der ersten Möglichkeit scharf links und hinab nach Oberfell ⤳ heraus aus dem Wald und bei den ersten Häusern vor zur **Hauptstraße**.

1 12,8 (95) Ein Stück nach links erreichen Sie den Ausgangspunkt der Runde.

Oberfell

Tour 22 12,6 km

Traumpfad Eltzer Burgpanorama

Start/Ziel: Wierschem, Dorfgemeinschaftshaus
Gehzeit: 4 - 4½ Std. **Aufstieg:** 380 m **Abstieg:** 380 m

Charakteristik: Der Traumpfad verbindet den Aussichtsreichtum des Moselplateaus mit den Talauen des großzügig mäandrierenden Elzbaches. Dort treffen Sie auf die imposant in einer Bachschleife gelegene und unbeschreiblich schöne Burg Eltz.

Von Wierschem schwingt sich der Weg hinab ins Elzbachtal. Entlang des Baches und seiner Auen wandern Sie bis zur Burg Eltz, mehrfach den Elzbach überquerend. Von der Ringelsteiner Mühle steigen Sie steil hinauf zum Moselplateau und wandern mit freiem Blick zurück nach Wierschem.

Einkehr bietet sich bei Burg Eltz und an der Ringelsteiner Mühle.

Markierung: Traumpfad-Logo

Anfahrt: Pkw: über A 48 Abfahrt Polch, dann Richtung Münstermaifeld und von dort nach Wierschem, Parkplatz am Dorfgemeinschaftshaus; ÖPNV: von Bhf. Hatzenport Bus 330 (Burgenbus, VRM, s. S. 12) nach Wierschem (mehrmals täglich, nur am Wochenende und an Feiertagen); bei Einstieg an der Ringelsteiner Mühle: Regionalbahn von Koblenz nach Bhf. Moselkern

Feld bei Wierschem

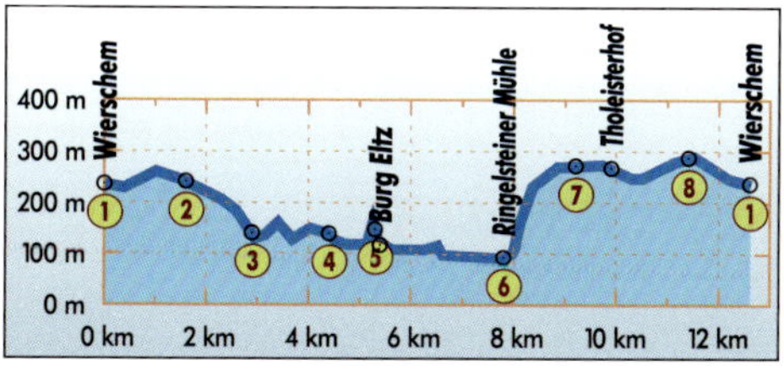

Wierschem

PLZ: 56294; Vorwahl: 02605

Kath. Pfarrkirche **St. Apollonia**. Das Gotteshaus in der Kirchgasse liegt erhöht über Wierschem. Im Innern gibt es ein Rippengewölbe aus dem 14. Jh.

Antoniuskapelle am Ortsrand

1 **0,0 (235)** Vom Dorfgemeinschaftshaus folgen Sie der

Straße **In den Wiesen** und gehen bei der ersten Möglichkeit rechts in den Feldweg ⁓ nach 200 m rechts, wenig später wieder links und weiter über die Felder ⁓ in einer S-Kurve leicht hinab.

2 1,6 (240) Am Ende der S-Kurve links ab zum Wald ⁓ entlang des Waldrandes, kurz auch im Walde, und beständig weiter hinab ⁓ kurz nach der spitzen Kurve scharf links in den Wald hinein und auf dem kleinen Weg weiter hinab ins Bachtal.

3 2,9 (140) Am Ende rechts und leicht oberhalb des Tales um eine weite Schlinge des Elzbaches herum ⁓ über die Waldstraße und kurz darauf über den **Elzbach** ⁓ dahinter kurz rechts halten, dann im Linksbogen und über eine Flanke zu einem Nebental.

4 4,4 (140) Über das Bächlein und an der T-Kreuzung links und hinab zum Elzbach ⁓ kurz entlang des Baches, dann diesen überqueren, kurz dahinter rechts und hinauf zur Burg ⁓ oben an der Straße kurz rechts.

Burg Eltz

Burg Eltz (1157), ✆ 02672/95050-0, ÖZ: April-Okt., tägl. 9.30-17.30 Uhr. Die über dem Flusstal gelegene einstige Ritterburg scheint direkt einem Märchen entsprungen und kann als eine Art mittelalterliches Neuschwanstein der Eifel bezeichnet werden.

5 5,3 (150) Sie verlassen die Straße schon nach wenigen Metern nach links ⁓ kurz darauf erneut über den

Burg Eltz

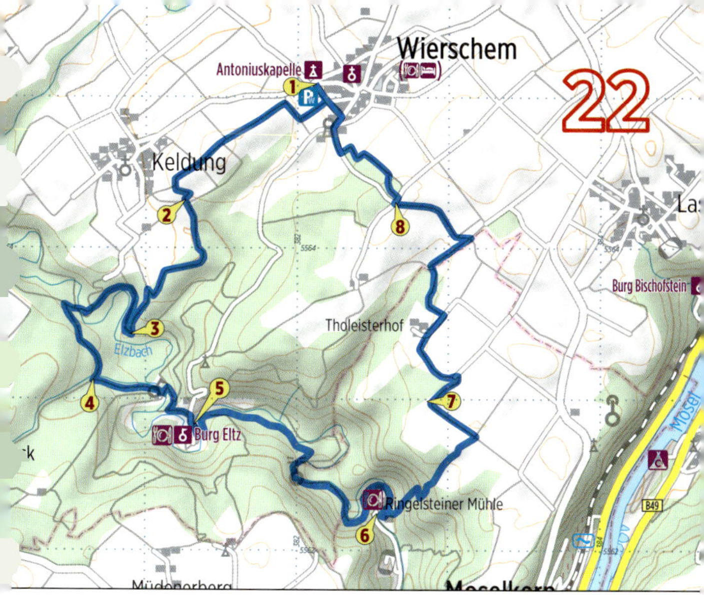

Elzbach und dessen gewundenem Verlauf nun ein ganzes Stück folgen ~ Sie wandern sehr schön durch das abwechslungsreiche Tal des Baches ~ Sie erreichen die Ringelsteiner Mühle.

Ringelsteiner Mühle

Ringelsteiner Mühle, Elztal 94, ✆ 02672/910200

6 **7,8 (90)** Vorbei an den Gebäuden und dahinter links über den Elzbach ~ auf schönem Wege steil hinauf ~ oben treten Sie aus dem Wald heraus und erreichen nun wieder das weite Moselplateau ~ an der Kreuzung links, ab jetzt über die Felder und durch Wäldchen zurück nach Wierschem.

7 **9,2 (270)** Vor dem Wald rechts ~ in einem Linksbogen dem Waldrand folgen ~ am Ende rechts halten und vorbei am **Tholeisterhof** ~ kurz dahinter links und in den Wald hinein ~ hinter dem Wald rechts halten ~ an der Kreuzung scharf links.

8 **11,4 (285)** An der Kreuzung kurz rechts auf den Wirtschaftsweg und gleich wieder links in den Wald hinein ~ aus dem Wald heraus und nun mit Blick auf Wierschem der Waldrandlinie folgen ~ rechts auf die Straße und in den Ort ~ nach dem Linksbogen links in die Straße **In den Wiesen**.

1 **12,6 (235)** Am Dorfgemeinschaftshaus endet diese Tour.

Wierschem

Tour 23 — 11,9 km

Traumpfad Hatzenporter Laysteig

Start/Ziel: Hatzenport, Bahnhof

Gehzeit: 4 - 4½ Std. **Aufstieg:** 460 m **Abstieg:** 460 m

Charakteristik: Dieser abwechslungsreiche Traumpfad bietet Weinhänge satt, dazu gibt es noch hervorragende Aussichtspunkte und ein verwunschenes Bachtal.

Vom malerischen Moselstädtchen Hatzenport steigen Sie direkt in die Weinhänge hinauf und wandern über dem Moseltal zur Rabenlay. Noch etwas weiter hinauf geht es zum Moselplateau, wo Sie die Kreuzlay erreichen. Mit freiem Blick wandern Sie über die Felder, bevor Sie ins Tal des Schrumpfbaches absteigen. Hinter der Probstmühle geht es dann wieder hinauf. Entlang der Moselhänge wandern Sie reich an Aussichten zurück nach Hatzenport, zuletzt oberhalb der Weinberge.

Markierung: Traumpfad-Logo

Anfahrt: Pkw: über die B 416 entlang der Mosel nach Hatzenport, Parkplatz am Bahnhof oder am Fährturm; ÖPNV: Bahn: Regionalexpress von Koblenz nach Hatzenport, Buslinie 330 (Burgenbus, VRM, s. S. 12) am Wochenende und an Feiertagen

Hatzenport

PLZ: 56332; Vorwahl: 02605

- **Fremdenverkehrsverein Hatzenport e. V.**, Moselstr. 58, ✆ 952-485
- **Weinhaus Ibald**, Moselstr. 34, ✆ 2043
- Die Pfarrkiche **St. Johannis** (1280) liegt über Hatzenport in den Weinbergen, das Uhrwerk der Turmuhr stammt aus dem 16./17. Jh.
- Der Grundstein für den **Fährturm Hatzenport**, das Wahrzeichen des Ortes, wurde 1863 gelegt.

Westlich des Ortes gibt es einen Campingplatz mit vergleichsweise exklusiver Lage: auf der nur diesem Zweck zugedachten Insel Hatzenporter Werth sind es von jedem Platz nur wenige Meter bis zum Wasser. Die Insel ist immerhin einen Kilometer lang.

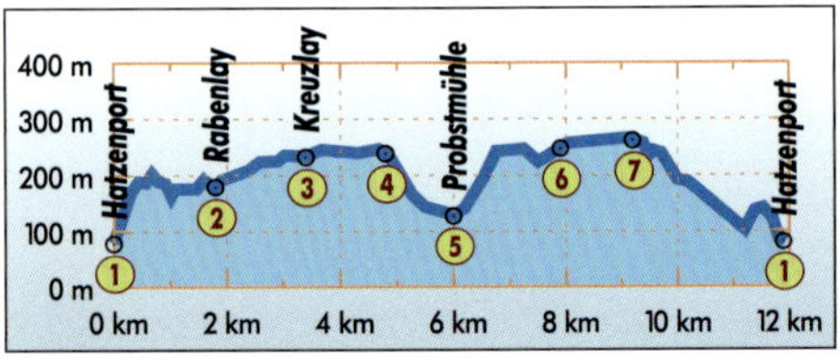

1 **0,0 (80)** Der Rundweg startet am **Bahnhof** in Hatzenport ~ gehen Sie über die Gleise und

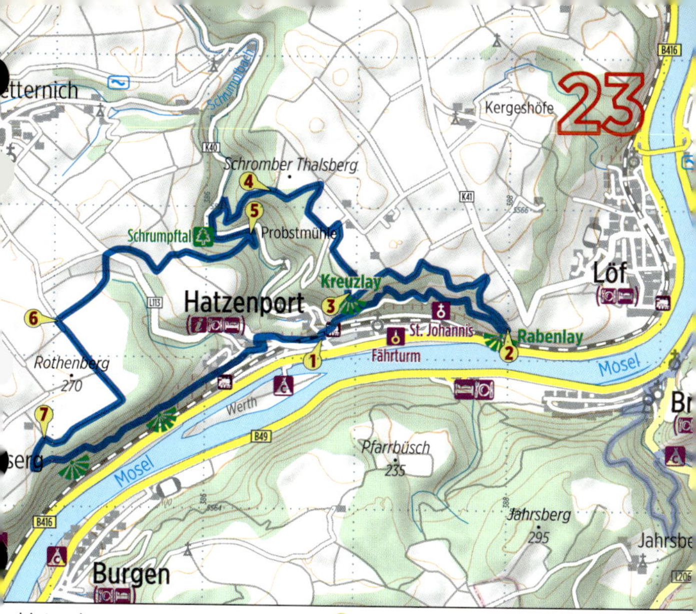

hinter dem ersten Haus rechts ~ ein schmaler Pfad führt den Wanderer stetig bergauf und belohnt mit einer ersten tollen Aussicht ~ an der folgenden **Wetterstation** informieren Schautafeln zum Thema Klima ~ dicht an den Weinreben wandern Sie idyllisch weiter Richtung Osten, wobei sich fantastische Ausblicke auf das Moseltal, Hatzenport und die St.-Johannis-Kirche ergeben ~ auf teils urwüchsigen Pfaden oberhalb des steilen Hanges wird nach wenigen Kilometern die Rabenlay erreicht.

Rabenlay

Die **Rabenlay** ist ein markanter Aussichtspunkt mit atemberaubenden Ausblicken.

2 1,8 (180) Von der Rabenlay wendet sich der Pfad links weg vom Moseltal ~ Sie wandern kurvenreich entlang der Grenze zwischen Wald und Feld ~ in einer engen Rechtskurve erreichen Sie die Kreuzlay.

Kreuzlay

Kreuzlay mit Aussicht auf die Mosel

3 3,4 (235) Folgen Sie von der Kreuzlay weiter dem Waldrand, dann nach 150 m rechts weg vom Wald und kurz darauf links folgen ~ über die sanft gewellten Kuppen des Schromber Thalsberges ~ an dem Wirtschaftsweg unweit des Gebäudes scharf links ~ nach 75 m dann vor dem Wald wieder rechts ~ vor dem Wald rechts folgen ~ am Ende des

Hatzenporter Laystieg

Waldes scharf rechts und weiter am Waldrand.

4 4,8 (240) Nach dem Rechtsbogen links abzweigen ~ durch einen herrlichen Krüppeleichenwald tauchen Sie ins still verwunschene Schrumpftal ein.

Im **Schrumpftal** am Schrumpfbach liegen mehrere liebevoll restaurierte Mühlen. Das Tal reicht von Hatzenport bis zu den Maifelder Eifelorten Metternich und Mörz.

Gehen Sie unten vor dem **Schrumpfbach** links und folgen dessen Lauf ~ über die **K 40** ~ entlang des Baches bis zur Probstmühle.

Probstmühle

5 6,0 (130) An der **Probstmühle** rechts halten, kurz darauf scharf rechts und hinauf zu den Höhen des Maifeldes ~ Sie verlassen den Wald, kurz darauf rechts und auf den Feldweg ~ der Linkskurve folgen ~ kurvenreich bis zur **L 113**, diese überqueren und direkt dahinter links abzweigen ~ beim Waldstreifen rechts halten.

6 7,9 (250) An der Forststraße links und bis zur Hangkante, wo sich der Blick über die Mosel öffnet ~ vor dem Hang rechts halten und entlang der Felder.

7 9,2 (260) Nach weitem Rechtsbogen dem Waldrand in einem Linksknick folgen ~ nach 250 m links steiler hinab ~ allmählich abwärts durch den Wald ~ im weiteren Verlauf mit herrlichen Aussichten auf dem Mosel-Panoramaweg mitten durch die Rebstöcke.

AUSFLUG **Trittsichere Wanderer können sich als besonderes Finale am spektakulären Dolling-Kletterpfad versuchen.**

Hinter den ersten Häusern rechts auf die Straße **Auf dem Dattel** und an deren Ende links hinauf zur **L 113** ~ diese überqueren, direkt dahinter rechts halten und weiterhin entlang der Weinstöcke hinab nach Hatzenport ~ unten dann rechts auf die Straße **Schrumpftal** und über die Gleise.

1 11,9 (80) Am Bahnhof erreichen Sie das Ende der Runde.

Hatzenport

SCHWER

Tour 24 — 18,7 km

Traumpfad Bergschluchtenpfad Ehrenburg

Start/Ziel: Brodenbach, Polizeiwache/Niederbach 1

Gehzeit: 6½ - 7 Std. **Aufstieg:** 770 m **Abstieg:** 770 m

Charakteristik: Der Traumpfad hat neben der mächtigen Ehrenburg so einiges zu bieten – so gibt es nicht nur spektakuläre Ausblicken, sondern auch schöne Bachtäler, tiefe Felsschluchten und nicht zuletzt eindrucksvolle Passagen über dem Moseltal.

Von Brodenbach mit seinem kleinen Moselhafen geht es steil hinauf zum Schafberg. Mit freiem Blick wandern Sie nach Nörtershausen und von dort beständig absteigend ins Tal des Brodenbaches. Vorbei am Donnerloch wandern Sie zur Grünen Mühle. Der folgende Aufstieg bringt Sie über eine Anhöhe zur Ehrenburg und hinab ins Ehrbachtal. Über einen kleinen Höhenzug gelangen Sie zurück zum Moseltal.

Markierung: Traumpfad-Logo

Anfahrt: Pkw: über B 49 entlang der Mosel nach Brodenbach oder über A 61 Abfahrt Waldesch, dann L 207 an die Mosel, Parkplatz direkt am Moselufer; ÖPNV: Bahn: von Koblenz Hbf. mit Bus 301 (VRM, s. S. 12)

Tipp: Die Tour lässt sich gut halbieren, so dass Sie wahlweise mit dem Brodenbachtal beginnen oder enden können.

Brodenbach

PLZ: 56332; Vorwahl: 02605

Tourist-Information, Rhein-Mosel-Str. 4, ✆ 4723

1 **0,0 (75)** Vom Moselufer wandern Sie kurz im Tal des Brodenbaches nach der Rechtskurve links ab und auf schmalen Pfaden den steilen

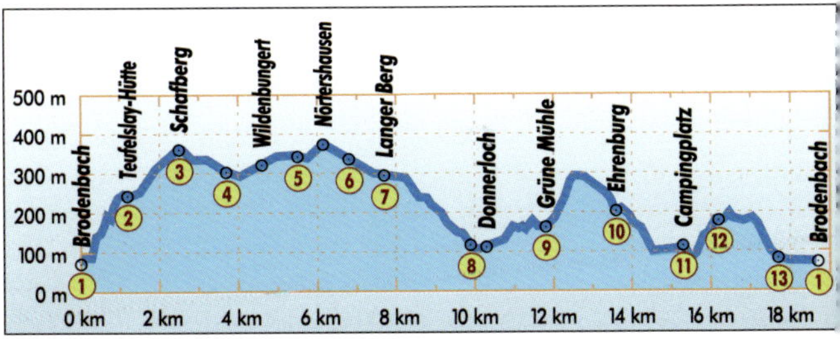

Moselhang hinauf ⤳ vorbei an der **Teufelslay-Hütte**.

AUSSICHT **Oben an der Hütte haben Sie eine prächtige Aussicht auf die Moselkurve.**

2 1,2 (245) Hinter der Teufelslay-Hütte weiter sanft hinauf ⤳ rechts hinauf zur **L 207**, diese queren und dahinter rechts durch den Wald ⤳ hinter dem Wald links haltend über die Wiesen ⤳ am Wirtschaftsweg links und hinauf zum Schafberg.

Vom **Schafberg** bietet sich ein großartiger Panoramablick.

3 2,5 (360) Vom Gipfel des Schafberges steigen Sie im Rechtsbogen ab ⤳ kurz vor dem Parkplatz links und am Waldrand erneut links ⤳ nach 100 m rechts ab über die Felder ⤳ die **L 207** queren und kurz nach links und nach 50 m rechts ab.

4 3,7 (305) Rechts auf die kleine Straße, diese im Rechtsknick nach links verlassen ⤳ weiter zwischen Wiesen und Feldern hindurch ⤳ am Waldrand scharf links und diesem folgen ⤳ an der T-Kreuzung links und vor den Häusern von **Wildenbungert** scharf rechts ⤳ am Wald dann links und leicht ansteigend entlang des Waldrandes oberhalb des steilen Hanges.

5 5,5 (345) Kurz vor der **L 207** rechts und in den Wald ⤳ aus dem Wald heraus, kurz darauf links halten ⤳ an der kleinen Straße rechts hinauf nach Nörtershausen.

Nörtershausen

Vor den Häusern rechts und außen um den Ort herum ⤳ beim letzten Haus rechts und gleich links auf den Feldweg.

6 6,8 (340) Am Ende des Linksbogens beim Ortstrand scharf rechts ⤳ sanft hinauf zum Langer Berg.

7 7,7 (295) Am Ende links und in weiten Serpentinen hinab ins Tal des Brodenbaches.

8 9,9 (120) Auf Höhe des Brodenbaches links über die Brücke.

VARIANTE **Wollen Sie die Runde erheblich abkürzen, kommen Sie rechts des Brodenbachs zurück zum Ausgangspunkt.**

Auf der Hauptroute gehen Sie hinter der Brücke wieder links und nun längere Zeit sehr schön auf dem schmalen Weg entlang des Baches ⤳ vorbei am Donnerloch.

Das **Donnerloch**, einst eine imposante Reihe von Kaskaden, war eine germanische Kultstätte im Brodenbachtal. Der Bach fließt hier durch eine Felsenge.

Weiter entlang des wildromantischen Brodenbaches ⤳ das Tal öffnet sich leicht.

Grüne Mühle

9 11,8 (165) Bei den Häusern der **Grünen Mühle** zweigen Sie scharf rechts in den aufsteigenden Pfad ab ⤳ hinauf durch den Wald ⤳ heraus aus dem Wald und vor zur Straße ⤳ rechts auf die **K 72** und nach 100 m nach links abzweigen ⤳ sanft hinab auf der kleinen Straße ⤳ am Ende rechts

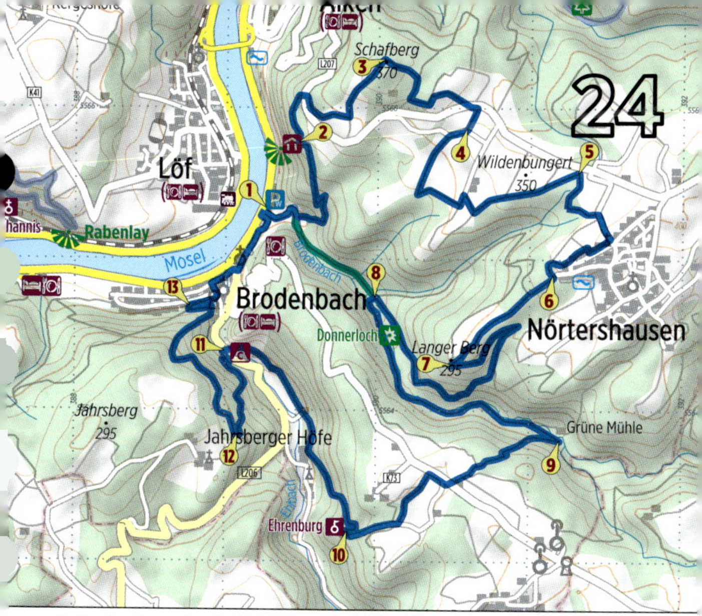

auf die breitere Asphaltstraße und auf dieser zur Ehrenburg.

Ehrenburg

Ehrenburg (1161), ÖZ: Ostern-Okt., Mo-Sa ab 10 Uhr, So/Fei ab 11 Uhr. Das einst Castrum Erembertch genannte Bauwerk ist eine wirklich besonders schöne Burg, sei es nun Lage oder Anlage betreffend. Sie steht auf einem Felssporn hoch über der Schlucht des Ehrbaches.

10 13,6 (205) Vor der Brücke zur Burg halten Sie sich rechts und steigen auf schmalen Waldwegen hinab ins Tal des **Ehrbaches** ~ vorbei oberhalb der Ortschaft **Ehrenburgertal** ~ Sie wandern am rechten Talrand, zuletzt vorbei am **Campingplatz**.

11 15,3 (115) An der **L 206** kurz links und über den Ehrbach, dahinter rechts in den Pfad und aufsteigend durch den Wald.

12 16,2 (180) Oben an der Waldwegekreuzung scharf rechts und sanfter im Anstieg ~ Sie wandern auf dem **Sonnenringpfad** ~ auf dem Kammausläufer steigen Sie mit herrlichen Ausblicken hinab ins Tal der Mosel ~ auf schmalem Pfad in Serpentinen hinunter zum **Ehrenmal** mit seiner Aussicht.

13 17,7 (85) Am Ende rechts auf die Straße **Im Moorkamp** ~ links auf die Straße **Salzwiese** und deren Rechtsbogen folgen.

Donnerloch

VARIANTE Am Ende der Salzwiese können Sie wahlweise links zur Mosel gehen und entlang des Flusses zum Ausgangspunkt zurückschlendern.

Am Ende rechts vor zur **Rhein-Mosel-Straße** und dieser links durch den Ort folgen ~ rechts in die Straße **Niederbach**, vor dem Brodenbach links und diesen überqueren.

1 18,7 (75) Am anderen Bachufer erreichen Sie Ihren Ausgangspunkt.

Brodenbach

LEICHT

Tour 25 10,1 km

Prümer Land Tour Bleialf und die Schneifel

Start/Ziel: Bleialf-Hamburg, Besucherschaubergwerk Mühlenberger Stollen

Gehzeit: 3 - 3½ Std. **Aufstieg:** 240 m **Abstieg:** 240 m

Charakteristik: Diese Tour am Rande der Schneifel führt Sie, ausgehend vom Besucherbergwerk, auf den Spuren des Bergbaus über zahlreiche Stationen rund um Bleialf.

Vom Besucherbergwerk Mühlenberger Stollen im Ortsteil Hamburg gelangen Sie über einen Bergrücken zum Üchenbach. Im Bogen wandern Sie an den Rand von Bleialf und bald nahe des Alfbaches nach Niederlascheid. Den Dürenbach kreuzend wandern Sie hinauf zum Richelberg und von dort hinab nach Bleialf, wo sich Einkehrmöglichkeiten anbieten. Durch den Ort geht es dann zurück zum Mühlenberger Stollen.

Markierung: wechselnde regionale Markierung

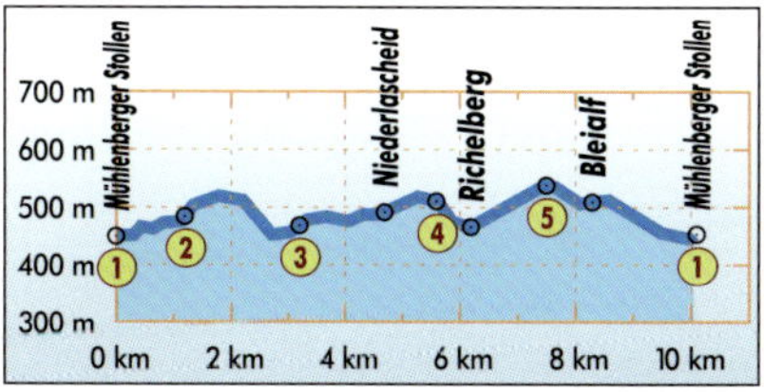

Anfahrt: Pkw: über A 60, Ausfahrt Bleialf, durch Großlangenfeld bis Bleialf-Zentrum und dort südlich zum Ortsteil Hamburg/Besucherschaubergwerk; ÖPNV: Bhf. Gerolstein, weiter mit Bus 411 (VRT, s. S. 12) nach Prüm, zu Fuß zum Hahnplatz und weiter mit Bus 418 (VRT) Richtung Bleialf

Bleialf-Hamburg

Besucherbergwerk Mühlenberger Stollen, Auwer Str. 32, ✆ 06555/8504, ÖZ: Juni-Sept., tgl. 13-18 Uhr. Hier können Sie Abenteuer unter Tage erleben, den Bleierzbergbau vor Ort kennenlernen.

1 0,0 (450) Die Wanderung beginnt am Besucherschaubergwerk Mühlenberger Stollen im südlich gelegenen Ortsteil Hamburg, wo Sie auf die ersten beiden Stationen des Weges treffen ~ vom Parkplatz führt hinter dem Haus an der L 12 ein Pfad hinauf auf den bewaldeten Bergrücken, hier mit der **Markierung HWW** ~ Sie passieren Station 3 ~ vom Waldrand wandern Sie halb-

Blick auf Bleialf

rechts hinab ins Tal des Üchenbaches ⤳ ein Stück dicht entlang des Baches ⤳ Sie erreichen die **Schutzhütte**.

2 1,2 (485) Verlassen Sie an der Hütte, der Markierung folgend, das Tal steil hinauf nach links zum HWW ⤳ aus dem Wald heraus und weiter entlang des Waldrandes ⤳ am querenden Feldweg scharf links und über die Felder ⤳ am Ende des Linksbogens halbrechts in den Wald hinein und hinab zur L 17 ⤳ unten an der Straße links, nun wieder in Bleialf ⤳ über den Alfbach, dann rechts in die **Bergwerkstraße**.

3 3,2 (465) Hinter dem Sportplatz halbrechts in den Wald auf dem **Wanderweg 3** ⤳ der Weg führt in sanften Kurven nach Niederlascheid ⤳ vorbei an Station 8 ⤳ Sie wandern stets leicht oberhalb des breiten Alfbachtales.

Niederlascheid

Noch vor den ersten Häusern links auf die **K 104** ⤳ nach 250 m rechts in den aufsteigenden Feldweg ⤳ an der Gabelung links zum Wald und bald entlang des Waldrandes.

Die Schneifel

Schneifel nennt man einen Gebirgszug nahe der Kleinstadt Prüm in der Westeifel, der bis zu 700 Meter Höhe erreicht. Der Name entsprang dem früheren Sprachgebrauch in der Gegend und bezeichnet soviel wie eine Schneise, die über den Höhenzug verlief.

4 5,6 (510) Bevor es in den Wald hinein geht, halten Sie sich an der Gabelung rechts und wandern durch den Wald hinab ⤳ unten zwischen zwei Teichen hindurch und dahinter rechts auf das Sträßchen.

Richelberg

An der Kreuzung gehen Sie halblinks ⤳ sanft hinauf über die Felder ⤳ über die Kreuzung und nun steiler hinauf zum **Richelsberg**.

5 7,5 (540) An der Kreuzung gehen Sie links in Richtung Bleialf, nun auf dem **Rundweg 8** ⤳ über Felder führt die

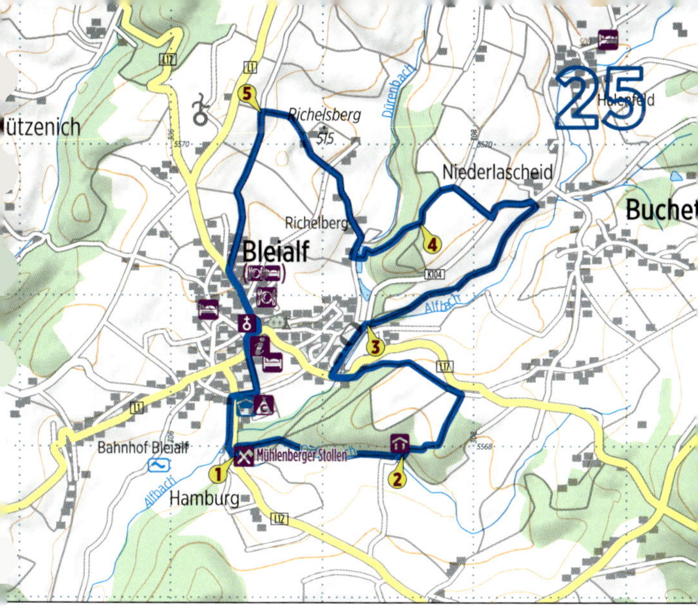

Straße allmählich hinab ~ im Ort links in die **Auwer Straße** und weiter hinab bis zur Kirche.

Bleialf

PLZ: 54608; Vorwahl: 06555

- **Tourist-Information**, Auf Kellerspesch 4, ✆ 302
- Kath. Pfarrkirche **St. Maria Himmelfahrt** mit sehenswerten Deckenmalereien
- **Freizeitbad Bleialf**, ✆ 1053, ÖZ: Juni-Sept.

Hinter der Kirche rechts auf die **Bahnhofstraße** ~ nach deren Linkskurve links abzweigen in die Straße **Am Kellerspesch** ~ an der T-Kreuzung vor dem Campingplatz rechts in die Straße **Im Brühl** ~ links auf die L 12 und nach Hamburg ~ über den Alfberg.

1 **10,1 (450)** Am Besucherschaubergwerk endet diese Runde.

Bleialf-Hamburg

Besucherbergwerk Mühlenberger Stollen

MITTEL

Tour 26 — 15,0 km

Prümer Land Tour
Prüm und Umgebung

Start/Ziel: Prüm, Informationsstätte Naturpark Prüm

Gehzeit: 4½ - 5 Std. **Aufstieg:** 380 m **Abstieg:** 380 m

Charakteristik: Diese verschlungene Runde steckt voll großer und kleiner Höhepunkte, darunter die Stadt Prüm und das Tal des gleichnamigen Flusses, das Kloster Niederprüm und das Kreuz auf dem Kalvarienberg sowie eine äußerst abwechslungsreiche Landschaft.

Zunächst geht es durch Prüm und vom Stadtrand hinauf zum rekonstruierten Keltenring. Der Waldpfad Tettenbusch führt Sie hinab ins Tal der Prüm, dem Sie nun längere Zeit folgen. Von Niederprüm mit seinem Kloster beginnt dann der Aufstieg zum Kalvarienberg, unterwegs bieten sich schöne Aussichten ins Prümtal. Zuletzt steigen Sie wieder hinab ins Städtchen, vorbei an der imposanten St.-Salvator-Basilika.

Markierung: wechselnde regionale Markierungen

Anfahrt: Pkw: von Süden über die A 60 Abfahrt Prüm, von Norden über B 265 und B 51, Parkplätze bei der Naturpark-Infostätte; ÖPNV: von Köln Hbf. über Jünkerath Bhf., dann Bus 416 (VRT, s. S. 12) nach Prüm

Prüm

PLZ: 54595; Vorwahl: 06551

- **Tourist-Information Prümer Land**, Hahnpl. 1, ✆ 505
- Naturpark-Infostätte **Deutsch-Belgischer Naturpark Hohes Venn – Eifel**, Tiergartenstr. 70, ✆ 98575. Mit umfangreichen Ausstellungen zur Bedeutung des Waldes.
- **St.-Salvator-Basilika und Abtei Prüm** (1731), Hahnpl. 17, ✆ 2469. Die Kirche ist das Wahrzeichen von Prüm. Das Gebäu-

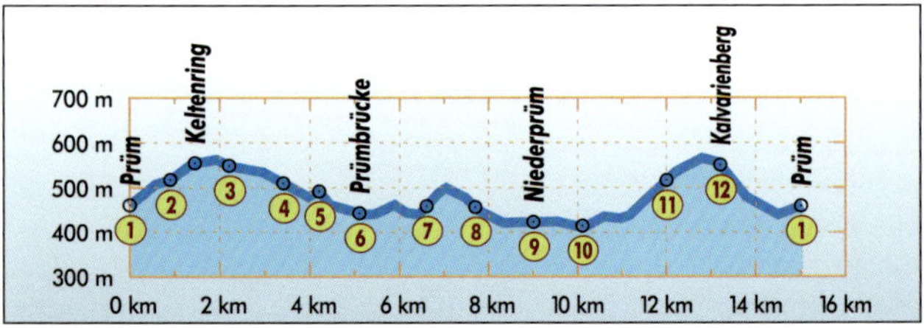

de der 721 gegründeten Benediktinerabtei wurde 1748 zu einem barocken Schloss ausgebaut. Heute beherbergt es ein Gymnasium.

Hallenbad Prüm im Kurcenter, Teichstr. 20, ✆ 2199

Waldfreibad Prüm, Campingplatz, ✆ 3400

1 0,0 (460) Die Tour startet am Besucherzentrum, folgen Sie von hier sanft aufsteigend der **Tiergartenstraße** im sanften Rechtsbogen ⤳ bei der ersten Möglichkeit rechts in die Straße **Im Johannisborn** ⤳ an deren Ende links, gleich wieder rechts und nach wenigen Metern links folgen in den **Kiefernweg** ⤳ durch das ruhige Wohngebiet.

2 0,9 (520) Der Kehre folgen, danach an der Gabelung links in den **Tannenweg** ⤳ wenig später in der Linkskurve links hinauf in den Wald ⤳ oben gehen Sie links und folgen dem weiten Bogen des Keltenrings.

Rekonstruktion eines **Keltenrings** mit Mauern und Palisaden.

Am Ende wieder links auf den Waldweg ⤳ kurz darauf an der Kreuzung mit der **Schutzhütte** scharf rechts Richtung Prüm und sanft hinab.

3 2,2 (550) Sie verlassen den Weg bei der Hinweistafel scharf nach links, nun auf dem **Waldpfad Tettenbusch** ⤳ am querenden Waldweg links ⤳ nach 250 m wieder rechts und bald darauf wieder rechts auf den Waldweg und dessen S-Kurve folgen.

4 3,4 (510) Verlassen Sie die Forststraße nach links in den Waldweg ⤳ links auf die Forststraße und diese bald darauf in der S-Kurve nach rechts verlassen ⤳ nach 150 m links über den Bachlauf und etwas später links, bald entlang einer Lichtung.

5 4,2 (490) Am Ende der Lichtung rechts auf die Forststraße, dann an der Gabelung rechts halten und im weiten Rechtsbogen ins Tal der Prüm ⤳ oberhalb des Campingplatzes weiter auf der Straße ⤳ an der **K 164** links und über die Eisenbahn, dann die **Prüm** überqueren.

St.-Salvator-Basilika

Märchenwald am Wanderweg

6 5,1 (445) Hinter dem Tennisplatz rechts in den Wald und auf dem **Wanderpfad 4** Richtung Prüm ⁓ Sie wandern jetzt ein längeres Stück leicht oberhalb der Prüm ⁓ vorbei an einem **Parkplatz** und dahinter dicht entlang der B 410.

7 6,6 (460) Über die Bundesstraße und dahinter gleich links in den Waldweg ⁓ oben an der **Schutzhütte** rechts und nun in Bögen vor dem Hang entlang ⁓ gehen Sie an Kreuzungen immer geradeaus.

8 7,7 (455) An der **B 265** ein Stück nach rechts, 150 m später links in den Waldweg und erneut ins Prümtal ⁓ rechts vorbei an dem Gebäude und ein Stück parallel zur Prüm.

9 9,0 (420) Die **B 410** überqueren und auf dem Radweg nach links ⁓ Sie durchwandern Niederprüm.

Niederprüm

PLZ: 54595; Vorwahl: 06551

- **Kloster Niederprüm**, Vinzenz-von-Paul-Str. 5. Das 1190 von Benediktinern gegründete Kloster dient heute als Missionsschule der Vizentiner.
- **St. Gordian und St. Epimachus** (1776), St. Vither-Str. 6, ✆ 852. Die heutige Pfarrkiche gehörte zur einstigen Benediktinerabtei.
- **Brunnen- und Skulpturenpark**, St.-Vither-Str. 62, ✆ 981638. ÖZ: tägl. 10-18 Uhr. Der Besuch des phantasievoll gestalteten Parkes ist lohnend für Groß und Klein. In Metall gearbeitete Naturmotive werden unter freiem Himmel präsentiert.

Sie erreichen das Gewerbegebiet, gehen Sie in der Linkskurve der Bundesstraße rechts in den **Mehlentalweg**.

10 10,1 (415) Über die alte Bahntrasse und nach 50 m rechts ⁓ der Weg durchs Prümtal endet an der **Wenzelbachstraße**, gehen Sie hier scharf links ⁓ die kleine Straße windet sich sehr schön über die Wiesen hinauf zum Kalvarienberg.

11 12,0 (515) Bei dem einzelnen Haus links und gleich wieder rechts in den Wirtschaftsweg ⁓ an dessen Ende rechts auf das Sträßchen ⁓ vorbei

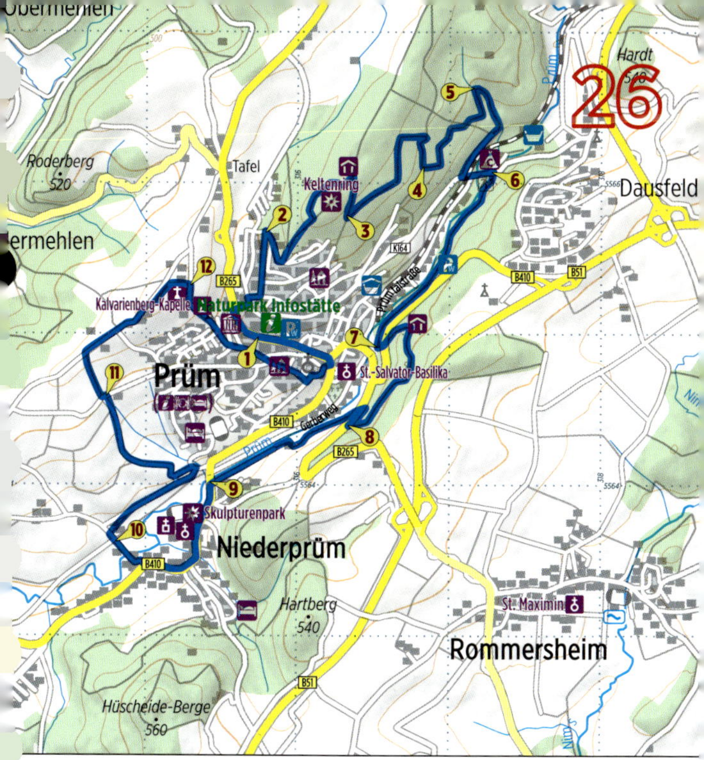

an den Häusern und bald dahinter rechts in den kleinen Weg und auf den Kalvarienberg.

Kalvarienberg (565 m)

Kapelle auf dem Kalvarienberg

In den verzweigten Stollen des Berges befand sich nach dem Zweiten Weltkrieg ein Munitionslager. Eine mächtige Explosion, an die das auf dem Kalvarienberg stehende Basaltkreuz erinnern soll, schuf den enormen Krater unterhalb des Gipfels.

12 13,2 (550) Auf der **Kalvarienbergstraße** wandern Sie hinab nach Prüm ~ in der Rechtskurve der Straße links in den **Fuhrweg** ~ am Hahnplatz erreichen Sie die **Bahnhofstraße**, zur Rechten steht die imposante Basilika St. Salvator ~ gehen Sie kurz nach links und dann links in die **Hahnstraße**.

1 15,0 (460) Am Besucherzentrum erreichen Sie Ihren Ausgangspunkt.

Prüm

LEICHT

Tour 27 11,8 km

Prümer Land Tour Schönecken und Umgebung

Start/Ziel: Schönecken, Wanderparkplatz Schönecker Schweiz

Gehzeit: 3½ - 4 Std. **Aufstieg:** 250 m **Abstieg:** 250 m

Charakteristik: Diese entspannte Zwei-Täler-Wanderung an Schalkenbach und Altburger Bach bietet vielfältige Höhepunkte wie die die Schönecker Schweiz, die Tropfsteinhöhle Hohllay und die Möglichkeit zu einem Abstecher zur Burgruine Schönecken.

Vom Schönecker Ortsrand folgen Sie dem Lauf des Schalkenbaches durch die Schönecker Schweiz, eine Karstlandschaft, in der Sie auf seltene Kalkmagerrasen und Orchideen treffen. Sie erreichen die Hohllay und verlassen wenig später das nun offenere Bachtal. Leicht hügelig geht es zum Ichter Berg und von dort hinab ins Tal des Altburger Baches. In einigen Kehren steigen Sie auf, bald mit Blick auf die Burgruine Schönecken. Am Weg gibt es keine Einkehrmöglichkeiten.

Markierung: wechselnde regionale Markierung

Anfahrt: Pkw: über die B 265 bis Prüm, dann weiter auf der L 5 bis Schönecken; ÖPNV: vom Bhf. Prüm zu Fuß zum Hahnplatz, von dort mit Bus 201 (VRT, s. S. 12) zum Busbhf. Schönecken

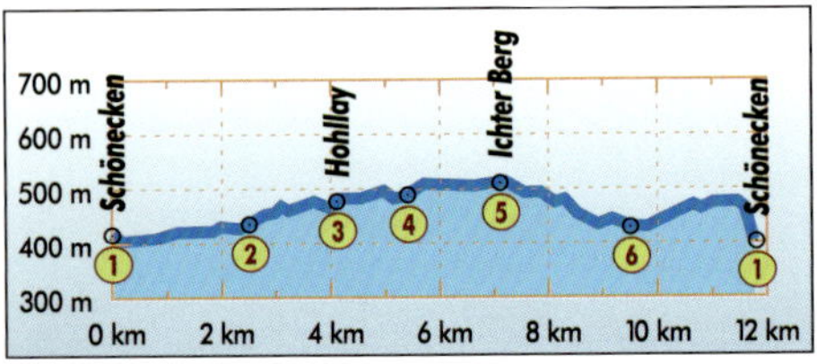

Schönecken

PLZ: 54614; Vorwahl: 06553

- **Tourist-Information**, Lindenstr. 24a, ✆ 2321
- **Zum Krug**, Alter Markt 8, ✆ 901621
- **Altes Amt**, Berliner Str. 1, ✆ 3389, ÖZ: April-Okt. Mi, Do, So, Nov.-März So. Neben einem Handwerkermuseum gibt es hier wechselnde Kunstausstellungen des Kulturkreises.
- Die **Burgruine Schönecken** (1180) ist das Wahrzeichen des Ortes. Sie trägt auch die Namen Bella Costa oder Clara Costa.
- **Eifeler Webstube**, Hinter Isabellen, ✆ 2267. Mit alten Mate-

rialien und Geräten wird hier gewoben. Führungen ab zehn Personen.

1 0,0 (415) Die Tour beginnt am **Wanderparkplatz Schönecker Schweiz**, von hier wandern Sie direkt in das romantische Tal der Schönecker Schweiz hinein ~ auf dem botanischen Lehrpfad entlang des bogenreichen **Schalkenbaches** ~ vorbei an bizarren Felsgebilden.

2 2,5 (435) An der Wegekreuzung **Meyersruh** gehen Sie rechts und bleiben am Bach, von links stößt der Kupferbach hinzu ~ der Weg steigt sanft an ~ nach einem weiten Bogen vorbei an der Hohllay, einer von vielen interessanten Felsformationen am Weg.

Wanderweg am Waldrand

Burgruine Schönecken

Die **Hohllay**, eine der Höhlen im NSG Schönecker Schweiz, ist eine geschützte Tropfsteinhöhle im Dolomitfels. Die größte der Höhlen ist ca. 12 m lang.

3 4,1 (480) Unterhalb der Hohllay weiter auf dem Weg und allmählich aus dem Wald heraus ⤳ am Ende des Waldrandes rechts auf das Sträßchen und sanft hinauf.

4 5,4 (490) Bei der ersten Möglichkeit rechts und über eine kleine Anhöhe ⤳ vorbei an einem Gehöft und geradeaus über die Kreuzung.

5 7,1 (510) Auf dem **Ichter Berg** verlassen Sie den Weg nach links und wandern abwärts durch den Wald ins Tal des **Altburger Baches** ⤳ unten vor dem Bach rechts ⤳ Sie wandern nun immer entlang des waldreichen Tales.

Das Tal des Altburger-Baches zeigt eine urtümliche **Karstlandschaft**. Sie treffen hier auf typische Erscheinungen wie Schlucklöcher, Dolinen und Klufthöhlen.

6 9,5 (430) Sie verlassen den Wald ⤳ am Ende der weiten S-Kurve zweigt scharf rechts ein Serpentinenweg ab, auf dem Sie in weiten Kehren den Hang hinaufwandern ⤳ oben am Feldrand auf der Anhöhe **Auf Icht** links ⤳ kurz darauf an der T-Kreuzung erneut links auf den breiten Feldweg ⤳ in den Wald hinein und kurz darauf rechts in den Waldweg und bald hangabwärts zum Parkplatz.

1 11,8 (415) Sie beenden diese Tour am Wanderparkplatz.

Jungfrauley

Tour 28 — 7,1 km

Erlebnisrundweg Gerolsteiner Dolomiten

Start/Ziel: Gerolstein, Forsthaus (an den Dolomiten)

Gehzeit: 1½ - 2 Std. **Aufstieg:** 210 m **Abstieg:** 210 m

Charakteristik: Die Tour bietet trotz Ihrer Kürze eine nahezu erstaunliche Fülle an Sehenswertem, seien es nun der Aussichtspunkte Munterley oder die Buchenlochhöhle, die Kasselburg zu Füßen des Hahnberges oder der steile Hang unterhalb der Hustley.

Vom Gerolsteiner Ortsrand steigen Sie hinauf zur Munterley und weiter zur begehbaren Buchenlochhöhle. Mit Blick auf die Fabrikanlagen der renommierten Quelle Gerolstein wandern Sie zum Hahnberg, kurz darauf bietet sich ein Abstecher zur mächtigen Kasselburg und dem Adler- und Wolfspark an. Vorbei am Kreuzkaul wandern Sie zur Hustley und folgen dem Weg entlang des steil abfallenden Hanges über der Stadt.

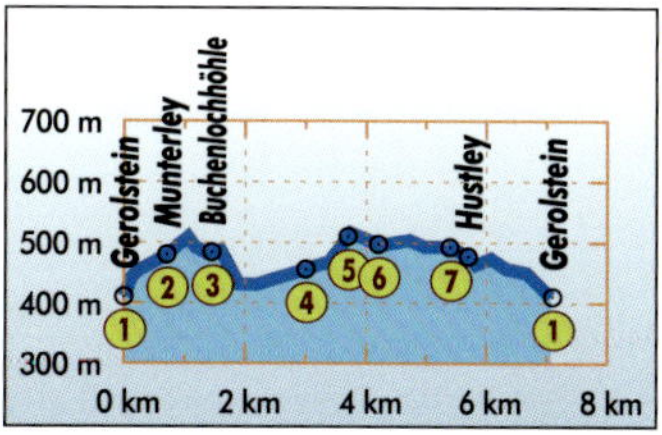

Markierung: rotes G, Eifelsteig

Anfahrt: Pkw: A 1 Richtung Trier, Ausfahrt Vulkaneifeldreieck/Abfahrt Richtung Gerolstein, Parkplätze am Ausgangspunkt; ÖPNV: Bhf. Gerolstein, Mo-Fr Bus 522 (VRT, s. S. 12) vom Bhf. Gerolstein, Sa und So 15 Min. Fußweg vom Bahnhof

Gerolstein s. S. 120

1 0,0 (410) Die Tour beginnt gegenüber des Forstamtes, gehen Sie in Richtung Munterley auf dem ansteigenden Pfad mit der **Markierung G** ⤳ halten Sie sich bei der kommenden Wegteilung rechts ⤳ im weiten Linksbogen hinauf zur Munterley.

Munterley (482 m)

Von der Felsformation **Munterley** bietet sich eine herrliche Sicht über Gerolstein und das Tal der Kyll.

2 0,7 (480) Von der Munterley führt Sie der Weg sanft hinauf zur Buchenlochhöhle.

Die **Buchenlochhöhle** ist über eine Treppe das ganze Jahr über begehbar. Der Haupteingang der Karsthöhle ist ca. 30 m lang.

3 1,5 (485) Nehmen Sie den links abzweigenden Pfad, der hinab führt ⤳ unten rechts in den breiten Weg entlang des Waldrandes ⤳ an dessen Ende scharf rechts auf die kleine Straße, nun mit freier Sicht.

TIPP **Zur Linken liegen in einer Senke die Anlagen der Fabrik Gerolsteiner Brunnen.**

Sie wandern oberhalb von Feldern der **Markierung G** folgend ⤳ leicht bergan.

4 3,0 (455) Nach dem leichten Rechtsknick links in den Wiesenweg und nach 250 m hinauf zur Landstraße ⤳ über die **K 33** und ein Stück rechts entlang der Straße ⤳ links die **Holztreppe** hinauf Richtung Geopark, etwas abseits befindet sich ein lohnender **Aussichtspunkt**.

5 3,7 (510) Ohne klar sichtbaren Weg steigen Sie auf durch eine Art Wiesenlandschaft ⤳ oben auf dem **Hahn** mit seinen Rastbänken rechts halten und unterhalb des Lavafelds entlang ⤳ der Rechtskurve folgen und wieder hinab zur **K 33** ⤳ mit Blick auf die Kasselburg entlang der Straße und dieser 200 m folgen.

6 4,2 (495) Von der Straße rechts hinab über die Wiesen Richtung Hustley und Juddekirchhof.

AUSFLUG **Folgen Sie der K 33 noch ein Stück, erreichen Sie nach wenigen Minuten die imposante Kasselburg.**

Kasselburg

Kasselburg (1200), ✆ 06591/4213, ÖZ: März-Okt., tägl. 10-18 Uhr, Nov.-Febr., Sa, So 11-16 Uhr. Die Burg ist ein bedeutendes Zeugnis der Burgenbaukunst im Spätmittelalter. Mit 37 m hohem Turm.

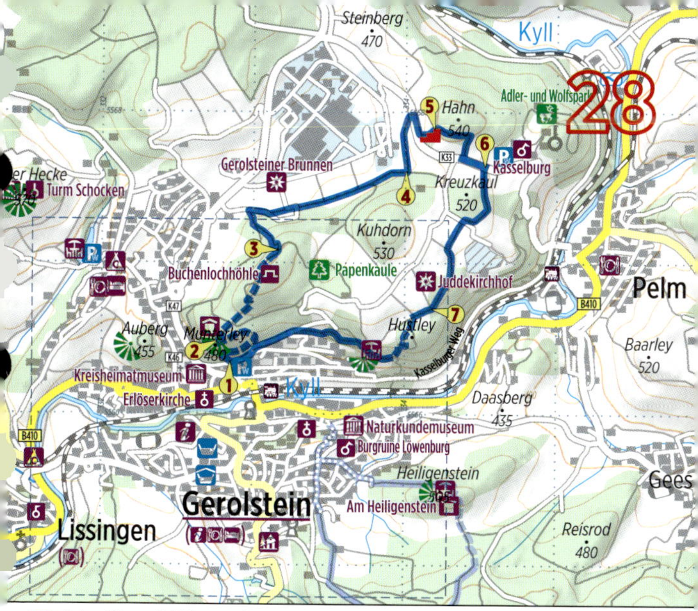

Heimattierpark **Adler- und Wolfspark** an der Burgruine, 06591/4213. Hier treffen Sie auf das größte Wolfsrudel in Westeuropa. Mit weitläufigen Gehegen und geräumigen Volieren.

Sie wandern um den **Kreuzkaul**, dahinter über eine Schotterstraße und nun leicht hinab in den Wald hinein.

7 5,4 (490) Sie verlassen den Wald und halten sich halbrechts.

AUSFLUG Nach rechts hinauf können Sie einen Abstecher zum Juddekirchhof machen.

Juddekirchhof. Keltisch-römische Kultstätte mit Weihetempel, errichtet an strategisch günstiger Lage für die Göttin Caiva.

Auf dem schönen Wiesenweg sanft hinab auf dem Wanderweg vorbei am Kletterfelsen der Hustley.

Hustley

Von der **Hustley** genießen Sie einzigartige Blicke auf Gerolstein und das Kylltal.

Sie verlassen die Hustley auf einem Weg unterhalb der Bänke der Abstieg verläuft sehr reich an Aussichten am Ende weiter auf der Asphaltstraße **An den Dolomiten** geradeaus hinab bis zum Ausgangspunkt der Wanderung.

1 7,1 (410) Am Forstamt schließt sich die kleine Runde.

Gerolstein s. S. 120

Gerolstein

PLZ: 54568; Vorwahl: 06591

Tourist-Information Gerolsteiner Land, Brunnenstr. 10, ✆ 949910, www.gerolsteiner-land.eu

Villa Sarabodis, Sarresdorfer Str. 15, ✆ 949910, ÖZ: April-Okt., Mi, Sa 10-15 Uhr, Besichtigung nur mit Führung. Römisch-germanische Funde und Fossiliensammlung.

Blick vom Auberg auf Gerolstein

Naturkundemuseum, Hauptstr. 72, ✆ 5235 od. 949910, ÖZ: April-Okt., Mo-Sa 14-17 Uhr, So/Fei 11-17 Uhr. Erdgeschichtliche Entwicklung der Region mit paläontologischer, archäologischer und Waldabteilung. Ausstellung von Mineralien und Schmetterlingen, Sonderausstellungen.

Kreisheimatmuseum, Sarresdorfer Str. 25, ✆ 949693, ÖZ: Mai-Sept., Fr-So 11-18 Uhr, Gruppen nach tel. Vereinb. Anhand der Exponate werden dem Besucher die Stilrichtungen der Lebens- und Wohnkultur in der Eifel nähergebracht.

Burgruine Löwenburg (12. Jh.) Der einstige Herrschaftssitz wurde Ende des 17. Jhs. im pfälzischen Erbfolgekrieg zerstört. Von den Burgresten bietet sich ein herrlicher Blick auf Gerolstein sowie auf das Kylltal.

Erlöserkirche, ✆ 949910, ÖZ: April-Okt., Mi, Sa 10-15 Uhr, Besichtigung nur mit Führung. Die Kirche wurde Anfang des 20. Jhs. von Kaiser Wilhelm II. gestiftet.

Gerolsteiner Brunnen, Vulkanring, ✆ 14238, ÖZ: Gruppenführungen (nur mit vorheriger Anmeldung) Mo-Fr 9.30 Uhr, 11 Uhr und 13 Uhr, freie Führungen Mo-Fr 15 Uhr. An der seit 1888 genutzten Helenenquelle im Kurpark können zwischen April und Oktober die Trinkflaschen gratis aufgefüllt werden.

Aussichtspunkt Munterley bei Gerolstein

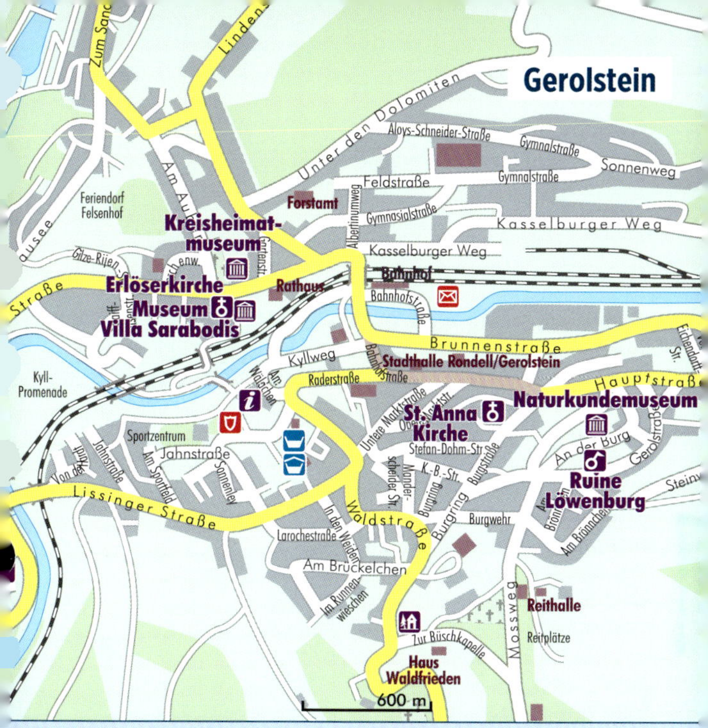

Hallen- und Freibad Gerolstein, Raderstraße 22-24, ✆ 4538

Europäischer GEO-Park, mit 4 Routen

Die Geschichte Gerolsteins begann bereits zu Anfang der Bronzezeit vor 4.000 Jahren. Archäologische Funde in der Buchenlochhöhle im Munterley-Massiv belegen auch die Anwesenheit von umherziehenden Steinzeitmenschen. Im Jahre 1336 erhielt die unterhalb der kleinen Löwenburg gelegene Siedlung die Stadtrechte.

Geprägt wird die waldreiche Tallandschaft am Oberlauf der Kyll durch die mächtigen Dolomitfelsen mit Auberg, Munterley und Hustley sowie durch fast 20 erloschene Vulkane in der Umgebung. Der anerkannte Fremdenverkehrs- und Luftkurort genießt aber auch wegen der weltweit bekannten Trilobiten-Funde unter Wissenschaftlern einen besonderen Ruf. Die Trilobiten, eine ausgestorbene Klasse meeresbewohnender Gliederfüßer, wurden in den Kalkmulden rund um Gerolstein gefunden. Allseits bekannt ist der Ort ebenso als Brunnenstadt, in der die Firma Gerolsteiner Brunnen ihren Sitz hat.

Tour 29 — 6,8 km

Von Gerolstein zur Dietzenley

Start/Ziel: Gerolstein, Parkplatz Burgring/Gerolstraße unterhalb der Ruine Löwenburg

Gehzeit: 2 - 2½ Std. **Aufstieg:** 210 m **Abstieg:** 210 m

Charakteristik: Diese kleine Runde bietet in regelmäßigen Abständen große und kleine Höhepunkte, allen voran die Gipfel von Heiligenstein und die Dietzenley und die kleine Büschkapelle mitten im Wald.

Sie starten über dem Kylltal unweit der Löwenburg und befinden sich schon bald im Aufstieg zum Heiligenstein mit seiner großartigen Aussicht. Beständig aufsteigend wandern Sie vorbei am Heidkopf zur höchsten Erhebung im Gerolsteiner Land, der Dietzenley mit ihrem Aussichtsturm. Der Abstieg führt Sie vorbei an zwei Schaftkreuzen zur Büschkapelle und bald mit freiem Blick hinab nach Gerolstein.

Markierung: rotes G, Eifelsteig

Anfahrt: Pkw: A1 Richtung Trier, Ausfahrt Vulkaneifeldreieck/Abfahrt Richtung Gerolstein, Parkplatz nahe der Löwenburg-Ruine; ÖPNV: Bhf. Gerolstein

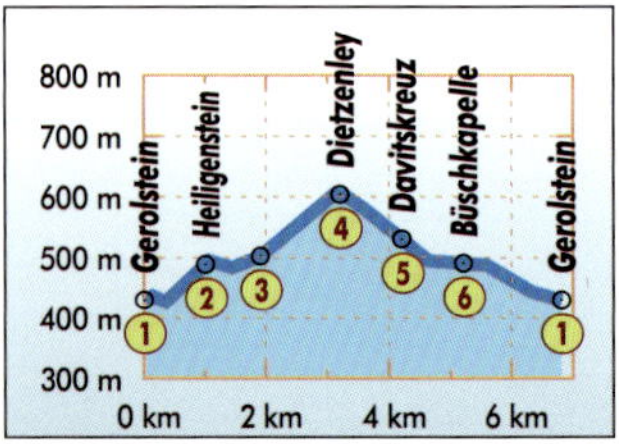

Gerolstein — s. S. 120

1 0,0 (430) Die kleine Runde startet am Parkplatz.

TIPP: Von der Kreuzung bietet sich ein kurzer Abstecher zur Löwenburg mit ihrer schönen Aussicht an.

Ruine Löwenburg (12. Jh.), als Herrschaftssitz von G. v. Blankenheim errichtet. Von der einst großen Burganlage mit Vor- und Hauptburg, 2 Kapellen und 2 m starken Mauern ist nur noch wenig erhalten.

Gehen Sie links hinab auf der **Gerolstraße**, dann bald geradeaus in den **Hubert-Rahm-Weg** ~ am Ende dieses Weges mit der **Markierung G** geradeaus und hinauf zum Wald, gleich darauf in einer Kurve links in den Wald hinein ~ von der Kreuzung mit der Markierung G hinauf zum Heiligenstein ~ gehen Sie oben nach rechts und zum Gipfel.

Heiligenstein (505 m)

Heiligenstein mit großartiger Aussicht auf Gerolstein, die Kasselburg und die Felsformation Munterley. Mit Schutzhütte.

2 1,0 (495) Steigen Sie wieder hinab ~ unten weiter mit der Markierung G durch den Wald, auch der **Eifelsteig** verläuft hier ~ auf einer großen Wiese erst links auf dem absteigenden Wiesenweg und am Ende der Wiese rechts sanft hinauf ~ weiter in Richtung Büschkapelle.

3 1,9 (500) An der Kreuzung gehen Sie links Richtung Dietzenley ~ Sie wandern sanft bergauf ~ am querenden Weg rechts in Richtung Dietzenley, dann bei der folgenden Weggabelung links halten ~ wenig später erreichen Sie den Aussichtsturm.

Dietzenley (620 m)

Basaltkuppe **Dietzenley**. Auf der strategisch günstigen Erhebung kann ein keltischer Ringwall aus dem 6./7. Jh. v. Chr. bewundert werden.

Vom **Aussichtsturm** der Dietzenley haben Sie bei guter Fernsicht einen herrlichen Panoramablick.

Die Dietzenley ist die höchste Erhebung im Gerolsteiner Land. Der Berg gehört zu einer Kette vulkanischer Kegelberge.

4 3,2 (615) Folgen Sie weiter dem Weg, bei den Treppenstufen rechts hinab Richtung Büschkapelle ~ an der Einmündung links sanft hinab ~ der

Markierung G folgend erreichen Sie eine Gabelung.

TIPP **Von der Gabelung sind es nur ein paar Schritte zum Davitskreuz.**

Das barocke Schaftkreuz **Davitskreuz** (18. Jh.) ist 2,80 m hoch.

An der Gabelung nehmen Sie den Weg nach links, der **Markierung G** folgend ⤳ sanft absteigend durch einen Hohlweg.

5 4,2 (525) Am Ende rechts in Richtung Büschkapelle ⤳ Sie passieren das Grafenkreuz.

Grafenkreuz (1680). Ca. 2,5 m hohes Schaftkreuz aus Sandstein.

Nach 200 m links in den Asphaltweg folgen und vorbei an der Büschkapelle.

Die **Büschkapelle** (18. Jh.) ist eine einschiffige Waldkapelle aus rotem Kylltalsandstein. Ihre jetzige Form stammt von 1900. Mit Rastbänken.

6 5,2 (490) Sie tauchen in den Wald ein und wandern auf einem Pfad unweit der Asphaltstraße ⤳ am Ende kurz weiter auf der Straße, dann weiter auf dem Waldpfad mit den **Markierungen 3 und 6** ⤳ etwas vor dem Sender Fuchsbau rechts und dem Reitweg absteigend in den Wald hinein folgen ⤳ hinab zur Reitanlage ⤳ hinter der **Reithalle** links und gleich wieder rechts ⤳ der **Mossweg** leitet Sie zurück zum Ausgangspunkt der Wanderung.

1 6,8 (430) Am **Parkplatz** haben Sie das Ziel der Tour erreicht.

Gerolstein

Dietzenley-Turm

Tour 30 17,5 km

Auf dem Eifelsteig von Gerolstein zum Nerother Kopf

Start: Gerolstein, Tourist-Information
Ziel: Neroth, Mausefallenmuseum
Gehzeit: 5½ - 6 Std. **Aufstieg:** 590 m **Abstieg:** 480 m

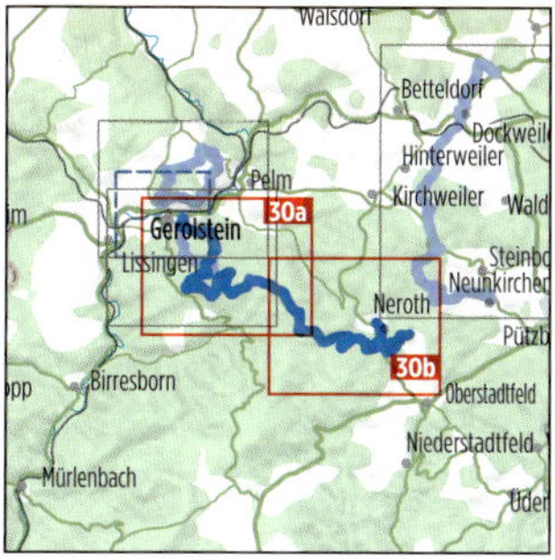

Charakteristik: Diese ansehnliche Streckenwanderung auf dem Eifelsteig führt Sie vom Kylltal in Gerolstein über den Heiligenstein hinauf zur Dietzenley mit ihrem Aussichtsturm. Durch den Wald wandern Sie, vorbei am Jagdhaus Flemmingshöh und später sanft absteigend, hinab zum Enzenbach. Sie umrunden Neroth und steigen von der Kleinen Kyll steil hinauf zum Nerother Kopf und der Ruine Neroth. Wieder zurück im Tal der Kleinen Kyll führt ein Zuweg nach Neroth.

Markierung: Eifelsteig, Zuweg nach Neroth WW6

Anfahrt: Pkw: über die A 48 bis Vulkaneifeldreieck, Richtung Daun/Gerolstein bis Abfahrt Gerolstein, weiter auf der B 10, am Ufer der Kyll kostenlose Parkplätze; ÖPNV: Bahn: Bhf. Gerolstein, 3 Minuten Fußweg zur Tourist-Information; Rückfahrt von Neroth nach

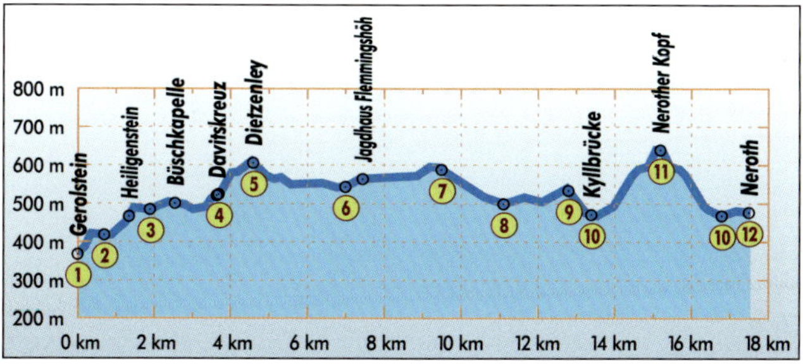

Blick auf den Dolomitenfelsen Munterley

Gerolstein mit dem Bus 523/504 (VRT, s. S. 12)

Gerolstein s. S. 120

1 0,0 (370) Gehen Sie von der Tourist-Information in Richtung Löwenburgruine ⤳ von der Hauptstraße führt ein Treppenweg hinauf zur Ruine ⤳ Sie gehen durch einen **Steintorbogen** ⤳ am Ende der Treppen links ⤳ an der Kreuzung geradeaus in die **Gerolstraße**.

TIPP An der Kreuzung links bietet sich ein kurzer Abstecher zur Löwenburg mit ihrer schönen Aussicht an.

Ruine Löwenburg (12. Jh.), als Herrschaftssitz von G. v. Blankenheim errichtet. Von der einst großen Burganlage mit Vor- und Hauptburg, 2 Kapellen und 2 m starken Mauern ist nur noch wenig erhalten.

2 0,7 (420) Gehen Sie links hinab auf der **Gerolstraße**, dann bald geradeaus in den **Hubert-Rahm-Weg** ⤳ am Ende dieses Weges mit der **Markierung G** geradeaus und hinauf zum Wald, gleich darauf in einer Kurve links in den Wald hinein ⤳ von der Kreuzung mit der Markierung G hinauf zum Heiligenstein ⤳ gehen Sie oben nach rechts und zum Gipfel.

Heiligenstein (505 m)

Vom **Heiligenstein** bietet sich eine großartige Aussicht auf Gerolstein, die Kasselburg und die Felsformation Munterley. Mit Schutzhütte.

Vom Heiligenstein wandern Sie ein Stück bergab, bald auf einem Wiesenpfad ⤳ am Ende rechts entlang der Wiese und Richtung Strommast, dann wieder in den Wald hinein.

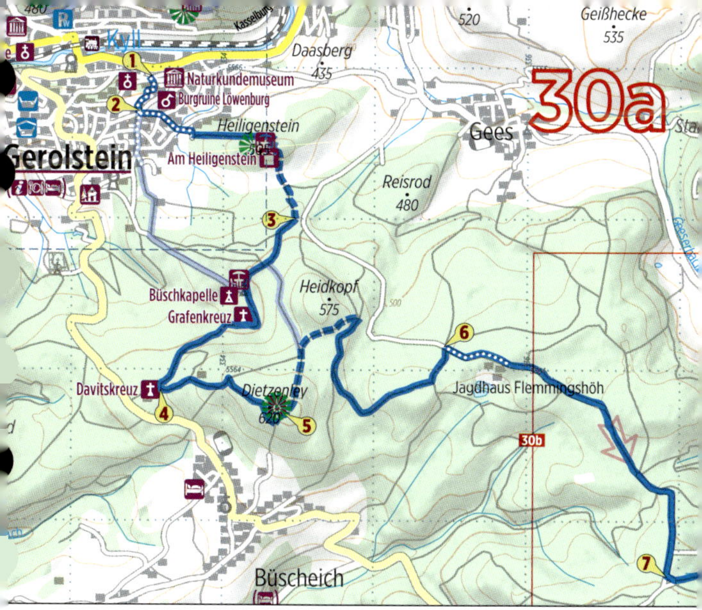

3 1,9 (485) Rechts und wieder links in den breiten Waldweg ⁓ vorbei am **Rastplatz** ⁓ unweit der Büschkapelle links auf den geschotterten Waldweg.

Die **Büschkapelle** (18. Jh.) ist eine einschiffige Waldkapelle aus rotem Kylltal-sandstein. Ihre jetzige Form stammt von 1900. Mit Rastbänken.

In einer Rechtskurve vorbei am Grafenkreuz.

Grafenkreuz (1680). Ca. 2,5 m hohes Schaftkreuz aus Sandstein.

Weiter auf dem Schotterweg ⁓ vorbei an einer Lichtung und bald an der Gabelung links hinauf.

4 3,7 (525) Am Ende links in den breiten Waldweg.

TIPP **Von hier aus sind es nur wenige Schritte bis zum Davitskreuz.**

Das barocke Schaftkreuz **Davitskreuz** (18. Jh.) ist 2,80 m hoch.

Weiter sanft bergauf ⁓ an der Gabelung rechts dem Schotterweg folgen ⁓ nach 200 m links und kurz darauf rechts und hinauf zum Dietzenley, zuletzt auf schmalem Treppenpfad.

AUSFLUG **Der Gipfel der Dietzenley liegt etwa 100 m links vom Weg.**

Dietzenley (620 m)

Basaltkuppe **Dietzenley**. Auf der strategisch günstigen Erhebung kann ein keltischer Ringwall aus dem 6./7. Jh. v. Chr. bewundert werden.

Vom **Aussichtsturm** der Dietzenley haben Sie bei guter Fernsicht einen herrlichen Panoramablick bis hin zur Hohen Acht und dem Nürburgring.

Die Dietzenley ist die höchste Erhebung im Gerolsteiner Land. Der Berg gehört zu einer Kette vulkanischer Kegelberge.

5 4,6 (605) Von der Dietzenley beginnt der Abstieg auf einem unscheinbaren Waldpfad ⇝ an der T-Kreuzung rechts auf den Schotterweg und an der nächsten Kreuzung geradeaus in den Waldpfad ⇝ der urige Pfad führt Sie durch schönen Mischwald ⇝ in einer langgezogenen Kehre sanft bergab ⇝ am Ende weiter auf dem geschotterten Waldweg ⇝ an der Gabelung links auf den breiten Waldweg ⇝ vorbei an den **Infotafeln** zu den Schluchten im Schankrech ⇝ danach an der T-Kreuzung links leicht bergauf ⇝ über eine Anhöhe ⇝ am Ende links auf den breiten Forstweg.

6 7,0 (545) An der Kreuzung rechts auf die befestigte Forststraße ⇝ vorbei am **Jagdhaus Flemmingshöh** ⇝ nun ein Stück dem Hauptweg folgen ⇝ über zwei Kreuzungen und an der Gabelung danach rechts halten.

7 9,5 (590) An der Weggabelung bei der Bank in den linken Waldweg und hinab ⇝ in einer Kurve über den **Enzenbach** und unweit des Baches bis zum Ortsrand von Neroth.

8 11,1 (500) An der Asphaltstraße links und kurz darauf scharf rechts in den Feldweg ⇝ in einer engen Kehre über ein Rinnsal ⇝ vorbei am **Sportplatz** hinauf zum Waldrand ⇝ über

Burgruine Freudenkoppe auf dem Nerother Kopf

einen breiten Schotterweg und weiter dem Waldrand folgen.

9 12,8 (535) Links in den absteigenden Wiesenweg mit Blick auf den Nerother Kopf ⤳ unten links auf den Feldweg und vor zur Straße ⤳ über die **L 27** und dahinter hinab auf dem Treppenpfad ⤳ vorbei am Zaun der **Kläranlage** und über die **Kleine Kyll**.

10 13,4 (470) An der T-Kreuzung rechts auf den Schotterweg, links ginge es nach Neroth hinein ⤳ an der Weggabelung links hinauf in den Waldweg ⤳ auf einem schmalen Pfad steil hinauf zum Nerother Kopf ⤳ vorbei an der **Mühlsteinhöhle** erreichen Sie den Gipfel des **Nerother Kopfes**.

Nerother Kopf

Burgruine Freudenkoppe (1340). Die von König Johann von Böhmen erbaute Burg soll bereits Ende des 15. Jhs. wieder aufgegeben worden sein. Die Burgruine mit Burgfried und Außenmauer wurde umfassend saniert und steht unter Denkmalschutz.

Die **Mühlsteinhöhle** liegt zum Teil unter der Burganlage. Sie ragt 18 m in den Berg und ist 10 m hoch. Die Entstehung der Höhle ist durch den Abbau des Lavafels verursacht, denn hier wurden Mühlsteine aus dem Fels gehauen. Der Zutritt zur Höhle ist aus Sicherheitsgründen nicht erlaubt.

Der Nerother Kopf ist ein ehemaliger Vulkankegel, der mit dichtem

Am Mausefallenmuseum Neroth

Buchenwald bewachsen ist. Die Bäume sind z. T. 140 Jahre alt und die Wälder stehen unter Naturschutz. Die Sicht reicht weit nach Osten und Nordosten.

11 15,2 (640) Steigen Sie vom Nerother Kopf auf demselben Weg wieder hinab ins Tal der Kyll bei der Kläranlage.

10 16,8 (470) Gehen Sie oberhalb des Klärwerks, nun den Eifelsteig verlassend, geradeaus und auf dem **Wanderweg Nr. 6** hinein nach Neroth ~ bald erreichen Sie den Dorfkern.

12 17,5 (480) An der Kirche erreichen Sie das Ziel der Runde.

Neroth

PLZ: 54570; Vorwahl: 06591

Tourist-Information, ✆ 13180

Mausefalle, Hauptstr. 42, ✆ 984717

Mausefallenmuseum in der Alten Schule, Hunzenbachstr. 14, ✆ 4752, ÖZ: Mi 14-16 Uhr und Fr 15-17 Uhr, Gruppen nach tel. Vereinb. Das Museum präsentiert die verschiedenen Produktionsphasen des Drahtwarengewerbes. Dokumentiert werden Heimarbeit, Manufaktur und Drahtwarenherstellung. Zu sehen sind u. a. der originalgetreue Nachbau einer Werkstatt mit den verschiedenen Arbeitsplätzen und Fallenarten, wie sie typisch für die Heimarbeit in Neroth waren.

Der kleine Ort fand 1388 erstmals Erwähnung. Die Nerother waren hauptsächlich durch das Drahtflechten für Mause- und Rattenfallen bekannt.

LEICHT

Tour 31 12,4 km

Ernstberg-Dreis-Route

Start: Neunkirchen (Daun), Kirche St. Anna

Ziel: Dreis-Brück

Gehzeit: 3½ - 4 Std. **Aufstieg:** 260 m **Abstieg:** 230 m

Charakteristik: Diese Streckenwanderung steht im Zeichen freier Ausblicke auf die umgebende Eifellandschaft.

Ein strammer Anstieg bringt Sie von Neunkirchen hinauf zum Riemerich, wo Sie etwa Ihre heutige Wanderhöhe erreichen. Mit stetig weitem Blick wandern Sie nun über Wiesen und Felder, manchmal auch durch Waldstücken. Vom Goosberg geht es hinab zur Landstraße und wieder etwas hinauf zur Aussicht am Ernstberg. Vorbei an einem Steinbruch erreichen Sie Dockweiler, nun im beständigen Abstieg. Am oberen Kraterrand des Dreiser Weihers wandern Sie schließlich zur Burg von Dreis und erreichen bald darauf die Ortsmitte.

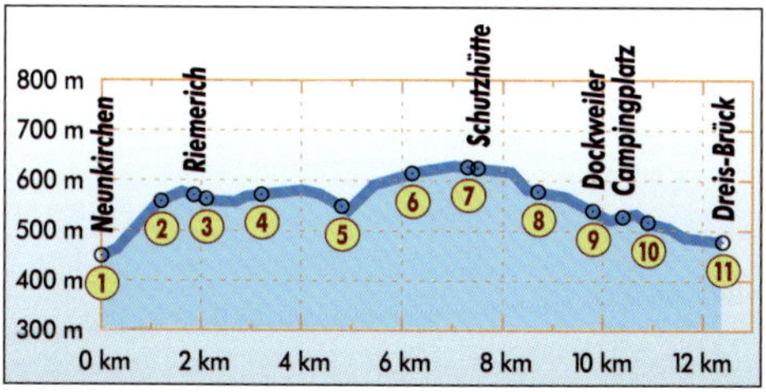

Markierung: wechselnde regionale Markierung

Anfahrt: Pkw: über A 48/A 1 Ausfahrt Daun, dann über Daun bis Neunkirchen, Parkmöglichkeiten im Ortsgebiet; ÖPNV: Bahn: von Bhf. Cochem mit Bus (RMV, s. S. 12) über Ulmen und Daun ZOB nach Neunkirchen; von Bhf. Gerolstein bzw. Bhf. Ulmen mit der Eifelquerbahn nach Daun (Mai bis Oktober)

Neunkirchen (Daun)

Gasthof Neunkirchener Mühle, Bachstelzenweg 10, ✆ 06592/3693, ÖZ: Fr-Mi 10-20 Uhr

St. Anna. Der Ort besaß bereits im zeitigen Mittelalter eine Kapelle.

1 **0,0 (445)** Vom Neunkirchener **Kirchplatz** beginnen Sie Ihre Wanderung auf der Straße **Am Kirchberg** ~ nach wenigen Metern rechts in die **Neunkirchener Straße**, dann links in den **Sperlingsweg** ~ die zweite scharf links in die Straße **Am Sprinkenberg** ~ nach der

Rechtskurve halbrechts abzweigen und hinaus aus dem Ort, bereits hier beginnt der Aufstieg zum Riemerich ↝ folgen Sie dem ansteigenden Weg.

2 1,2 (555) Kurz vor einem länglichen Waldstreifen links abbiegen, nach wenigen Metern rechts halten und hinauf zum **Riemerich** ↝ halb um den Gipfel herum und noch vor dem Walddurchgang rechts in den Feldweg.

3 2,1 (560) Drüben am Waldrand rechts ↝ im Rechtsbogen und an dessen Ende links in das Sträßchen ↝ kurz darauf links in den Feldweg und dessen Kurven zum Wald folgen ↝ in den Wald hinein.

4 3,2 (570) Halbrechts auf die querende Waldstraße ↝ auf dieser gehen Sie am **Goosberg** vorbei, links fließt die noch junge **Kleine Kyll** ↝ heraus aus dem Wald und an der folgenden Kreuzung rechts ↝ bald vorbei an einem gewaltigen Stück Fels ↝ sehr schön oberhalb des Hanges entlang ↝ unter der **Stromtrasse** hindurch.

5 4,8 (545) An der **L 28** rechts und nach wenigen Metern scharf links und kurz hinab ↝ über den **Sitzenbach**, dahinter geradeaus und aufsteigend ↝ am Kieswerk weiter auf der kleinen Straße und ein Stück dicht der L 28 ↝ der Feldweg entfernt sich wieder von der Straße und führt über Felder und Wiesen ↝ an der 5-Wege-Kreuzung halbrechts.

6 6,2 (610) Nach 200 m in der sanften Rechtskurve scharf links und weglos über die herrlichen Wiesenhänge des **Ernstberges** zum Waldrand ↝ ab dort weiter auf dem Wiesenweg und entlang des Waldrandes ↝ zum Teil mit großartiger Fernsicht ↝ im Rechtsbogen in den Wald hinein und links auf die querende Waldstraße.

7 7,3 (625) Aus dem Wald heraus, bald vorbei an einer Schutzhütte und die **K 35** schräg queren ↝ auf dem breiten Schotterweg sanft hinauf, vorbei an Windrädern ↝ vor einem winzigen Wäldchen rechts in den Wiesenweg ↝ der Weg ist zum Teil zugewachsen ↝ weglos über die Felder und dabei durch eine Senke.

8 8,7 (575) Nach 500 m weiter auf dem Wirtschaftsweg und vorbei an einem **Steinbruch**, in dem Lava abgebaut wird ↝ vorbei an einigen Gebäuden und dahinter links halten ↝ über die **Bahngleise** und auf dem **Rudderweg** hinein nach Dockweiler.

Dockweiler

PLZ: 54552; Vorwahl: 06595

Ortsgemeinde Dockweiler, Hauptstr. 26, ✆ 1554

Dockweiler Mühle, 54552 Dockweiler, ✆ 961130

Pfarrkirche **St. Laurentius**, Pfarrer-Hubert-Schmitz-Str. 15, ✆ 10578. Der Ursprung der Kirche liegt im 11. Jh.

An der **Hauptstraße** links und die zweite links in die Straße **In der Holl**.

31
Auf Roth
St. Martin
Dreis-Brück
Döhmberg
655
Betteldorf
Dockweilerstraße
B421
Im Bremelchen
610
Dockweiler
Martental
565
Hinterweiler
K35
Auf der Wacht
625
Ernstberg
700
Auf der Steinkaul
575
Kirchweiler
Waldkönigen
Sitzenbach
L28
K12
Steinborn
Hippersbach
Goosberg
595
Neunkirchen
Kleine Kyll
Riemerich
600
Nerotherkopf
645
Fuchskopf
520
Warth
1
2
3
4
5
6
7
8
9
10
11

Pfarrkirche St. Laurentius

9 9,8 (540) Links über die **Gerolsteiner Straße** und an dem markanten **Brunnen** mit 3 Basaltsäulen rechts auf den unbefestigten Weg ⇝ hinter den Grundstücken entlang und an der Kreuzung links auf die kleine Straße und sanft hinab ⇝ vorbei am **Parkplatz** des Ferienparks und zwischen den Seen hindurch ⇝ an der T-Kreuzung oberhalb der Anlage biegen Sie rechts auf den Schotterweg ab ⇝ hinter dem letzten Haus links, an der T-Kreuzung wieder rechts und nach 200 m kurz steil hinab in den Hohlweg.

10 10,9 (515) Unten nach rechts und nun länger auf gleicher Höhe über dem Hang entlang ⇝ sanft hinab und im Rechtsbogen nach Dreis hinab ⇝ vorbei an den ersten Häusern, über die Kreuzung in die **Ringstraße** und nach wenigen Metern rechts in den Wiesenweg ⇝ am Ende links, dann rechts in die **Hillesheimer Straße** vorbei am Kreisverkehr.

11 12,4 (475) Am Restaurant Vulkan-Stuben endet diese Streckentour.

Dreis-Brück

PLZ: 54518; Vorwahl: 06578

- **Ortsgemeinde Dreis**, Kirchstr. 22, ✆ 7249
- **Vulkanstuben**, Breite Str. 1, ✆ 92020
- **Pfarrkirche St. Martin** (1756), Kirchstr. 20. Die Kirche wurde als dreiachsiger Saalbau erbaut.
- **Dreiser Burg** (1597). Die mittelalterliche Burg, mittlerweile in Privatbesitz, befindet sich in einem gut restaurierten Zustand.

SCHWER

Tour 32 — 24,8 km

Schalkenmehren: Mürmes-Route

Start/Ziel: Schalkenmehren, Im Aul (unterhalb St. Martin)

Gehzeit: 7 - 7½ Std. **Aufstieg:** 465 m **Abstieg:** 465 m

Charakteristik: Diese ausgedehnte Runde verbindet auf das Schönste die Landschaft der Eifel mit zahlreichen Ausflugszielen und nicht minder vielen Eifelörtchen.

Vom reizvollen „Küstenort" Schalkenmehren am gleichnamigen Maar wandern Sie entlang des Kraterrandes hinauf und dann durch ein Tal nach Mehren. Wenig später beginnt der Aufstieg zur Steineberger Ley. Von dort geht es tief hinab ins Tal des Grundbaches und vorbei an Wacholderheiden. Kurz nach dem Aussichtspunkt Ellscheider Fenster berühren Sie Ellscheid und erreichen hinter dem Mürmesgraben das Naturschutzgebiet Mürmes mit seinem Niedermoor. Unweit des Alfbaches wandern Sie zum Sangweiher und gelangen im sanften Anstieg zurück nach Schalkenmehren.

Markierung: wechselnde regionale Markierung

Anfahrt: Pkw: A1 bis Ausfahrt Daun, dann auf der B 421 nach Mehren, dort links Wegweisern „Maare" nach Schalkenmehren folgen, Parkplatz im Zentrum von Schalkenmehren am Landgasthof Michels; ÖPNV: Bahn: Köln – Trier bis Gerolstein oder Koblenz – Trier bis zum Cochem, von beiden Bahnhöfen mit Regioline 500 (VRT, s. S. 12) bis Schalkenmehren Kirche

Schalkenmehren

PLZ: 54552; Vorwahl: 06592

- **Tourist-Information**, Maarstr. 7, ✆ 173939
- **Landgasthof Michels**, St.-Martin-Str. 9, ✆ 928-0
- **Cafe Maarblick**, Maarstr. 16, ✆ 9666-0
- **Heimweberei-Museum**, Mehrener Str. 5, ✆ 980597 od. 4085, Gruppen nach

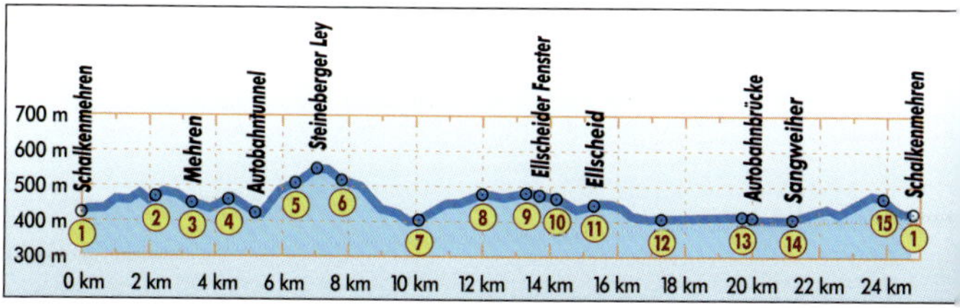

tel. Vereinb. In dem Museum werden alte, in der Eifel übliche Handwerkskünste sowie historische Geräte im Textilbereich vorgestellt.

St. Martin (1844)

Naturfreibad Schalkenmehrener Maar, Pitt-Kreuzberg-Weg, ✆ 173939

Das Schalkenmehrener Maar, jüngstes deutsches Vulkangebiet, besteht aus zwei Maaren. Das östliche ist ein vermoortes Trockenmaar. Das westliche Maar mit See ist mehr als 20 Meter tief und beliebter Ort für Wassersportler und Badende.

1 **0,0 (425)** Die Wanderung beginnt an der Kirche **St. Martin**, folgen Sie von hier der **Mehrener Straße** sanft ansteigend ~ vor dem Dorfgasthof Schmitz mit der **Markierung Maarrundweg 3** links hinauf in die Straße **Auf Koop** ~ am Ende der Bebauung weiter auf dem Wiesenweg, mit wunderbarer Sicht auf das Schalkenmehrener Maar ~ an einer Weggabelung weiter leicht bergan mit der Markierung **Maarrundweg 3** in Richtung Mehren ~ an der **Schranke** links weiter hinauf ~ am Ende des Laubwaldes halbrechts, nun mit der **Markierung 6** Richtung Mehren ~ auf dem Wiesenweg durch offene Landschaft ~ seit dem Start verläuft die Wanderung vorübergehend auf der **Maar-Erlebnis-Route** ~ zur Rechten kommt Mehren in Sicht ~ an der Wegeinmündung links und weiter ansteigend ~ an der Weggabelung der **Markierung 6** folgend rechts in den Wald und an der nächsten Gabelung geradeaus, nun **ohne Markierung** ~ aus dem Wald heraus und sanft hinab auf Asphalt ~ unweit eines Radweges entlang, dann an der Kreuzung rechts mit der **Markierung 6** Richtung Mehren und den Radweg unterqueren.

2 **2,2 (470)** In der Rechtskurve des Asphaltweges geradeaus, hinauf über die Wiese und nach 100 m rechts Richtung Mehren ~ am Ende rechts in die **Kapellenstraße** und bald ins Ortszentrum hinunter ~ 100 m vor der B 421 gegenüber der Straße Auf dem Hoff links in die Stichstraße, bald rechts zum **Gartenweg** und auf diesem vor zur Hauptstraße.

Mehren

Landhaus Krebs, Am Weyersberg 18, ✆ 06592/3180

3 **3,3 (455)** An der **Hauptstraße** links und nach 100 m rechts in die **Allscheider Straße** ~ geradeaus in die Straße **Auf dem Hostert** ~ an der T-Kreuzung links in die verkehrsreichere **Steininger Straße**, über den Bach und dahinter links in die Straße **Am Weyersberg** ~ am Landhaus Krebs scharf rechts und kurz darauf links ~ weiter auf dem Wanderweg.

4 **4,4 (460)** Rechts in die Straße **Auf dem Scheid** ~ hinab zur **K 16** und dort links ~ unter der Autobahn hindurch und kurz dahinter rechts hoch zum Wald mit den **Markierungen 4 und 5** ~ über das Bächlein und dahinter halblinks ~ oben aus

Schalkenmehrener Maar

dem Wald heraus und im weiten Rechtsbogen ⤳ an der T-Kreuzung links und nach Steineberg.

5 6,4 (510) Noch vor den ersten Häusern von Steineberg rechts in den Asphaltweg und nach 100 m links in die Straße **Zur Held**.

Steineberg

Über die **Hauptstraße** und im Rechts-Links-Schwenk mit den **Markierungen 6 und 4a** hinauf Richtung Vulcano Infoplattform ⤳ vorbei an der **Schranke** und auf einem Stichweg weiter hinauf zum Aussichtsturm.

Steineberger Ley

Von der **Volcano Infoplattform**, dem 28 m hohen Aussichsturm auf der Steineberger Ley, bietet sich eine lohnende Rundumsicht auf die Eifel.

Steinringwall. Alte keltische Burganlage auf der Steineberger Ley aus der Zeit zwischen 500-100 v. Chr.

Steigen Sie wieder hinab ⤳ etwas vor der Schranke links und mit den **Markierungen 6 und 4a** Richtung Steinring-Punkt ⤳ nach den ersten Spuren der Wallanlage zur Rechten wandern Sie am Abzweig geradeaus mit den **Markierungen 6 und 4a** ⤳ ⚠ Bei feuchter Witterung können die Pfade hier sehr rutschig sein! ⤳ vorbei an den Opfersteinen und links in den Querweg ⤳ rechts ab und absteigend mit den **Markierungen 3, 6 und 4a**.

6 7,8 (515) An der **K 21** links und ein Stück entlang der Straße ⤳ hinter deren Rechtskurve gegenüber des

Parkplatzes scharf rechts in den Wald und nun mit den **Markierungen 6 und 3** auf Schotter weiter hinab ⁓ an einer Weggabelung weiter absteigend ⁓ am Querweg mit den **Markierungen 6 und 3** links bergab ⁓ vorbei an einem **Brunnen** und links weiter links hinauf ⁓ hinaus aus dem Wald und entlang einer Wiese.

7 **10,1 (405)** Gehen Sie an der T-Kreuzung scharf rechts, vorbei an einem **NSG** mit Wacholder ⁓ mit den **Markierungen 6 und 2** ansteigend auf Schotter und in den Wald hinein ⁓ an der Weggabelung links halten ⁓ am Ende rechts und über die verkehrsreiche B 421 und kurz auf Asphalt, nun mit den **Markierungen 1 und 2**.

8 **12,0 (480)** Am Waldrand links in den Schotterweg ⁓ hinter dem Wald rechts ⁓ an der T-Kreuzung links, über den **Ellscheider Bach** und auf Asphalt sanft hinauf ⁓ oben an der T-Kreuzung rechts, dann nach 200 m links sanft hinauf.

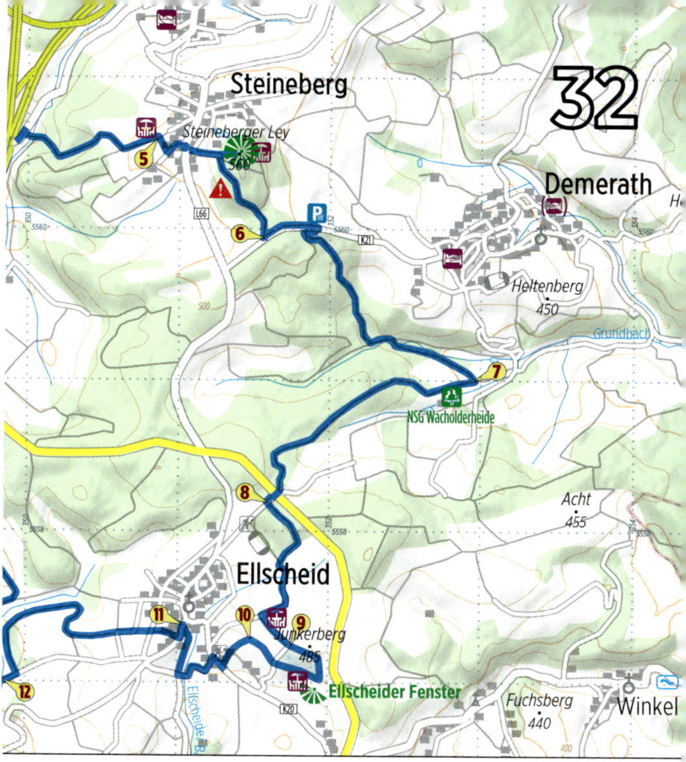

9 13,3 (480) Am Ende des Asphalts weiter auf dem Wiesenweg, ca. 200 m später rechts auf den Wiesenweg und bald weglos hinab über die Wiese ⤳ durchs mitunter hohe Gras die Baumgruppe anpeilen, dort durch die Lücke in der Buschreihe und dahinter rechts auf den Feldweg.

Hier befinden sich das **Ellscheider Fenster** sowie das Ellscheider Trockenmaar, das jüngste Vulkangebiet auf deutschem Boden.

Am Ende des Wiesenwegs leicht rechts weiter auf Asphalt.

10 14,2 (465) Bei der ersten Gelegenheit links bergab zur Straße ⤳ unten an der **K 20** rechts und wenig später links ⤳ im Zickzack folgen und über den **Ellscheider Bach**, dahinter rechts hinauf nach Elscheid.

Ellscheid

11 15,3 (450) Am Ende des Weges scharf links in die Straße **Büchelweg** und bei der ersten Gelegenheit rechts

Steineberger Ley, Aussichtsturm

⇝ geradeaus den Ort verlassen und über eine Anhöhe, bald auf einem Feldweg ⇝ kurvenreich abwärts zum Mürmesgraben.

12 17,3 (410) Sie queren den **Mürmesgraben**, kurz dahinter rechts und oberhalb des Grabens entlang ⇝ nach einiger Zeit erneut rechts und über ein Wasserläufchen ⇝ 250 m später scharf links und parallel zum **NSG Mürmes** ⇝ Sie umrunden das NSG, zuletzt im weiten Linksbogen, auf einem wunderschönen, teils schwer erkennbaren Wiesenweg.

NSG Mürmes

Der durch Vulkantätigkeit entstandene Talkessel des Naturschutzgebietes ist weit über 10.000 Jahre alt und entwickelte sich als Flachmoor mit einer mächtigen Torfschicht. Nach dem Ende des Torfabbaus konnte sich hier ein sog. Schwingrasen ausbilden, der eine reiche Flora aufweist. Artenreiche Feuchtbiotope entstanden mit der Zeit, und auch eine ganze Reihe von Vogelarten brüten hier, darunter Braunkehlchen und Rohrammer, aber auch Bekassine und Kriekente.

13 19,7 (415) Sie verlassen die Senke und überqueren kurz darauf die **Autobahn** auf einer Brücke ⇝ nach der S-Kurve der Straße kurz hinter dem **Alfbach** links in den Feldweg ⇝ an dessen Ende über den **Radweg** und zum NSG Sangweiher.

14 21,2 (405) Vor dem **Sangweiher** scharf rechts und auf dem Asphaltweg bergauf ⇝ bei der dritten Gelegenheit links in den Feldweg und sanft hinauf ⇝ an der Bank rechts in den Wald hinein und über eine Anhöhe ⇝ über eine Wegkreuzung ⇝ an der T-Kreuzung am Waldrand rechts ⇝ über den **Rasbach** und weiter bis zur Asphaltstraße ⇝ noch vor der Straße an der Bank scharf links ⇝ Sie folgen dem Waldrand im Linksbogen und wandern dann auf dem Kamm entlang.

15 23,9 (470) An der nächsten Kreuzung scharf rechts und hinab nach Schalkenmehren, nun bis zum Ziel auf dem **Eifelsteig** ⇝ vorbei an einer weiteren Aussichtsbank mit Blick auf Schalkenmehren und das Schalkenmehrener Maar ⇝ kurvenreich hinab nach Schalkenmehren und zur Kirche.

1 24,8 (425) An der Kirche erreichen Sie den Ausgangspunkt der Wanderung.

Schalkenmehren

MITTEL

Tour 33 — 22,2 km

Rundweg Daleiden

Start/Ziel: Daleiden, Marktplatz

Gehzeit: 7 - 7½ Std. **Aufstieg:** 655 m **Abstieg:** 655 m

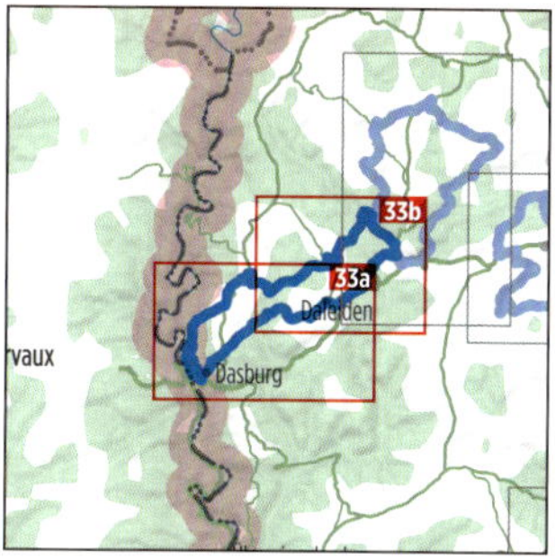

Charakteristik: Diese ausgedehnte und abwechslungsreiche Tour nahe der luxemburgischen Grenze bietet Ihnen wilde Eifelnatur, hautnahes Mittelalter und zahlreiche Fernsichten.

Von Daleiden geht es hinab ins Mühlbachtal und von dort steil hinauf zur einzigartigen Aussicht an der Hohen Kuppe. Ein strammer Abstieg bringt Sie nach Dasburg mit seiner imposanten Burg hoch über der Our. Aus dem Ourtal steigen Sie wieder hinauf und wandern über die Felder nach Dahnen. Erneut geht es hinab zum Mühlbach, dessen Tal Sie sanft ansteigend folgen. Über eine Anhöhe wechseln Sie ins Irsental, das Tal der Schmetterlinge. Von Irrhausen schwingt sich der Weg hinauf nach Daleiden.

Markierung: wechselnde regionale Markierung

Anfahrt: Pkw: über die B 410; ÖPNV: Bhf. Gerolstein, dann Bus 411 (VRT, s. S. 12) nach Prüm, dort 7 Minuten Fußweg zum Hahnplatz und mit Bus 419 (VRT) nach Daleiden Kirche

Daleiden

PLZ: 54689; Vorwahl: 06550

Tourist-Information im Haus Islek, Hauptstr. 25, ✆ 961370. Mit Dauerausstellung zu Geschichte, Flora und Fauna des Islek sowie Café Isleker Stuff.

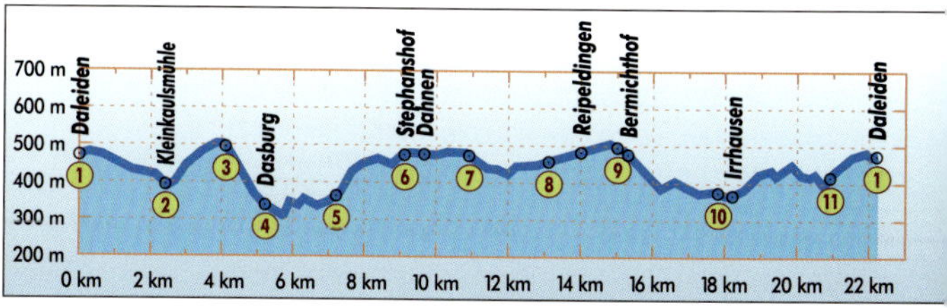

Die **Willibrorduskapelle** (1683) erinnert an das Wirken des hl. Willibrordus

Willibrordusbrunnen. Der Heilige soll dem Brunnen Heilkraft gegen den Hautausschlag „Wildes Feuer" verliehen haben.

Der **Heldenfriedhof** liegt erhaben auf einer Anhöhe über dem Ort.

Orchidarium mit Alpengarten, In der Elkes 3-5, ✆ 1438. Hier lassen sich zahlreiche verschiedene Pflanzenarten bewundern, darunter Farne, Bromelien und Orchideen. Mit nachgebautem Urwald.

1 0,0 (470) Sie beginnen die Runde hinter der Kirche St. Matthäus ~ folgen Sie von der **Hauptstraße** der kurzen **Kirchstraße** und gehen an deren Ende links in die **Oberstraße** ~ geradeaus weiter auf der **Dahner Straße** ~ bis zur Hohen Kuppe vor Dasburg wandern Sie mit der Markierung **HWW 6/Matthiasweg** ~ an der Gabelung rechts halten und wenig später den Ort verlassen ~ folgen Sie hinter dem letzten Haus der Rechtskurve ~ über die Wiesen hinab, bald durch ein kleines Bachtal ~ unten im **Mühlbachtal** links und vorbei an der **Steinkaulsmühle**.

2 2,5 (390) Im Rechtsbogen über das Bächlein und direkt dahinter halblinks hinauf in den Wald ~ Sie wandern direkt auf dem Rücken des Höhenzuges ~ aus dem Wald heraus und mit freiem Blick über die Felder ~ rechts vorbei am Gipfel der **Hohen Kuppe** ~ unterhalb der Hohen Kuppe haben Sie wunderbare

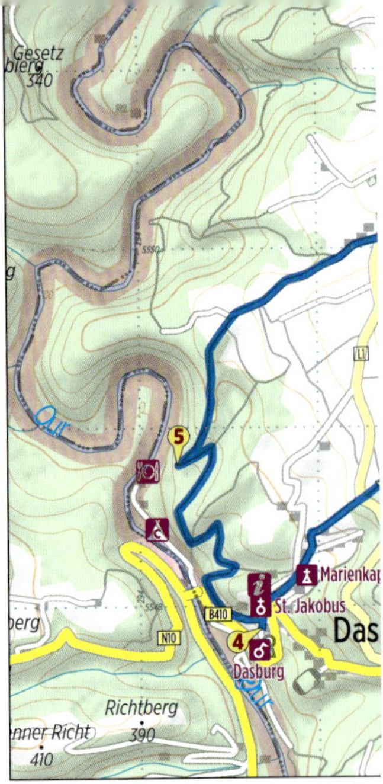

Fernsicht übers Tal der Our bis nach Luxemburg und Belgien.

3 4,1 (495) Nun wandern Sie steil hinab nach Dasburg ~ über die L 1 und weiter hinab ins Tal der **Our** ~ bei den ersten Häusern im Linksbogen, dann an der T-Kreuzung rechts ~ an der Marienkapelle links auf den **Neuenweg** und in der Linkskehre der Straße weiter geradeaus.

Dasburg

PLZ: 54689; Vorwahl: 06550

Tourist-Information Ourtal, Hauptstr. 3, ✆ 929890

Die Pfarrkirche **St. Jakobus** (1767) ersetzte eine Kapelle.

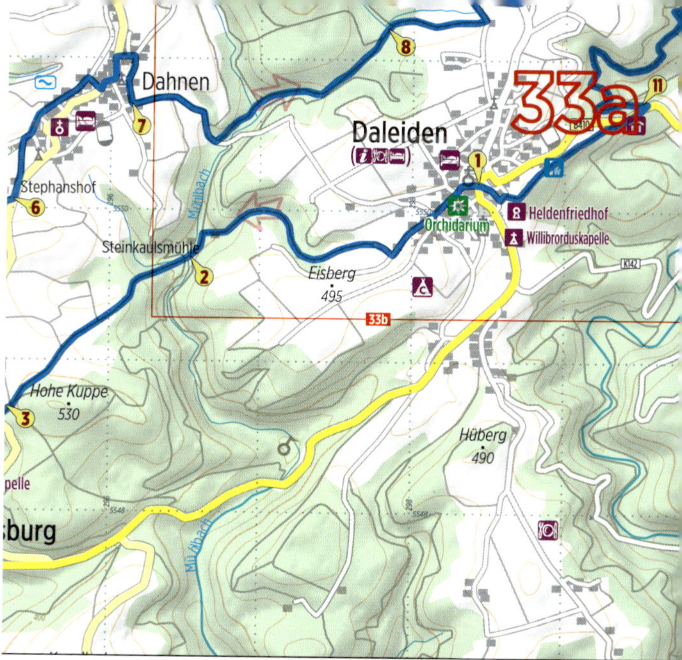

Die **Marienkapelle** (1683) steht auf einem Felsvorsprung nahe der Straße.

Die **Dasburg** (9. Jh.), gelegen oberhalb der Our, gilt als eine der ältesten Burgen in der Region. Sie kann ganzjährig besucht werden.

Vorbei an der Kirche geradeaus zum Burgring der Dasburg.

4 5,2 (340) Gehen Sie von der Burg wieder zurück direkt vor der Kirche links und kurz darauf links auf den Waldweg, nun auf dem **Wanderweg 17** der Weg verläuft kurvenreich ohne größere Steigungen entlang des

Dasburg

Hanges und bietet herrliche Blicke ins Tal der Our ⤳ der Weg beschreibt eines Linkskehre.

5 7,2 (365) In der bald folgenden Rechtskehre zweigen Sie rechts ab und steigen empor aus dem Tal, nun auf dem **Wanderweg O** ⤳ aus dem Wald heraus und sanft ansteigend über die Felder.

6 9,1 (475) An der **L 1** links und nach 100 m links ab nach Dahnen.

Dahnen

PLZ: 54689; Vorwahl: 06550

Tourist-Information Ourtal, Dasburg, Hauptstr. 3, ✆ 929890

Kath. Pfarrkirche **St. Servatius und St. Matthias** (14. Jh.), Hauptstr. 16. Mit Chorturm aus dem Mittelalter.

An der Gabelung am Ortsrand halten Sie sich links und wandern am Rand des Ortes entlang ⤳ bei der dritten Möglichkeit rechts in den **Bornweg**, dann links auf die Hauptstraße ⤳ vorbei an der Kirche und nach 100 m rechts in die **Reipeldinger Straße** ⤳ nach 100 m rechts in das Sträßchen.

7 10,9 (475) An der T-Kreuzung links und hinab ins Tal des Mühlbaches ⤳ unten noch vor dem Bach links entlang der Wiesenkante.

8 13,1 (460) In der Linkskurve des Baches diesen überqueren und bald darauf über Felder ⤳ an der T-Kreuzung links auf die Asphaltstraße ⤳ am Ortsrand von **Reipeldingen** scharf rechts auf die Vorfahrtstraße ⤳ in der Rechtskurve links in das Sträßchen ⤳ auf dem folgenden Höhenweg genießen Sie großartige Fernsicht ⤳ der Weg wird schmaler.

Ourtal

9 15,0 (495) An der Kreuzung rechts und in einer S-Kurve hinab ⤳ bei den Gebäuden von **Bermichthof** links und weiter sanft hinab entlang des Wiesenhanges ⤳ im Tal über den **Irsenbach** und kurz darauf rechts ⤳ Sie wandern unweit des Baches, bisweilen auch im Wald.

10 17,8 (375) Am Parkplatz an der **L 14** rechts über den Irsenbach und ein Stück entlang der Straße ⤳ am Rand von **Irrhausen** über die K 147, dahinter im Rechtsbogen und sanft ansteigend.

Die Klöppelkrieger

Am Weg begegnen Sie den Klöppelkriegern. Diese erinnern an die Zeit der Besetzung des Islek durch die Franzosen kurz vor 1800. Ein Buch mit dem Titel „Verführt, gezwungen, verloren" beschreibt diese schwere Zeit. Dem **HWW 6** folgend wandern Sie nun auf diesem stark gewundenen Weg zurück Richtung Daleiden.

11 20,9 (415) An der B 410 rechts und nach 100 m diese nach links verlassen ⤳ der Weg führt Sie zum Ehrenfriedhof, halten Sie sich davor rechts ⤳ Sie erreichen Daleiden auf der **Pfarrer-Bormann-Straße**.

1 22,2 (470) Hinter der Kirche endet diese Runde.

Daleiden

MITTEL

Tour 34 — 15,5 km

Zum Malerpastor von Eschfeld

Start/Ziel: Irrhausen, Kirche

Gehzeit: 4½ - 5 Std. **Aufstieg:** 290 m **Abstieg:** 290 m

Charakteristik: Diese entspannte Drei-Täler-Tour ist in doppelter Hinsicht malerisch zu nennen – zum einen die pittoresken Bachtäler betreffend, zum anderen in Bezug auf das Schaffen des Pastors Christoph März.

Von Irrhausen folgen Sie dem Irsental, dem Tal der Schmetterlinge, bis zum Eschbach. Dessen verspielter Lauf führt Sie hinauf nach Eschfeld, wo Sie der Kirche einen Besuch von innen abstatten sollten. Über die Felder geht es mit hervorragender Sicht über die Leidenborner Hochfläche nach Sengerich und von dort hinab nach Binscheid. Durch das lange und offene Tal des Mannerbaches wandern Sie im sanften Abstieg zurück nach Irrhausen.

Markierung: wechselnde regionale Markierung

Anfahrt: Pkw: auf der B 51 bis Prüm, dann auf der B 410 bis Irrhausen; ÖPNV: Bhf. Prüm, weiter mit Bus 413 (VRT, s. S. 12) nach Arzfeld und von dort mit Bus 419 nach Irrhausen

Irrhausen

PLZ: 54689; Vorwahl: 06550

- **Waldpark-Restaurant** im Waldpark Eifel, Hauptstr. 29, ✆ 9296833
- Kath. Pfarrkirche **St. Peter** (1901), An der Kirche 5, neugotischer Saalbau
- **Bannmühle.** Die Vierflügelanlage mit mittelalterlichem Kern besteht aus mehreren Gebäuden. Die Mühle selbst mit ihrer erhaltenen technischen Einrichtung liegt etwas südwestlich direkt am Irsenbach und wurde bis in die 1970er Jahre aktiv genutzt.
- **Waldpark Eifel**, Hauptstr. 29, ✆ 9296833, ÖZ: Di-So. Der Freizeitpark im Irsen-Tal bietet neben der Hochseil-Abenteuer-Welt auch einen Campingplatz.

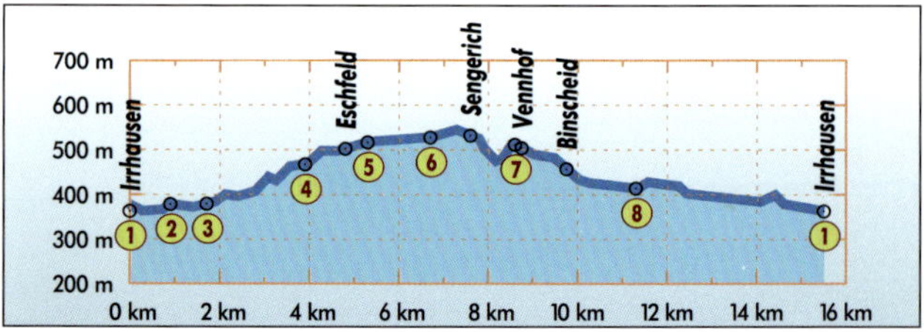

Kirche in Eschfeld

Das Tal des Baches Irsen, der auch durch Irrhausen fließt, gilt als „Tal der 1.000 Schmetterlinge", da die diesbetreffende Artenvielfalt hier außerordentlich hoch ist.

1 0,0 (365) Von der Kirche gehen Sie rechts entlang der **Hauptstraße** und wenig später rechts in die **Irsentalstraße** Richtung Reiff ⁓ auf der **L 14** das Dorf verlassen, ab dem Dorfende bis hinter Eschfeld nun der **Markierung Schwarzes Dreieck** folgend ⁓ Sie überqueren die Irsen.

2 0,9 (380) Am Wanderparkplatz Irsental verlassen Sie die Straße nach links, halten sich an der Gabelung links und wandern ein Stück entlang des Baches.

3 1,7 (380) Vor dem Eschbach gehen Sie rechts und folgen nun dicht dessen Ufer ⁓ in sanftem, stetigem Anstieg längere Zeit durch das schöne Tal.

4 3,9 (465) Kurz vor dem Ende des Waldes verlassen Sie den Bach nach rechts ⁓ zwischen den ersten Häusern von Eschfeld hindurch ⁓ an der Straße leicht links versetzt in den Pfad ⁓ hinter der Kirche entlang.

Eschfeld

PLZ: 54619; Vorwahl: 06559

St. Luzia (1869). Neugotische Kirche mit eindrucksvoller Ausmalung durch den „Malerpastor", auf der über 1.000 Personen zu sehen sind, u. a. auf Szenen aus dem Alten und Neuen Testament.

Christoph März (1867-1931), aufgewachsen in einer großen Familie, wurde nach dem Studium der Theologie im Alter von 28 Jahren zum Priester geweiht. 1899 kam er nach Eschfeld, wo er den Rest seines Lebens verbrachte. Als Malerpastor kannte man ihn weit über die Grenzen der Eifel hinaus. Neben seinen teils sehr umfänglichen Gemälden war er auch als Komponist aktiv und schuf mehrere Messen und einige Lieder.

Weiter auf der Straße **Kirchweg** und an der **K 152** rechts Richtung Roscheid.

5 5,3 (515) Gehen Sie an der Straßenkreuzung **Auf der Höh** rechts auf die **K 151**, nun für 1 km mit der **Markierung EV**.

AUSFLUG Kurz darauf geht es links zum Mahnmal am gesprengten Bunker, wo sich eine Rast anbietet.

Aufragende Bunkerdecke. Nach dem Zweiten Weltkrieg wurde versucht, die Anlagen des Westwalls durch Sprengung zu beseitigen. Dabei wurde die Decke des Bunkers stark angehoben, jedoch nicht nennenswert beschädigt. Das aufragende Segment steht wie ein Mahnmal in der Landschaft. Um den Bunker herum entstand ein Kreuzweg.

Mit freiem Blick wandern Sie entlang der ruhigen Straße.

6 6,7 (525) An der **L 14** links ⁓ vorbei an einigen Häusern und nach 300 m scharf rechts, von hier mit weiter Sicht über die Leidenborner Hochfläche ⁓ vorbei an einer **Schutzhütte** und durch Sengerich.

Sengerich

Mit dem **Wanderweg 27** wandern Sie hinab zum **Schwarzenbach** ⁓ unten im Tal an der Gabelung links, über den Bach und sofort wieder hinauf.

7 8,6 (510) Oben über die Kreuzung und kurz darauf vorbei am **Vennhof** und auf dem **Wanderweg 28** nach Binscheid ⁓ vorbei an der Kirche.

Binscheid

Pfarrkirche **St. Nikolaus** (1878). Auch in dieser Kirche hat der Eschberger Malerpastor Chr. März die Decke des Chorraums mit einem Gemälde versehen.

Von der Kirche wandern Sie weiterhin auf dem Wanderweg 28 hinab ins Tal des **Mannerbaches** ⁓ über die Brücke und dahinter rechts, immer dicht entlang des Baches.

8 11,3 (415) An der **K 122** rechts über den Bach und gleich wieder links, vorbei an der Kläranlage ⁓ Sie wandern weiter leicht oberhalb des Mannerbachtales ⁓ über den Zufluss des Schwarzenbaches ⁓ am Wegedreieck links zur **Schutzhütte**, ab hier auf den **Wanderwegen 18 und 26** ⁓ über den Mannerbach und dahinter rechts halten ⁓ weiterhin folgen Sie dem verspielten Lauf des Baches durch sein Tal, meist dicht am Waldrand ⁓ der idyllische Weg endet an der großen Betonmischanlage am Ortsrand von Irrhausen, gehen Sie an der **B 410** rechts.

1 15,5 (365) An der Kirche findet diese Runde ihr Ende.

Irrhausen

34
Herzfeld
Primmer Bach
Roscheid
Kellertsberg
540
Aufragende Bunkerdecke
Sengerich
Angertsselfen
525
K145
K151
L14
Eschfeld
St. Luzia
Vennhof
Binscheid
K144
Halenbacher
500
Mannerbach
K152
Schwarzenbach
Reiff
Eschbach
Irsen
Auf Holbert
550
Bermichthof
K147
Am Zechenbüsch
B410
Bannmühle
Irrhausen
Arzfe
Waldpark Eifel
Kickeshausen
Olmscheid
K142

Tour 35 — 17,0 km

Auf den Spuren der Klöppelmänner

Start/Ziel: Arzfeld, Pfarrkirche

Gehzeit: 4½ - 5 Std. **Aufstieg:** 255 m **Abstieg:** 255 m

Charakteristik: Diese an Fernblicken reiche und entspannte Runde führt Sie in abwechslungsreicher Landschaft durch die Dreiländereck-Region Islek und hinab ins Tal der Enz. Von Arzfeld wandern Sie in einem weitgefassten Bogen zum Weiler Am Zechenbüsch und weiter absteigend ins Tal der Enz. Vorbei am Stausee und der Arzfelder Mühle erreichen Sie bald darauf Neurath. Von dort wandern Sie sanft ansteigend, bis sich schließlich ein weiter Panoramablick bietet. Kurz darauf erreichen Sie Windhausen. Der schöne Weg über die Felder bringt Sie vorbei an Langenfeld zur Bergkapelle am Waldrand und schließlich zurück nach Arzfeld.

Markierung: wechselnde regionale Wegweisung

Anfahrt: Pkw: über die B 410; ÖPNV: Bhf. Prüm, dann weiter mit Bus 407 (VRT, s. S. 12)

Tipp: Der Großteil der Runde verläuft auf Asphalt, ca. 2 km werden auf verkehrsreicheren Straßen zurückgelegt.

Tipp: Am Weg gibt es keine Einkehrmöglichkeiten, bitte denken Sie an Proviant.

Arzfeld

PLZ: 54687; Vorwahl: 06550

- **Tourist-Information**, Luxemburger Str. 5, ✆ 961080
- **Zur Post**, Bahnhofstr. 9, ✆ 1251
- Kath. Pfarrkirche **St. Maria Magdalena**, Schulstr. 1. Die Kirche verfügt über einen mehrgeschossigen Westturm. Einige Teile des spätgotischen Bauwerks stammen aus dem 18. Jh.
- Das **Klöppelkrieger-Denkmal** (1908) erinnert an den Befreiungskrieg der Ei-

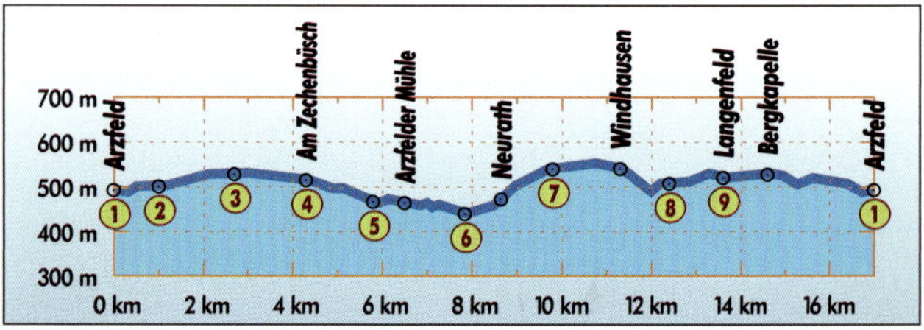

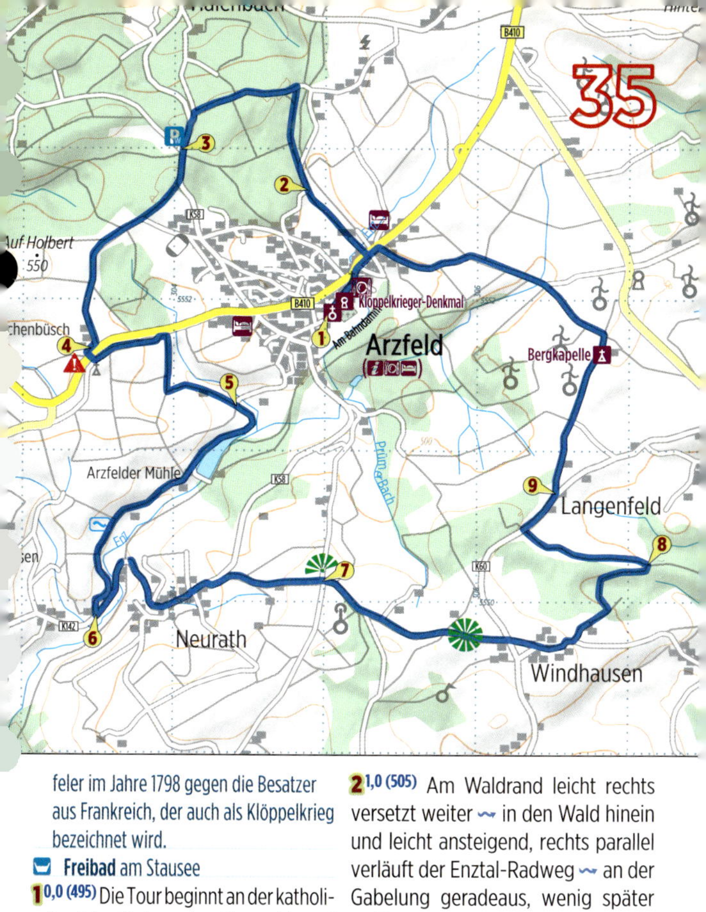

feler im Jahre 1798 gegen die Besatzer aus Frankreich, der auch als Klöppelkrieg bezeichnet wird.

Freibad am Stausee

1 0,0 (495) Die Tour beginnt an der katholischen Pfarrkirche, gehen Sie von hier auf der **Hauptstraße** leicht ansteigend zur B 410 ~ an der **Bahnhofstraße** rechts halten ~ bei der ersten Möglichkeit am Ferienbahnhof links in die Straße **Zum Bahnhof** ~ Sie verlassen Arzfeld entlang der alten Bahntrasse.

2 1,0 (505) Am Waldrand leicht rechts versetzt weiter ~ in den Wald hinein und leicht ansteigend, rechts parallel verläuft der Enztal-Radweg ~ an der Gabelung geradeaus, wenig später treffen Sie auf den **Weg 145** und gehen links ~ aus dem Wald heraus, unten im Tal des Mannerbaches liegt das Dorf Halenbach ~ vor der **K 58** links folgen, dann ein Stück entlang der Kreisstraße.

3 2,7 (530) Beim Parkplatz aus dem Wald heraus und nach 200 m halbrechts

Stausee Arzfeld

von der Straße in den Feldweg abzweigen ~ Sie wandern entlang des Waldrandes ~ in sanft schwingenden Bögen leicht absteigend zur B 410.

4 4,3 (515) Bei den Häusern von **Am Zechenbüsch** über die Bundesstraße, ⚠ Vorsicht, die Kurve ist schlecht einsehbar ~ kurz nach rechts und zweimal links ~ dicht entlang der B 410 ~ nach 500 m rechts und zwischen Wiesen und Feldern sanft hinab ~ an der Freifläche geradeaus und an deren Ende links halten und weiter hinab.

5 5,8 (470) Über einen breiten Feldweg und dahinter im Rechtsbogen hinab zum Stausee ~ ein Stück entlang des Ufers ~ vorbei an den Häusern von **Arzfelder Mühle** ~ Sie wandern durch das Enztal ~ vorbei an der Kläranlage ~ nach einer weit geschwungenen S-Kurve endet der Weg bei einigen Häusern.

6 7,8 (440) Gehen Sie links auf die **K 142** ~ Sie wandern auf der ruhigen Straße nach Neurath ~ unter der alten Bahntrasse hindurch.

Neurath

Sie wandern durch den Ort, alsbald auf der **K 58** ~ hinter den letzten Häusern rechts abzweigen auf den aufsteigenden Asphaltweg ~ vorbei an einem einzelnen Haus.

7 9,8 (540) Bald über eine Kreuzung und dahinter entlang einiger Waldstücke ~ hinter dem letzten Waldstück bietet sich eine weite Aussicht ~ über die **K 60** und nach Windhausen.

Windhausen

Sie durchwandern das Dorf und gehen hinter dem letzten Haus links Richtung Hofmuseum ~ durch eine bewaldete Talsenke.

8 12,4 (510) Am querenden Feldweg gehen Sie links ~ an der **K 60** rechts nach Langenfeld.

Langenfeld

9 13,6 (525) An der Gabelung im Ort zweigen Sie links ab und wandern über Wiesen und Felder hinauf zur Bergkapelle.

Bergkapelle

Wenig später an der Kreuzung gehen Sie rechts und folgen dem **Wanderweg 33** Richtung Arzfeld ~ an der **B 410** links und zurück zur Kirche.

1 17,0 (495) An der Kirche endet diese Tour.

Arzfeld

MITTEL

Tour 36 — 17,8 km

Panoramaweg 100

Start/Ziel: Waxweiler, Wanderparkplatz an der L 12

Gehzeit: 6 - 6½ Std. **Aufstieg:** 730 m **Abstieg:** 730 m

Charakteristik: Der vielfältige Panoramaweg 100 bietet zahlreiche Blicke auf Waxweiler und quert auf seinem Weg sieben Bäche.

Von Waxweiler wandern Sie entlang der breiten Prüm nach Heilhausermühle und steigen von dort steil hinauf nach Pintesfeld. Das Tal des Weiherbaches querend geht es wieder hinauf und weiter zur Mariensäule auf dem Eichelsberg. Auf dem Rücken des Dinert steigen Sie hinab ins Prümtal und queren hinter Maueler Mühle erneut die Prüm. Entlang des Baches wandern Sie vorbei an der Niederpierscheider Mühle. Am Rand von Waxweiler geht es noch einmal kurz hinauf und durch ein Seitental schließlich zur letzten Prümquerung.

Einkehren können Sie in Heilhausermühle.

Markierung: Panoramaweg 100

Anfahrt: Pkw: über die A 60, Ausfahrt Waxweiler, dann auf L 33 und L 12 nach Waxweiler, Richtung Lünebach durch den Ort und bei den letzten Häusern links auf den Parkplatz nahe der Ginshausermühle; ÖPNV: von Hbf. Trier mit Bus 201 (VRT, s. S. 12) nach Prüm/Hahnplatz, von dort mit Bus 412 (VRT) nach Waxweiler

Waxweiler

PLZ: 54649; Vorwahl: 06554

- **Haus des Gastes**, Hauptstr. 28, ✆ 811
- **Am Schwimmbad**, Bahnhofstr. 8, ✆ 389
- **Devonium Waxweiler**, Hauptstr. 28, ✆ 811, ÖZ: Mo, Di, Fr 9-12 Uhr und 13.30-16.30 Uhr, Do 9-12 Uhr, Sa 10-12 Uhr, So 14-17 Uhr. Hier lernen Sie eine der spannendsten Geschichten der Evolution kennen und machen

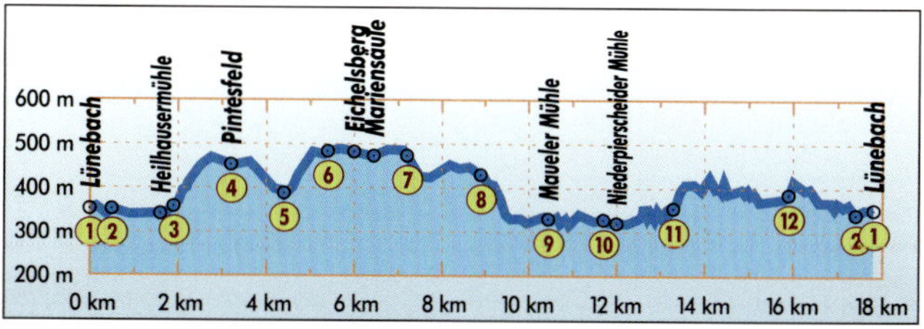

eine Zeitreise 400 Mio. Jahre zurück ins Devon. Zahlreiche einzigartige Fossilien.

Kath. Pfarrkirche **St. Johannes der Täufer** (1770), Hauptstraße, ✆ 313. Mit Turm von 1700.

Freibad Waxweiler, Schwimmbadstraße, ✆ 290

1 0,0 (350) Gehen Sie vom Wanderparkplatz am westlichen Ortsrand von Waxweiler nahe der Ginshausermühle auf dem hier beginnenden Radweg ortsauswärts ~ nach Überqueren der **Prüm** erreichen Sie den markierten **Panoramaweg 100**.

2 0,5 (350) Gehen Sie bei der Einmündung von links weiter geradeaus, der Weg ist von Bäumen gesäumt und verläuft im weiten Linksbogen nahe der Prüm.

Heilhausermühle

Heilhauser Mühle, Heilhausermühle 1, ✆ 06554/805, ÖZ: Di-So ab 11 Uhr. Mit Terrasse zum Mühlenteich.

Am **Campingplatz** rechts auf die **K 140** und die Prüm überqueren.

3 1,9 (360) Über die L 12, dahinter rechts in den Wald und gleich wieder links in den aufsteigenden Weg abbiegen ~ oben verlässt der Weg den Wald und folgt dem

Waxweiler

Waldrand entlang einer weiten Wiese ⤳ am Ende rechts auf die Asphaltstraße und über die K 123 nach Pintesfeld.

Pintesfeld

4 3,2 (450) An der T-Kreuzung links und den Ort wieder verlassen ⤳ gesäumt von Bäumen kurvig ins Tal des **Weiherbaches**.

5 4,4 (390) Über den Bach, weiter auf dem Wirtschaftsweg und in engen Bögen durch den Wald wieder aus dem Tal heraus ⤳ über Felder zur Landstraße ⤳ die **L 10** überqueren und gleich rechts in den kleinen Weg entlang der Straße.

6 5,4 (485) Am Ende des Weges links und gleich rechts folgen ⤳ entlang des Waldrandes wandern Sie auf dem Kammweg in Richtung Mariensäule ⤳ vorbei an einer **Aussichts-Rasthütte**, dann sanft hinab.

Mariensäule

✱ Die 18 m hohe **Mariensäule** (1948) auf dem Eichelsberg wurde zum Dank für die vergleichsweise geringen Kriegsschäden gebaut. Das Denkmal zeigt die Madonna auf der Weltkugel. Von hier genießen Sie eine wunderbare Aussicht auf Waxweiler.

Gehen Sie hinter der Mariensäule links und um den Eichelsberg herum.

7 7,2 (475) Aus dem Wald heraus, entlang des Waldrandes hinab zum Wirtschaftsweg und dort rechts ⁓ vorbei am **Pestkreuz** ⁓ links vor zur **L 12**, dort ein Stück nach links und gleich wieder rechts in die kleine Straße ⁓ diese führt Sie in weiten Bögen und reich an Aussichten über die Wiesen des **Dinert-Kammes**.

8 8,9 (430) Am Ende des Asphalts weiter auf dem Weg mit Wiesennarbe und bald in den Wald hinein und hinab ins Prümtal ⁓ unten kurz links auf die **K 125** gleich wieder links in den Wald ⁓ absteigend entlang eines Baches ⁓ an der **K 125** rechts.

9 10,4 (330) In der Rechtskurve links ab zur **Maueler Mühle**, zwischen den Gebäuden hindurch und dahinter rechts halten, nun ein Stück entlang der **Prüm** ⁓ links über die Brücke und in einer S-Kurve hinauf ⁓ nach der letzten Kurve rechts in den Feldweg und oberhalb des Flusses entlang.

10 11,7 (330) An der T-Kreuzung rechts und im Linksbogen vorbei an den Häusern der **Niederpierscheider Mühle** ⁓ dahinter weiterhin nahe der Prüm ⁓ hinauf in den Wald ⁓ rechts auf die **K 123** und dieser ein Stück folgen.

11 13,3 (355) An der **L 10** links und kurz entlang der Straße, dann nach 100 m rechts hinauf durch den Wald ⁓ oben am Feld entlang ⁓ über die K 137 geradeaus in den Feldweg ⁓ nun sehr reich an Bögen entlang des Hanges durch den Wald, vom Weg genießen Sie schöne Blicke auf Waxweiler.

12 15,9 (485) Im Rechtsbogen das kleine Seitental queren und gleich wieder rechts ⁓ dem Tal folgend sanft abwärts ⁓ kurz vor dem Prümtal links bleiben ⁓ ein Stück wandern Sie oberhalb der Prüm, bevor Sie links in die kleine Straße abbiegen und auf den Einstieg in die Runde treffen.

2 17,4 (350) Gehen Sie am querenden Weg rechts über die Prümbrücke und folgen dem Radweg.

1 17,8 (350) Am Wanderparkplatz findet diese Tour ihr Ende.

Waxweiler

LEICHT

Tour 37 — 7,2 km

Rundwanderung um Plütscheid

Start/Ziel: Plütscheid, Kirche

Gehzeit: 2 - 2½ Std. **Aufstieg:** 170 m **Abstieg:** 170 m

Charakteristik: Diese bequeme kleine Tour bietet die Möglichkeit, verschiedene Landschaftsformen der Eifel auf engstem Raum zu erleben, und das oftmals mit weitem Blick.

Von Plütscheid umwandern Sie den Hausberg und gelangen im sanften Anstieg zur Anhöhe Auf dem Puhl mit schönem Rundumblick. Sie durchwandern die langgezogenen Ortschaften Gesotz und Denterhof und wenden sich hinter Richtenweg südlich, um hinauf zum Krummenacker zu wandern. Hier bieten sich erneut stattliche Ausblicke. Das letzte Stück führt Sie im leichten Abstieg zurück nach Plütscheid.

Markierung: wechselnde regionale Markierung

Anfahrt: Pkw: über die A 60, Abfahrt Waxweiler, dann auf der L 33 ins Zentrum von Plütscheid, Parkplatz Gasthof Geimer, Hauptstr. 2; ÖPNV: ab Waxweiler mit Bus 424 (VRT, s. S. 12) nach Plütscheid, ab Bitburg mit Bus 432 (VRT) nach Plütscheid

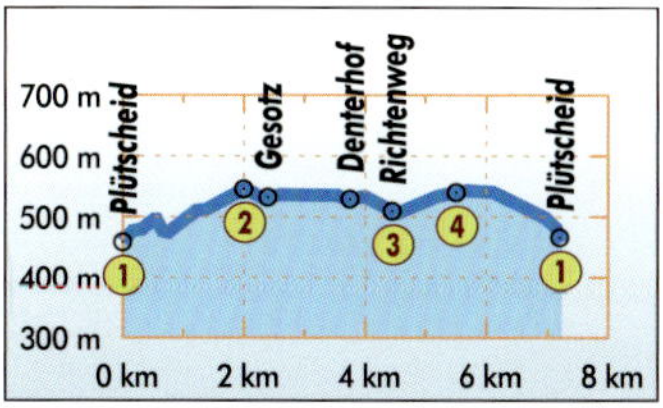

Plütscheid

PLZ: 54597; Vorwahl: 06554

Tourist-Information Arzfeld, Arzfeld, Luxemburger Str. 5, ✆ 06550/961080

Gasthaus Geimer, Hauptstr. 2, ✆ 7119

1 0,0 (460) Von der Kirche gehen Sie bis zur Kreuzung, dort rechts und gleich wieder links in die **Hauptstraße** ⤳ kurz darauf rechts in die Straße **Im Eck** ⤳ nach 150 m scharf links in die Straße **Am Kopf** ⤳ im Rechtsbogen um den Berg herum, kurz sehr nahe der L 33 und dann auf einem Asphaltsträßchen in weiten Bögen sanft ansteigend hinauf über die Wiesen.

2 2,0 (545) An der **K 130** gehen Sie rechts und kurz darauf über die Anhöhe Auf dem Puhl ⤳ bei den Häusern links halten und durch den langgestreckten Ort.

Gesotz

Am Ortsende links auf die **K 194** und nach 100 m halbrechts auf die **K 132** ⤳ auf der ruhigen Straße

Bei Plütscheid

mit schönen Fernsichten durch die Ortschaften **Denterhof** und **Richtenweg**.

3 4,5 (505) Kurz vor der Autobahn-Überführung rechts in das Asphaltsträßchen, nun wieder leicht ansteigend.

4 5,5 (540) Biegen Sie vor den Windrädern links ab auf den Feldweg ⁓ von der Kuppe haben Sie einen großartigen Panoramablick.

Im weiten Rechtsbogen umrunden Sie die Kuppe Krummenacker ⁓ an der T-Kreuzung links auf das Sträßchen und hinab nach Plütscheid.

1 7,2 (460) An der Kirche schließt sich die Runde.

Plütscheid

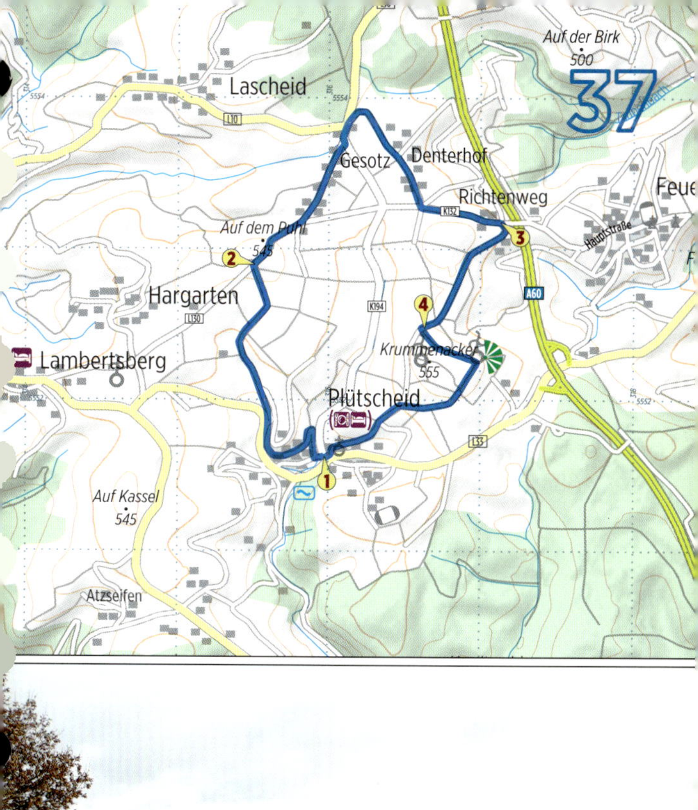

Im Ehlenzbachtal

SCHWER

Tour 38 — 26,0 km

Manderscheid: Vulkan Maar Tour

Start/Ziel: Manderscheid, Kurhaus/Tourist-Information

Gehzeit: 9½ - 10 Std. **Aufstieg:** 1.155 m **Abstieg:** 1.155 m

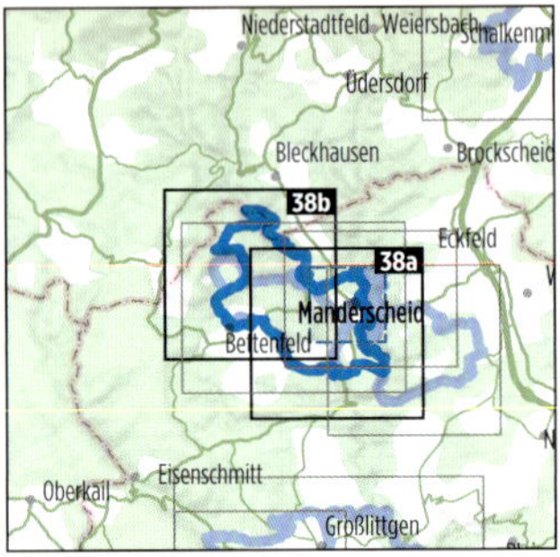

Charakteristik: Die Gegend um Manderscheid und das Liesertal sind ein Garant für besondere Wandererlebnisse. Diese Tour ist darüber hinaus noch reich an großartigen Aussichten.

Vom sehenswerten Manderscheid folgen Sie dem herrlichen Lieser-steig weit über dem Tal. Über eine Anhöhe wechseln Sie ins Tal der Kleinen Kyll und kommen durch die urtümliche Wolfsschlucht. Ein stattlicher Aufstieg bringt Sie auf den Mosenberg mit seinem Aussichtsturm und zum Windsborn-Kratersee. Sie wandern durch Bettenfeld und Meerfeld und dahinter am Kraterrand des Meerfelder Maars hinauf zum Landesblick. Ein Abstieg führt ins Tal der Kleinen Kyll, dessen Verlauf Sie lange Zeit folgen. Noch einmal wandern Sie im Liesertal und erreichen bald Manderscheid.

Markierung: wechselnde regionale Markierung

Anfahrt: Pkw: über A 48/A 1 bis Ausfahrt 122 in Richtung Manderscheid, Parkplätze Am Kurhaus/Kurpark Grafenstr. 23; ÖPNV: von Bhf. Gerolstein mit Bus 500

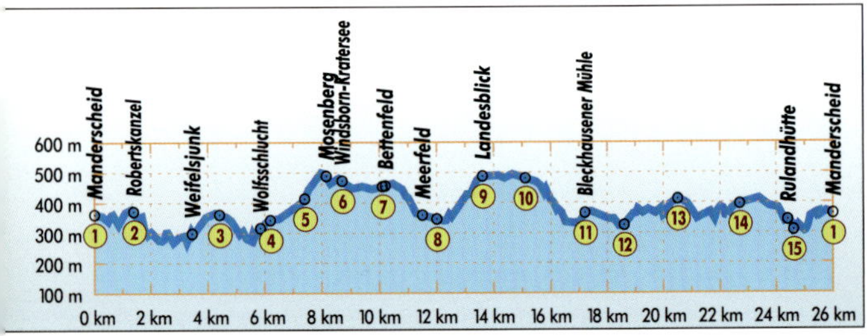

nach, dann mit Bus 300 (VRT, s. S. 12) nach Manderscheid

Manderscheid S. 166

1 0,0 (365) Gehen Sie von der **Tourist-Information** im Kurhaus zur Hauptstraße und dort nach rechts ⇝ noch vor dem Rechtsbogen der Straße gegenüber der Parkplätze rechts in den absteigenden Pfad zum Burgweiher, hier mit den **Markierungen 11, 14** und **Eifelsteig** ⇝ auf Höhe der Sportplätze führt der Weg links hinab ⇝ vorbei an schönen Aussichtspunkten auf die jenseitigen Burgen und das eingeschnittene Tal der Lieser ⇝ an einer Weggabelung rechts hinauf, dem **Eifelsteig** folgend.

AUSFLUG Ein kleiner Abstecher nach links vorbei an der Pellenzkanzel zur Schmitthütte ist unbedingt zu empfehlen.

2 1,4 (370) Hoch über dem Burgweiher vorbei an der **Robertskanzel**.

Von der **Robertskanzel** genießen Sie eine herrliche Aussicht übers Liesertal.

ACHTUNG ⚠ Der folgende Abschnitt erfordert unbedingt Trittsicherheit, da es hier zusätzlich zu den ausgesetzten Stellen bei feuchter Witterung sehr rutschig sein kann.

Die Burgen von Manderscheid

Brücke über die Lieser

Holzbrücke über die **Kleine Kyll** und dahinter rechts mit der **Markierung 18** auf dem **Mosenbergweg** ⤳ Sie erreichen die **Wolfsschlucht**, hier links und diese durchqueren, teils auf Plankenpfaden und Brücklein ⚠ auch hier ist besonders auf Trittsicherheit zu achten, zumal die Steine rutschig sein können.

Wolfsschlucht mit steil aufragenden Felswänden. Hier und im Horngraben ist noch heute ein einstiger Lavastrom erkennbar.

Oberhalb der Schlucht weiter ansteigend ⤳ aus dem Wald heraus.

4 6,2 (345) Am Ende des Kletterpfades geht es links bergauf zum Schilderbaum, dort gehen Sie rechts ⤳ entlang des **Horngrabens** in Richtung Mosenberg.

5 7,4 (405) Nach 1 km rechts in den Weg Richtung Mosenberg-Gipfel und Aussichtsturm ⤳ Sie wandern über den Mosenberg und vorbei am Aussichtsturm.

Mosenberg. Vom Aussichtsturm bietet sich ein wunderbarer Blick

Auf dem Waldweg bis zum Windsborn-Kratersee.

Windsborn-Kratersee mit Gipfelkreuz, einziger Bergkratersee nördlich der Alpen. Das Wasser ist sehr nährstoffarm und hat eine Tiefe von gerade einmal 1,70 m.

6 8,7 (365) Vom Windsborn-Maar steigen Sie weiter hinab zur Straße und gehen vom **Parkplatz** entlang der

Gehen Sie an einer weiteren Weggabelung links hinab mit der **Markierung 14** und **Eifelsteig** ⤳ teils entlang von Holzgeländern und über Holzbrücken ⤳ der Weg endet an einem Querweg, hier aufsteigend weiter geradeaus ⤳ an der nächsten Weggabelung geht es rechts weiter bergauf und nach der S-Kurve weiter hinauf ⤳ kurz über eine **Wiesenlichtung** ⤳ endgültig aus dem Wald heraus ⤳ geradeaus auf den Asphaltweg.

3 4,4 (360) Links auf die **L 46** ⤳ nach 200 m noch vor der Kurve rechts in den Wiesenweg und entlang des Waldrandes sanft hinab ⤳ rechts hinab auf dem Querweg ⤳ wenig später links in den Wanderweg Richtung Mosenberg ⤳ auf einer

L 16 Richtung Bettenfeld ⤳ kurz vor den ersten Häusern scharf links in den Asphaltweg und nach wenigen Metern rechts ⤳ an der Kreuzung rechts und hinein nach Bettenfeld ⤳ an der Gabelung geradeaus und mit der **Markierung V**.

7 10,1 (455) Am Ende rechts, an der **Mosenbergstraße** bzw. **L 16** links und gleich wieder rechts in den **Kirchweg**.

Bettenfeld

Gasthaus Weiler, Holzbeulstr. 8, ✆ 06572/4611

St. Johannes der Täufer mit einem Turm aus dem 12. Jh.

Vorbei an der Kirche, dahinter links und gleich wieder rechts hinab mit der **Markierung V** ⤳ nach gut 100 m links in den absteigenden Wiesenpfad zum Meerfelder Maar ⤳ Sie steigen durch Wald hinab nach Meerfeld.

Schilderwald

Meerfeld

🍽 **Landhotel Maarblick**, Meerbachstr. 52, ✆ 06572/4494

Entlang der **Meerbachstraße** im weiten Rechtsbogen durch den Ort.

8 12,0 (345) Beim Hotel Maarblick über die Straße und weiter auf dem linksseitigen Fußweg ⤳ gehen Sie am Ende des Weges am Gedenkstein vorbei und auf den aufsteigenden Waldweg mit der **Markierung 40 Panorama** ⤳ linker Hand bietet sich von einer Bank ein wunderschöner Blick auf Meerfeld und das Meerfelder Maar ⤳ Sie verlassen den 40-Panorama-Weg und wandern weiter geradeaus hinauf, immer am Kesselhang ⤳ im Rechtsbogen aus dem Wald hinaus, über eine Asphaltstraße und dahinter links auf einem Wiesenweg ⤳ über die Wiesen hinauf zum Landesblick.

Landesblick mit herrlicher Aussicht auf Meerfeld und das Maar.

9 13,6 (490) Oben links und auf dieser Asphaltstraße und auf diesem oberhalb des steilen Hanges folgen ⤳ nach 400 m halbrechts auf einen sanft aufsteigenden Waldweg abzweigen ⤳ am Ende scharf rechts auf die Straße, deren sanftem Rechtsbogen folgen und kurz darauf links halten in den Asphaltweg Richtung Sauerseifen.

10 15,1 (480) Am Ende des Asphalts rechts hinab auf den Feldweg mit der **Markierung V** ⤳ weiter hinab Richtung Bleckhausener Mühle und Sauerseifen ⤳ Sie wandern ein Stück auf Schotter ⤳ vorbei an den Häusern von **Sauerseifen**, dann an der Gabelung nach links ⤳ am Asphaltweg gehen Sie links in Richtung Bleckhausenermühle ⤳ über die **Kleine Kyll** ⤳ vorbei an der Mühle.

Bleckhausener Mühle

11 17,2 (360) Noch vor der Rechtskehre der Straße scharf rechts in den **Kyllweg** mit der **Markierung 21** richtung Manderscheid ⤳ Sie wandern am Waldrand oberhalb der Kleinen Kyll und folgen deren Kurven und Mäandern.

12 18,6 (325) Leicht aufsteigend in den Wald hinein ⤳ der Weg schlägt einige wilde Zacken ⤳ immer weiter hinauf.

13 20,5 (410) Über die große Waldwegekreuzung am **Beilscheider Kopf** und im Bogen um diesen herum, dann wieder abwärts ⤳ an einer Wegkreuzung geht man leicht links

bergab und an einem Abzweig rechts bergab auf dem Kyll-Lieser-Weg in Richtung Feriendorf.

14 22,7 (400) Folgen Sie der Spitzkehre weiter hinauf bis zur Landstraße ⁓ über die **L 46** und auf dem Wiesenweg sanft absteigend ⁓ durch ein Waldstück und wenig später auf den Pfad hinab zur Rulandhütte ⚠ Vorsicht, dieser kann bei Nässe rutschig sein und erfordert Trittsicherheit ⁓ den Kehren des Pfades folgen.

15 24,6 (310) Vorbei an der **Rulandhütte** und weiter in Richtung Manderscheid ⁓ Sie passieren eine Bank mit wunderbarem Blick auf die Burgruinen von Manderscheid ⁓ vorbei am Hotel Burgblick kommen Sie nach Manderscheid ⁓ auf der **Klosterstraße** in den Ort und auf der **Grafenstraße** zum Kurpark.

1 26,0 (365) An der **Tourist-Information** schließt sich die große Runde.

Manderscheid

Manderscheid

PLZ: 54531; Vorwahl: 06572

Tourist-Information, Grafenstr. 23, ✆ 932665, www.manderscheid.de

Maarmuseum, Wittlicher Str. 11, ✆ 920310, ÖZ: März-Okt., Di-Sa 10-12 Uhr und 14-17 Uhr, So/Fei 13-17 Uhr. Das Museum widmet sich der Entstehung sowie der Entwicklung der Eifel-Maare.

Heimatmuseum, Kurfürstenstr. 24, ✆ 932665, ÖZ: April-Okt., Mo-Fr 8-12 Uhr und 14-16 Uhr, Geschichte des Ortes sowie der Region um Manderscheid.

Manderscheid, Jahrtausendbrunnen

Niederburg, Niedermanderscheider Str. 1, ✆ 737, ÖZ: 10.30-17 Uhr. Der ehem. Sitz der Herren von Manderscheid wurde 1133 erstmals erwähnt. Wilhelm V. baute die Burg schließlich aus und schloss den Ort mit in die Befestigung ein. Auf dem jährlich im August stattfindenden Historischen Burgenfest können die Besucher eine spannende Zeitreise in das Mittelalter unternehmen.

Niederburg bei Manderscheid

Oberburg (12. Jh.), ✆ 737, ehem. Landesburg der Erzbischöfe von Trier, frei zugänglich

Die Steinkiste, ✆ 1486, ÖZ: So 11.30-12.30 Uhr, Mo 18-19 Uhr, Do 11-12.30 Uhr und nach tel. Vereinb. In einer privaten Sammlung werden Gesteine, Minaralien und Fossilien gezeigt.

Literaturzentrum Rose Ausländer, im Kronenhaus, Mosenbergstr. 16, ✆ 929528, ÖZ: Mo, Mi-Sa 10-12 Uhr und 14-18 Uhr, So 10-12 Uhr u. nach tel. Vereinb. Hier werden Informationen zum Werk und zur Person der deutsch-jüdi-

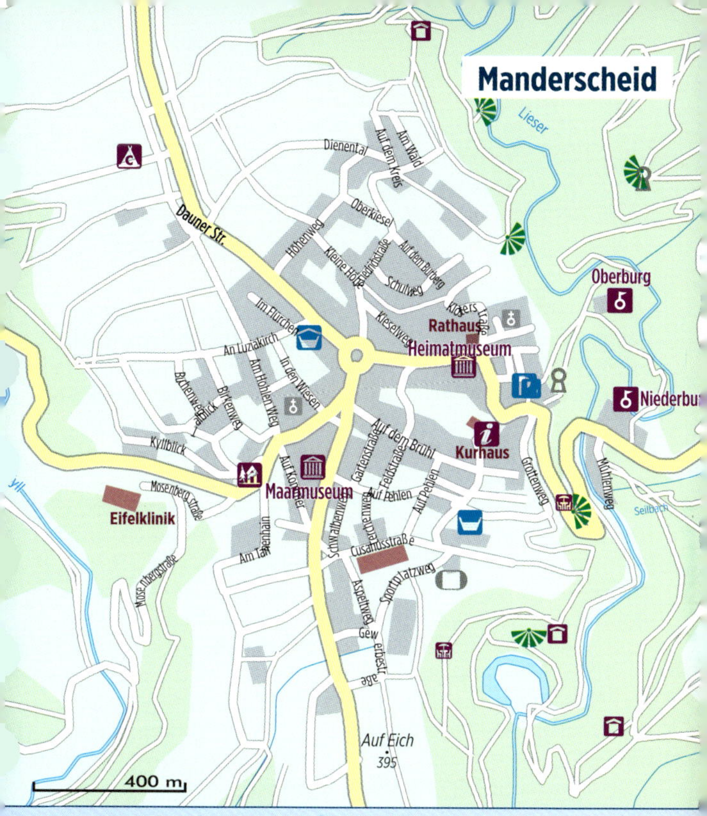

schen Lyrikerin Rose Ausländer (1901-1988) geboten.

Freibad Manderscheid, Eifel-Ardennen-Straße, ✆ 921549

Das auf einer Hochfläche gelegene Manderscheid wurde urkundlich erstmals im 10. Jahrhundert erwähnt. Aus dieser Zeit soll auch die Oberburg, der damalige Sitz der Herren von Manderscheid, stammen. Im 12. Jahrhundert übernahmen die Erzbischöfe von Trier den Besitz. Dieser Umstand zwang die alten Herren in eine neue Burg, die Niederburg, nach Niedermanderscheid zu ziehen.

Heute ist Manderscheid ein anerkannter Kneipp- und heilklimatischer Kurort.

MITTEL

Tour 39 14,8 km

Windsborn-Bergkratersee und Meerfelder Maar

Start/Ziel: Manderscheid, Maarmuseum

Gehzeit: 4½ - 5 Std. **Aufstieg:** 445 m **Abstieg:** 445 m

Charakteristik: Die Tour verläuft über die vier Vulkane der Mosenberggruppe zum einzigen Bergkratersee nördlich der Alpen, dem Windsborn-Kratersee, und vermittelt einen umfassenden Einblick in den Vulkanismus der Eifel.

Vom sehenswerten Manderscheid wandern Sie entlang des Dombaches ins Tal der Kleinen Kyll und kommen kurz darauf durch die urtümliche Wolfsschlucht. Ein längerer Aufstieg bringt Sie auf den Mosenberg und im Abstieg vorbei am Windsborn-Kratersee. Über Bettenfeld wandern Sie nach Meerfeld und umrunden einmal das in seinem Krater liegende Meerfelder Maar. Am Meerbach wandern Sie zurück zur Kleinen Kyll und steigen bald darauf steil aus dem Tal auf. Am Rand des Abhanges gelangen Sie zurück nach Manderscheid.

Markierung: wechselnde regionale Markierung

Anfahrt: Pkw: A 48 aus Richtung Koblenz oder Trier bis Ausfahrt Manderscheid; ÖPNV: von Wittlich Hbf. mit Bus 300 (VRT, s. S. 12) nach Manderscheid

Manderscheid s. S. 166

1 0,0 (390) Die Rundtour beginnt am **Maarmuseum** in Manderscheid ⇝ folgen Sie der **Wittlicher Straße** ⇝ am Ortsausgang rechts zum **Dombachhof** abbiegen ⇝ links am Hof vorbei und entlang des Dombachs in den Wald hinein ⇝ bis zum nächsten Waldweg und links weiter

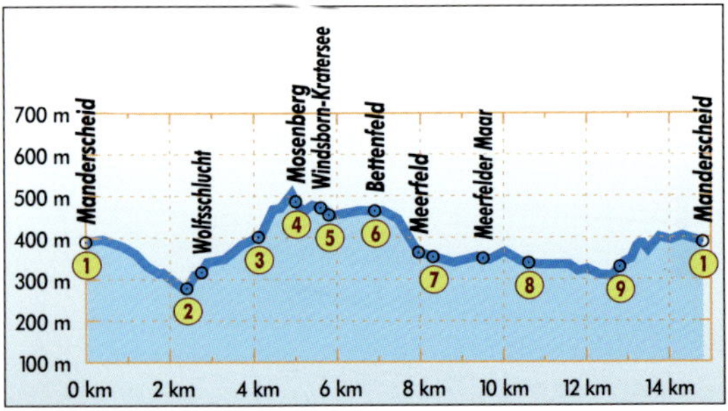

Windsborn-Kratersee

bergab Richtung Wasserfall, bald entlang der Kleinen Kyll.

2 2,4 (280) Gehen sie am Wasserfall rechts auf der Holzbrücke über die **Kleine Kyll** und wandern rechts weiter, ab nun ansteigend ⇝ Sie erreichen die **Wolfsschlucht**, hier links und diese durchqueren, teils auf Plankenpfaden und Brücklein ⚠ auch hier ist besonders auf Trittsicherheit zu achten, zumal die Steine rutschig sein können.

Wolfsschlucht mit steil aufragenden Felswänden. Hier und im Horngraben ist noch heute ein einstiger Lavastrom erkennbar.

Oberhalb der Schlucht weiter ansteigend ⇝ aus dem Wald heraus, links zum **Schilderbaum** und dort rechts ⇝ entlang des **Horngrabens** in Richtung Mosenberg.

3 4,1 (400) Nach einem Kilometer rechts in den Weg Richtung Mosenberg-Gipfel und Aussichtsturm.

4 5,0 (485) Sie wandern über den Mosenberg und vorbei am Aussichtsturm.

Mosenberg. Vom Aussichtsturm bietet sich ein wunderbarer Blick

Auf dem Waldweg bis zum Windsborn-Kratersee.

Windsborn-Kratersee mit Gipfelkreuz, einziger Bergkratersee nördlich der Alpen. Das Wasser ist sehr nährstoffarm und hat eine Tiefe von gerade einmal 1,70 m.

Weiter hinab zur Straße.

5 5,8 (455) Unten am Parkplatz links und entlang der **L 16** nach Bettenfeld.

Bettenfeld

Gasthaus Weiler, Holzbeulstr. 8, 06572/4611

St. Johannes der Täufer mit einem Turm aus dem 12. Jh.

6 6,9 (465) Biegen Sie in der Ortsmitte rechts zur Kirche ab, gehen an dieser vorbei ~ auf dem absteigenden Fußweg am Hang entlang nach Meerfeld.

Meerfeld

Landhotel Maarblick, Meerbachstr. 52, 06572/4494

Meerfelder Maar

Im Sommer kann im Meerfelder Maar gefahrlos gebadet werden!

7 8,3 (355) In der Ortsmitte gehen Sie links in die Straße **Maarweg** und folgen dieser sanft bergab bis zum Meerfelder Maar ~ auf dem Uferweg umrunden Sie den See ~ vorbei am großen Parkplatz.

8 10,6 (340) Über die K 10, im Wald links und weiter durch das ausgeprägte **Meerbachtal** ~ Sie wandern leicht erhaben parallel zur Straße ~ vorbei an der **Kläranlage** ~ kurz entlang der **K 10** ~ gehen Sie bei der **L 16** links Richtung Manderscheid.

9 12,8 (330) Nehmen Sie hinter der Brücke links den aufsteigenden Waldweg ~ dessen Verlauf bis Manderscheid folgen, bald oberhalb des Hanges ~ bei den ersten Häusern weiter auf der Straße **Kyllblick** ~ am

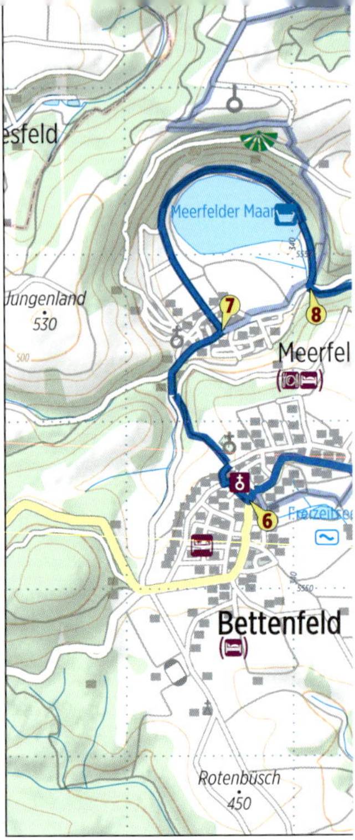

Ende links in die **Mosenbergstraße** und bis zum Museum.

1 14,8 (390) Die Tour endet am Maarmuseum.

Manderscheid

Meerfelder Maar

MITTEL

Tour 40 — 6,0 km

Manderscheider Burgenstieg

Start/Ziel: Manderscheid, Am Kurhaus

Gehzeit: 2 - 2½ Std. *Aufstieg:* 250 m *Abstieg:* 250 m

Charakteristik: So kurz diese Tour ist, so reich ist Sie an Aussichten sowie großen und kleinen Höhepunkten.

Vom sehenswerten Städtchen Manderscheid wandern Sie auf dem Eifelsteig bis zur Rulandhütte und steigen dort ins romantische Liesertal ab. Ein Nebental bringt Sie hinauf zur Wolfshütte. Schon wenig später erreichen Sie den Aussichtspunkte Belvedere mit Ausblick auf Manderscheid und seine Burgen. Am Ende des folgenden Abstiegs queren Sie die Lieser und passieren bald darauf die Oberburg. In einer weiten Lieserschlinge wandern Sie dann zur Niederburg und queren vor dem Aufstieg ein letztes Mal den schönen Bach. Vorbei am Kaisertempelchen bringt Sie der Aufstieg zurück nach Manderscheid.

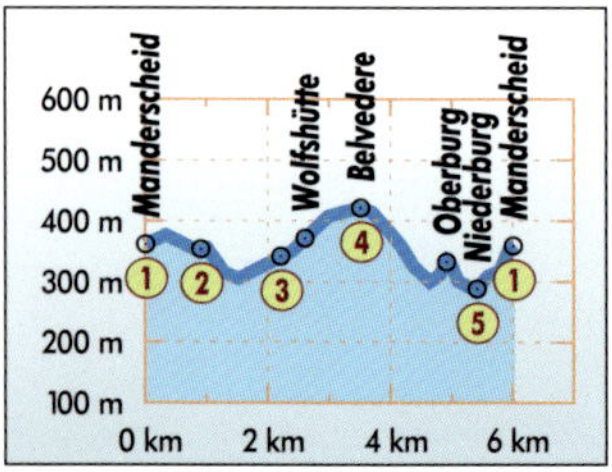

Markierung: wechselnde regionale Markierung

Anfahrt: Pkw: über die A 48, Ausfahrt Manderscheid; ÖPNV: von Wittlich Hbf. mit Bus 300 (VRT, s. S. 12) nach Manderscheid

Manderscheid s. S. 166

1 0,0 (360) Die Tour startet an der Tourist-Information im Kurhaus von Manderscheid ~ am Kurhaus links ~ im Kurpark vorbei am Teich und auf dem Eifelsteig aufwärts ~ vor zur **Kurfürstenstraße** und dort rechts ~ am Rathaus links in die **Klosterstraße** ~ hinab bis zum Hotel Burgblick.

2 0,9 (340) Beim Hotel geradeaus auf den Pfad in den Wald, ⚠ dieser kann bei feuchter Witterung rutschig sein ~ an der Wegteilung gehen Sie hinab Richtung Wolfshütte und Belvedere, ⚠ hier ist Trittsicherheit erforderlich ~ auf der Holzbrücke über die **Lieser**, dahinter nach links auf den breiten Forstweg ~ entlang eines Baches bergauf ~ nach 300 m rechts abzweigen.

3 2,2 (350) In einer Spitzkehre scharf rechts ~ Sie erreichen die Wolfshütte.

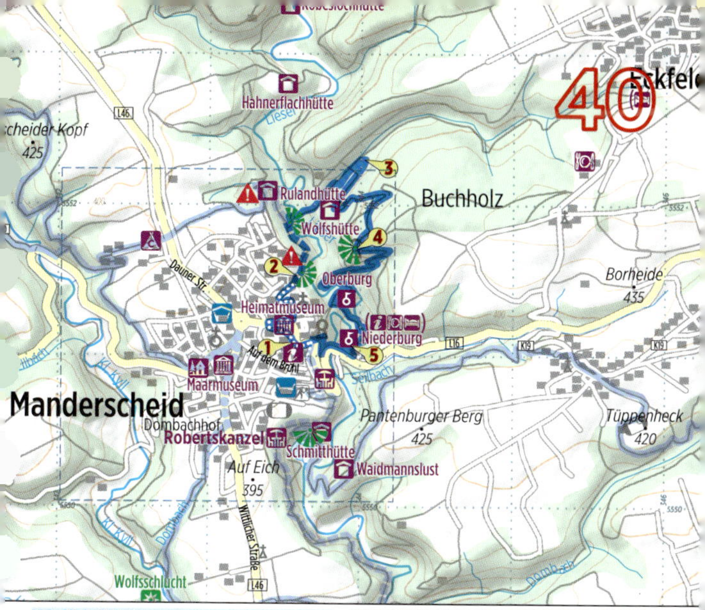

Wolfshütte

Kurz darauf zeigt ein Wegweiser links bergauf zur Aussicht Belvedere, folgen Sie diesem.

Vom Aussichtspunkt **Belvedere** bietet sich ein grandioser Ausblick auf Manderscheid und seine Burgen. Eine Steinsäule zeugt von einer einstigen Villa auf dem Mosenberg.

4 3,5 (415) Vom steinernen Rastpavillon wandern Sie bergab bis zur Einmündung auf einen Querweg, hier mit der **Markierung 8** in Richtung Niederburg ~ unterwegs bieten sich weitere Aussichtspunkte ~ bald links bergab ins Liesertal ~ über das Flüsschen und dem Weg um die Oberburg herum folgen.

Römische Steinsäule Belvedere

Oberburg bei Manderscheid

Oberburg

Oberburg (12. Jh.), ✆ 06572/737, ehem. Landesburg der Erzbischöfe von Trier. Der Burgfried kann besichtigt werden.

Weiter Richtung Niederburg.

5 5,4 (285) An der Turnierwiese über die Lieser und auf der Straße **Zur Turnierwiese** vorbei an der Niederburg.

Niederburg

Niederburg, Niedermanderscheider Str. 1, ✆ 06572/737, ÖZ: 10.30-17 Uhr. Der ehem. Sitz der Herren von Manderscheid wurde 1133 erstmals erwähnt. Wilhelm V. baute die Burg schließlich aus und schloss den Ort mit in die Befestigung ein. Auf dem jährlich im August stattfindenden Historischen Burgenfest können die Besucher eine spannende Zeitreise in das Mittelalter unternehmen.

Auf der **Turnierwiese** unterhalb der Niederburg finden jeweils zum alljährlichen Burgenferst am letzten August-Wochenende Ritterturniere statt. Information unter 06572/9215-0

An der **L 16** rechts ~ vorbei am Burg-Café und dem Eingang zur Niederburg ~ ein letztes Mal über die Lieser und dahinter rechts bergauf in Richtung Oberburg und gleich links in den aufsteigenden Pfad ~ vorbei am **Kaisertempelchen** ~ an der L 16 rechts und zurück zum Kurpark.

1 6,0 (360) Am Kurhaus erreichen Sie das Ziel der Wanderung.

Manderscheid

MITTEL

Tour 41 15,9 km

Manderscheider Grafschaft Tour

Start/Ziel: Manderscheid, Parkplatz am Ortseingang

Gehzeit: 5 - 5½ Std. **Aufstieg:** 485 m **Abstieg:** 485 m

Charakteristik: Diese wunderbare Tour vereint drei Täler mit offener Eifel-Landschaft und genussvollen Tal- und Burgenblicken.

Vom sehenswerten Manderscheid wandern Sie auf dem urigen Lieserpfad hoch über dem Bach. An der Schmitthütte steigen Sie hinab, queren das Liesertal und befinden sich sogleich im steilen Aufstieg zur Hütte Waidmannslust. Hoch über den Tälern von Lieser und Seilbach wandern Sie durch den Wald, immer wieder mit freiem Blick. Über die Anhöhe von Pantenburg führt Sie der Weg ins Dombachtal, in weitem Bogen über den Geißklopp und wieder hinab nach Laufeld am Tal des Falbaches. Bachabwärts wandern Sie durch das romantische Tal. An der Mündung in die Lieser queren

Feldkapelle vor Laufeld

Sie diese und steigen auf die Höhe des Lieserpfades hinauf, der Sie in schönster Weise und entlang zahlreicher Aussichtspunkte nach Manderscheid führt.

Markierung: Lieserpfad, Eifelsteig, wechselnde regional Markierung

Anfahrt: Pkw: über die A 1, Abfahrt Manderscheid, kostenfreie Parkplätze am Ortseingang und am Kurhaus; ÖPNV: von Wittlich Hbf. mit Bus 300 (VRT, s. S. 12) nach Manderscheid

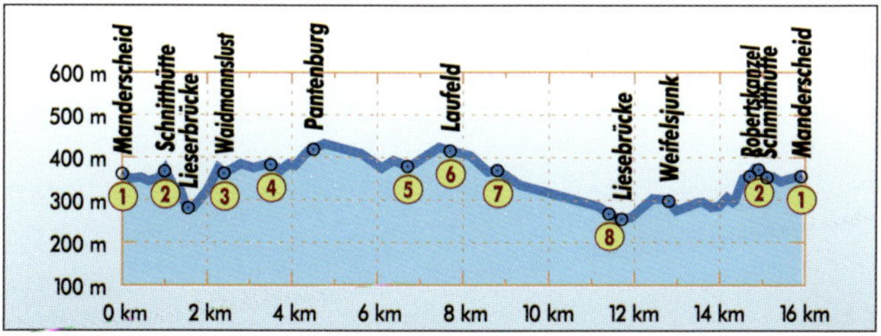

Manderscheid S. 166

1 0,0 (360) Gehen Sie von der **Tourist-Information** im Kurhaus zur Hauptstraße und dort nach rechts ⤳ noch vor dem Rechtsbogen der Straße gegenüber der Parkplätze rechts in den absteigenden Pfad zum Burgweiher, hier mit den **Markierungen 11, 14** und **Eifelsteig** ⤳ auf Höhe der Sportplätze führt der Weg links hinab ⤳ vorbei an schönen Aussichtspunkten auf die jenseitigen Burgen und das eingeschnittene Tal der Lieser.

2 1,0 (370) An der Mehrfachkreuzung rechts in den absteigenden Weg Richtung Burgweiher, ⚠ nicht ganz rechts in den felsigen Pfad, Sie verlassen hier Eifelsteig und Lieserpfad.

AUSFLUG Ein kleiner Abstecher nach links vorbei an der Pellenzkanzel zur Schmitthütte ist unbedingt zu empfehlen.

Sie steigen auf dem schmalen Pfad hinab Richtung Burgweiher.

Der **Burgweiher** ist ein Altarm der Lieser. Hier können Sie auf Wildenten treffen.

Am **Burgweiher** über eine Holzbrücke zur **Lieser** und diese auf einer weiteren Holzbrücke überqueren und geradeaus Richtung Waidmannslust ⤳ auf einem Pfad und in Kehren zunächst zu einem Forstweg, bevor es links zur Aussichtskanzel und Hütte Waidmannslust geht.

Die **Hütte Waidmannslust** ist kurioserweise eine Durchgangshütte mit Blick auf die gegenüberliegende Schmitthütte.

3 2,4 (365) Auf dem Forstweg folgen Sie der **Markierung 62** Richtung Pantenburg ⤳ im Rechtsbogen vom Liesertal weg.

4 3,5 (385) An der folgenden Gabelung rechts halten ⤳ an der nächsten Gabelung links und bogenreich bis

Aussichtskanzel Balduinshütte

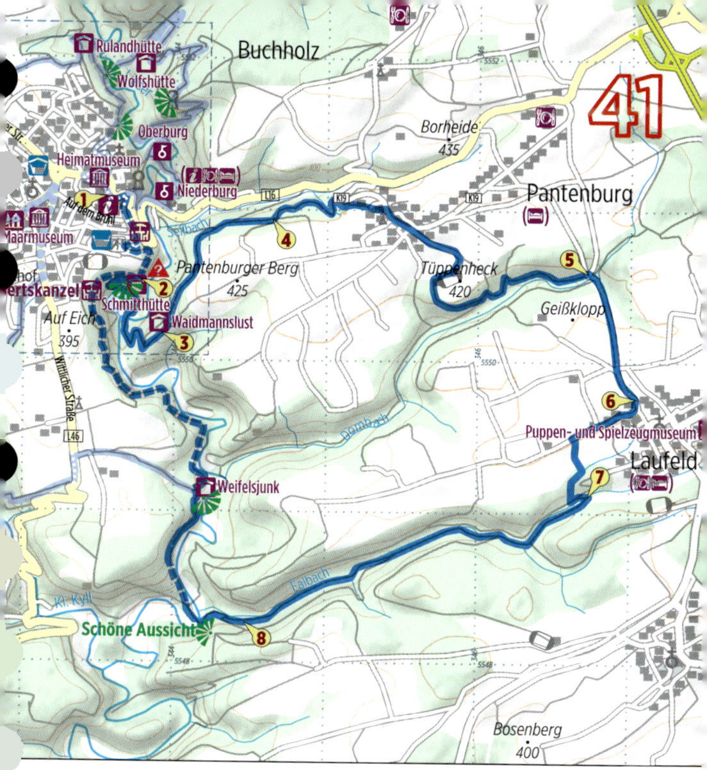

zur Landstraße ⤳ noch vor der Kehre der K 19 scharf rechts und dem Linksbogen folgen ⤳ Sie erreichen Pantenburg ⤳ bei der Pension Am Wäldchenborn durch ein Tor in den Ort.

Pantenburg

Am Wäldchenborn, Am Wäldchenborn 12, ✆ 06572/4664

An der Vorfahrtstraße gegenüber des Brunnens rechts auf die Hauptstraße ⤳ im sanften Linksbogen der **K 19** geradeaus in den Laufelder Weg Richtung Sportplatz und aus dem Ort, der **Markierung Schwarzer Winkel** bzw. **62** folgend ⤳ nach knapp 500 m rechts zum **Sportplatz Tüppenheck** und diesen umrunden, ab hier auf Waldwegen durch den Oberlauf des **Dombaches** ⤳ im Talgrund verlassen Sie die Markierung 62, die **74** kommt dafür hinzu ⤳ bei Abzweigungen immer dicht am Bach bleiben.

Romantische Lieser

5 6,7 (380) An der Wegekreuzung rechts in den querenden Forstweg und über den Bach, dann bergauf und aus dem Wald, später auf Asphalt ⁓ über die Felder und bald vorbei an zwei kleinen **Feldkapellen** ⁓ hinein nach Laufeld.

Laufeld

🏛 **Puppenmuseum**, Keltenstr. 6, ✆ 06572/4390, ÖZ: April-Okt., tägl. 10-18 Uhr. Zu sehen gibt es Puppen aus der Zeit zwischen 1840 und den 1950er Jahren sowie Puppenstuben und Kaufläden. Auch Jungs-Spielzeug ist vertreten.

6 7,7 (420) Im Ort gleich bei erster Gelegenheit rechts in die **Lieserstraße** und den Ort wieder verlassen ⁓ 300 m nach den letzten Häusern mit der **Markierung Georoute** links in den Feldweg ⁓ dieser endet an einem Waldweg, gehen Sie hier links.

7 8,8 (370) Nach wenigen Metern rechts, das Bachtal queren und drüben rechts halten, nun mit den **Markierungen 72, 74 und 93** ⁓ ab hier folgen Sie dicht am Ufer dem Lauf des **Falbachs** bis zu dessen Mündung in die Lieser ⁓ am Zufluss eines Baches über die Brücke, auch rechts des Falbaches verläuft ein Wanderweg ⁓ stets ufernah durch das abgeschiedene Tal.

8 11,4 (270) Vor der Falbach-Furt links in den ansteigenden Forstweg ⁓ Sie treffen auf den Eifelsteig und alsbald auf die Lieser, die auf einer Brücke überquert wird ⁓ dahinter über die Wiese ⁓ auf dem Weg in den Wald hinauf und nun stets dicht entlang des Tals der Lieser auf **Eifelsteig** und **Lieserpfad** nach Manderscheid ⁓ der Pfad verläuft über die gesamte Strecke wunderschön mehr oder weniger oberhalb des Liesertales ⁓ oftmals sichern und verschönern Holzbrücken und -geländer den Weg ⁓ oberhalb des Burgweihers passieren Sie die Robertskanzel ⁓ wenig später treffen Sie auf vertraute Wege.

2 14,9 (375) Am Abzweig zur Schmitthütte folgen Sie den Wanderwegen zurück nach Manderscheid.

1 15,9 (360) An der Tourist-Information findet diese Runde ihr Ende.

Manderscheid

MITTEL

Tour 42 — 14,0 km

Hasborn: Zwei-Bäche-Tour

Start/Ziel: Hasborn, Schule

Gehzeit: 4½ Std. **Aufstieg:** 375 m **Abstieg:** 375 m

Charakteristik: Die ruhige Tour verbindet die Täler von Sammetbach und Alfbach und bietet dazwischen jeweils schöne Ausblicke. Von Hasborn steigen Sie über den Beienberg ab ins Tal des Sammetbaches und folgen ein Stück dessen Lauf. Das Tal verlassend wandern Sie hinauf nach Oberscheidweiler. Der folgende Abstieg bringt Sie hinab ins Tal des Alfbaches, wo bei der Oberscheidweiler Mühle die Möglichkeit zur Einkehr besteht. Unweit des Alfbaches wandern Sie am Rand des breiten und offenen Tales. Sie verlassen den Bach und wandern hinauf nach Niederscheidweiler, nun wieder mit weiten Ausblicken. Bei Lindenhill zweigen Sie ab in ein Nebental des Sammetbaches und folgen ein Stück dessen Lauf. Durch ein weiteres Nebental wandern Sie hinauf nach Hasborn.

Markierung: wechselnde regionale Markierung

Anfahrt: Pkw: über A 48/A 1 bis Ausfahrt 123 Richtung L 52 bis Hasborn, Parkplätzei an der Straße Am Bahnhof im Bereich von Schule und Sportanlage; ÖPNV: von Wittlich Hbf. mit Bus 305 (VRT, s. S. 12)

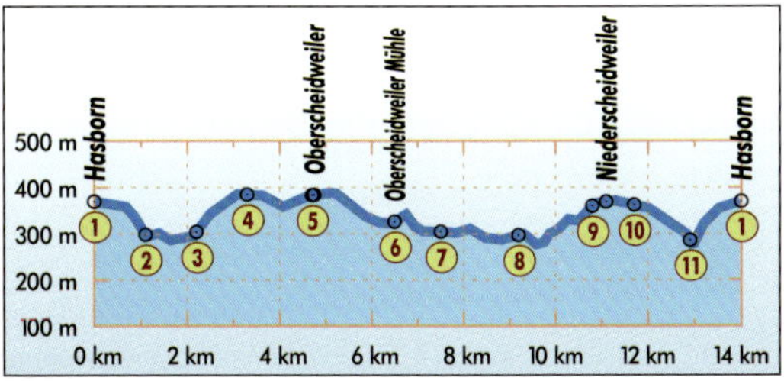

Hasborn

1 0,0 (370) Die Runde beginnt unweit der Schule an der einstigen Gleistraße ~ halten Sie sich an der ersten Weggabelung der Straße **Am Bahnhof** links ~ vorbei am alten Bahnhofsgebäude, dahinter rechts halten und bald in den Wald hinein ~ hinter dem Wäldchen weiter auf dem Wiesenweg ~ kurz nach Beginn des Waldrandes mit der **Markierung 1 Beienberg-Weg** links abzweigen und steil hinab, ⚠ bei feuchter Witterung kann es hier rutschig sein!

2 1,1 (300) Unten am

Querweg links, nun mit den **Markierungen G und 51** ⤳ an der **L 52** kurz rechts und ein Stück entlang der ⚠ stark befahrenen Straße ⤳ noch vor der Brücke über den Sammetbach links mit der Markierung G und auf dem Weg in den Wald hinein ⤳ vorbei an der Infotafel zum Hasborner Sauerbrunnen ⤳ sehr schön entlang des **Sammetbaches**.

3 2,2 (305) Rechts hinab zum Bach und diesen überqueren, dahinter links Richtung Oberscheidweiler und kurz darauf rechts steil hinauf, zunächst auf Schotter ⤳ nach 300 m scharf rechts und weiter hinauf ⤳ an der Wegkreuzung auf dem mittleren Weg geradeaus und wenige Meter später den rechten Weg durch den Wald nehmen ⤳ im Aufstieg über die nächste Kreuzung.

4 3,3 (385) Aus dem Wald heraus und entlang des Waldrandes mit der **Markierung 13** ⤳ rechts hinab auf dem Wiesenweg ⤳ kurz darauf der **Markierung 12** nach links folgen ⤳ über ein Bächlein und hinauf zu den Häusern, dort links weiter hoch auf dem Wiesenweg entlang der Grundstücke ⤳ nach 200 m rechts in den Ort.

Brücke über den Sammetbach

Oberscheidweiler

♁ Die **Kirche** ist dem Hl. Rochus und der Hl. Katharina geweiht.

5 4,7 (385) An der **Brunnenstraße** links und kurz hinter der **Kirche** scharf rechts in die **Hofstraße** ~ links auf die **L 52** und gleich in deren Rechtskurve geradeaus ~ der aufsteigende Weg wird unbefestigt ~ zwischen Wiesen und Weiden über die Anhöhe ~ zuletzt am Waldrand bis zum Asphaltsträßchen, dort links und gleich wieder rechts in den Wiesenweg mit der **Markierung 11** Richtung Oberscheidweiler Mühle ~ Sie erreichen die Mühle.

Oberscheidweiler Mühle

Oberscheidweiler Mühle (1782), Oberscheidweiler Mühle 1, ✆ 06574/948777, ÖZ: Mi–So 11–21 Uhr. Hier wurde bis 1972 noch gemahlen. Heute beherbergt die Mühle ein rustikal eingerichtetes Landgasthaus.

6 6,5 (325) Direkt vor der Mühle scharf rechts in den Pfad hinauf in den

Wald ⤳ an dessen Ende über die L 52 und weiter hinab den **Markierungen 11** und **Mühlenweg** folgen, bald an der Gabelung geradeaus ⤳ der Weg berührt kurz den **Alfbach**, der Sie auf den folgenden Kilometern begleitet ⤳ entlang einer Wiese.

7 7,5 (305) Am Waldrand links hinab und vorbei an der uralten Eiche und dem **Kreuz** ⤳ Sie wandern entlang des Waldrandes oberhalb des gewundenen Bachlaufes.

8 9,2 (295) Am Ende rechts auf die kaum befahrene **K 31** ⤳ in Bögen vor dem Hang entlang ⤳ 100 m nach dem Rechtsbogen geradeaus in den ansteigenden Waldweg und weiter dem Waldrand folgen ⤳ nach einigen kleinen Zacken des Weges vorbei an der **Kläranlage** und weiter auf dem Asphaltweg.

9 10,8 (360) An der K 31 kurz rechts und kurz darauf rechts in die Straße **Im Herrengarten** und durch den Ort ⤳ links in die **Feldstraße**.

Niederscheidweiler

Dorfkirche St. Hubertus mit Turm aus dem 13. Jh.

Schräg links über die **Hauptstraße** und auf der **Bahnhofstraße** aus dem Ort heraus.

10 11,7 (360) Kurz vor dem versteckt liegenden Lindenhof links in den Pfad und steil hinab in den Wald ⤳ Sie steigen auf dem wildromantischen Pfad mit der **Markierung G** hinab ins Tal des Sammetbaches.

11 12,9 (285) Auf der Holzbrücke über den Bach, nach 100 m links auf den querenden Waldweg und bald wieder nach rechts auf den aufsteigenden Wiesenweg ⤳ Sie erreichen Hasborn und gehen bis zur ehemaligen Gleistraße.

1 14,0 (370) Bei den **Sportanlagen** endet diese Runde.

Hasborn

MITTEL

Tour 43 — 16,6 km

Mühlenroute 1: Von der Bastenmühle zum Kloster Himmerod

Start: Bastenmühle bei Wittlich, Parkplatz
Ziel: Kloster Himmerod, Parkplatz
Gehzeit: 4½ - 5 Std. **Aufstieg:** 395 m **Abstieg:** 255 m

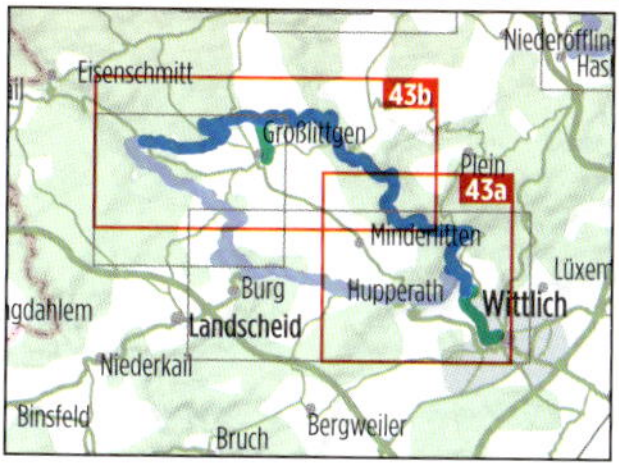

Charakteristik: Der erste Teil der von Mühlen und Wasser bestimmten romantischen Zweitagestour führt Sie entlang von Lieser und Ilgenbach zum Kloster Himmerod. Ausgehend von der Bastenmühle am Stadtrand von Wittlich wandern Sie stets unweit der bogenreichen Lieser. Nachdem das Tal enger wird, treffen Sie auf die Alte Pleiner Mühle. Sie durchwandern das tief eingeschnittene Tal bis zur Schladter Mühle. An der Mündung des Ilgenbaches treffen Sie auf den Eifelsteig, der Sie leicht ansteigend im weiten Bogen um Großlittgen durch den Wald und über die Felder nach Himmerod leitet.

Markierung: Lieserpfad, Eifelsteig

Anfahrt: Pkw: auf der A 60, Ausfahrt Wittlich-Mitte, dann B 50, Parkplatz nahe der Bastenmühle; ÖPNV: Bhf. Wittlich, dann Bus 301 (VRT) zum ZOB ins Zentrum, von dort gut 2 km zu Fuß entlang der Lieser zur Bastenmühle

Rückfahrt: mit Bus 303 (VRT, s. S. 12) nach Wittlich ZOB, dann gut 2 km zu Fuß zur Bastenmühle

Übernachtung: Übernachten können Sie in der Abtei oder im Gasthaus am Kloster.

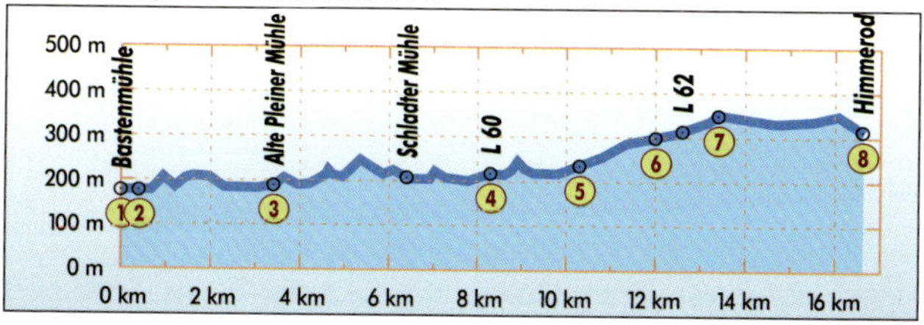

Lieser bei Zweibächen

Bastenmühle

Bastenmühle, Zweibächen, 06571/954831. Die Mühle wird sowohl landwirtschaftlich als auch gastronomisch genutzt. Das im 18. Jh. entstandene Mühlegengebäude ist im Kern noch vorhanden.

1 0,0 (175) Vom Parkplatz westlich der Bastenmühle gehen Sie weiter geradeaus Richtung Wald ⤳ in einer Linkskurve in den Wald.

2 0,4 (175) Kurz darauf treffen Sie bei einem idyllisch gelegenen Wohnhaus auf die Mühlenroute ⤳ halten Sie sich an der Gabelung bei dem Wohnhaus rechts ⤳ in einer Spitzkehre queren Sie das Nebental des Florensgrabens ⤳ die ersten 9 km des Weges wandern Sie nun auf dem **Lieserpfad** entlang der gewundenen Lieser ⤳ am jenseitigen Ufer liegen die **Bohlensmühle** und wenig später die **Abachsmühle** ⤳ ein ebener Waldweg führt Sie oberhalb des Flüsschens zur Alten Pleiner Mühle.

Alte Pleiner Mühle

Alte Pleiner Mühle, Pleiner Mühle 1, 06571/8303, ÖZ: Di–So. Die Mühle liegt mitten im romantischen Liesertal.

3 3,4 (190) Vorbei an der Mühle ⤳ der Weg wird bald schmaler ⤳ immer wieder wird der Weg pfadig, oftmals bieten sich großartige Ausblicke ins Tal ⤳ der Pfad ist dicht am steilen Hang zum Teil so schmal, dass Trittfestigkeit erforderlich ist ⤳ Sie passieren zwei Holzbrücken ⤳ danach ist der Weg wieder gemäßigter.

4 8,3 (215) Sie erreichen am Aufschluss Schladter Brücke die **L 60** und gehen links ein kurzes Stück entlang der Straße ⤳ in der Linkskehre der Straße geradeaus in den naturnahen Weg entlang der Lieser ⤳ Sie wandern noch eine ausgeprägte Schleife des Flüsschens.

5 10,3 (235) Bevor der Lieserpfad den **Ilgenbach** überquert, biegen Sie links in dessen Tal ab ⤳ bis zum Tourenziel können Sie der Markierung

Eifelsteig folgen ⇝ Sie wandern nun leicht bergauf entlang des ebenfalls stark gewundenen Ilgenbaches ⇝ an der Weggabelung rechts über den Ilgenbach und den Wiesenweg hinauf, später in den Wald.

6 12,0 (295) An der Kreuzung beim Kapellchen und dem Wasserbehälter geradeaus.

AUSFLUG: An der Kreuzung zweigt links ein Weg nach Großlittgen ab, wo sich einkehren lässt.

Großlittgen

PLZ: 54534; Vorwahl: 06575

Tourist-Information, Im Burecken 12, ✆ 967100

Littcher Hof, Wittlicherstr. 12, ✆ 4146

Auf dem Feldweg entlang des offenen Bachtals ⇝ Sie queren die **L 62** und wandern entlang des Waldrandes ⇝ in den Wald hinein.

7 13,4 (350) An der T-Kreuzung links in die Forststraße ⇝ im Rechtsbogen aus dem Wald heraus und kurz darauf links halten

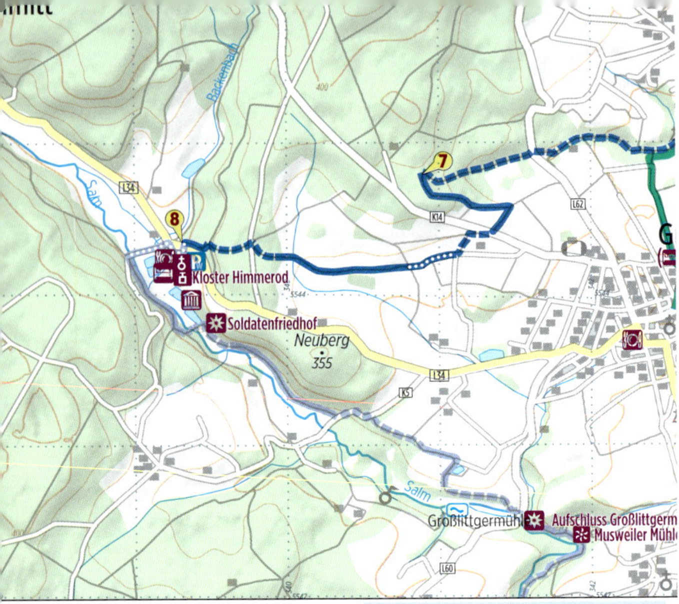

⁓ an der nächsten T-Kreuzung rechts auf den Feldweg ⁓ wenig später über die **K 14** und dahinter in den rechten der Wege ⁓ an der Kreuzung rechts auf den schmalen Asphaltweg ⁓ weiter auf Schotter ⁓ der Weg ist gesäumt von Apfelbäumen ⁓ über einen Holzsteg eine Nassstelle queren ⁓ an der Weggabelung am Waldrand geradeaus in den Waldpfad ⁓ über die Asphaltstraße in den absteigenden Waldweg ⁓ an der Mehrfachkreuzung geradeaus und dann links halten ⁓ über den breiten Forstweg hinab ⁓ auf die Asphaltstraße und zum großen Parkplatz.

8 16,6 (310) Der erste Teil der großen Runde endet hier am Parkplatz beim Kloster Himmerod.

Himmerod

PLZ: 54534; Vorwahl: 06575

Klostergaststätte, ✆ 951344, ÖZ: Mo-Do 11-18 Uhr, Fr, So/Fei 11-21 Uhr

Gasthaus am Kloster, ✆ 4480

Alte Mühle, ✆ 951355, ÖZ: April-Okt, Di-Sa 14-17 Uhr und So 11-17 Uhr. Die alte Korn-, Speicher- und Sägemühle aus dem 17. Jh. ist das älteste noch vollständig erhaltene Bauwerk in Himmerod. Neben der Dauerausstellung über die Zisterzienser werden eine original eingerichtete Backstube und Sonderausstellungen gezeigt.

Kloster Himmerod, ✆ 95130. Die erste Klosteranlage wurde 1136 fertiggestellt und bestand aus Holzhäusern. Die mittelalterliche Klausurmauer aus dem 14. Jh. begrenzt noch heute die Klosteranlage. Bis

zur Säkularisierung im Jahr 1802 wurde das Kloster von Mönchen betrieben.

Barockkirche (1751). Der erste Kirchbau im Kloster war eine romanische Kirche aus dem Jahr 1178. Die barocke Hallenkirche ersetzte diese.

Die **Klosterfischerei** wurde von den Mönchen in Teichanlagen in der näheren Umgebung sowie in der Salm, Lieser und der Kyll betrieben. Zurzeit befindet sich eine Fischereianlage in Neuaufbau.

Kloster Himmerod

MITTEL

Tour 44 — 15,3 km

Mühlenroute 2: Vom Kloster Himmerod zur Bastenmühle

Start: Kloster Himmerod, Parkplatz
Ziel: Bastenmühle bei Wittlich, Parkplatz
Gehzeit: 4 - 4½ Std. **Aufstieg:** 205 m **Abstieg:** 340 m

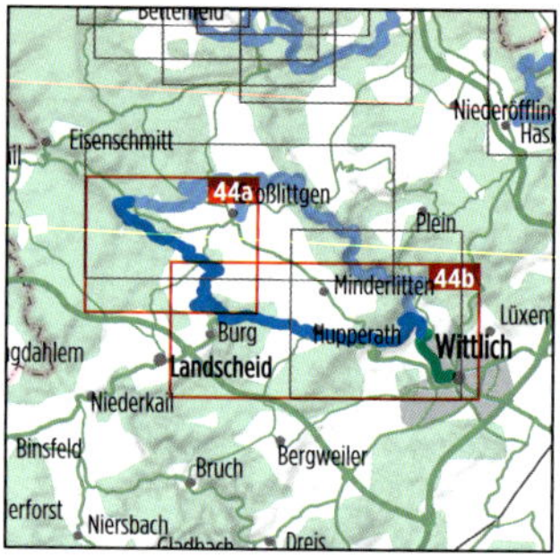

Charakteristik: Der zweite Teil der von Mühlen und Wasser bestimmten romantischen Zweitagestour führt Sie entlang von Salm und Bienenauer Bach und bietet am Ende sogar einen Weinberg.
Vom Kloster Himmerod folgen Sie dem verspielten Lauf der Salm, der Sie vorbei an vier Mühlen führt. Sie wechseln ins Tal des Bienenauer Baches und wandern leicht ansteigend nach Hupperath, wo sich die Landschaft öffnet. Im Abwärtstrend führt der Weg durch den Wald zum Tal der Lieser, zuletzt oberhalb eines Weinberges entlang. Im Liesertal erreichen Sie die Bastenmühle.
Markierung: Eifelsteig, regionale Markierung
Anfahrt: Pkw: auf der A 60, Ausfahrt Wittlich-Mitte, dann B 50, Parkplatz nahe der Bastenmühle; ÖPNV: Bhf. Wittlich, dann mit Bus 301 (VRT, s. S. 12) zum ZOB, von dort mit Bus 303 (VRT) nach Himmerod

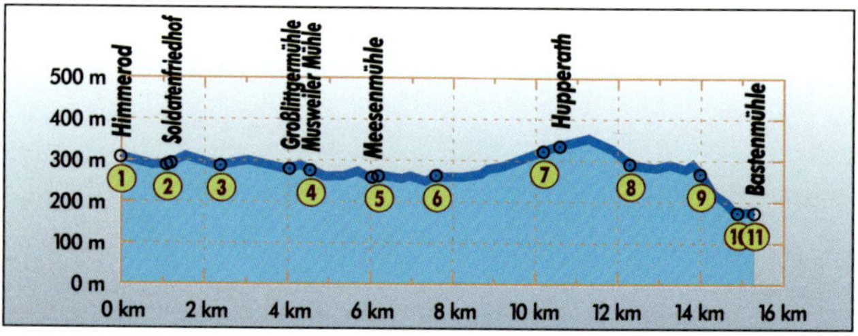

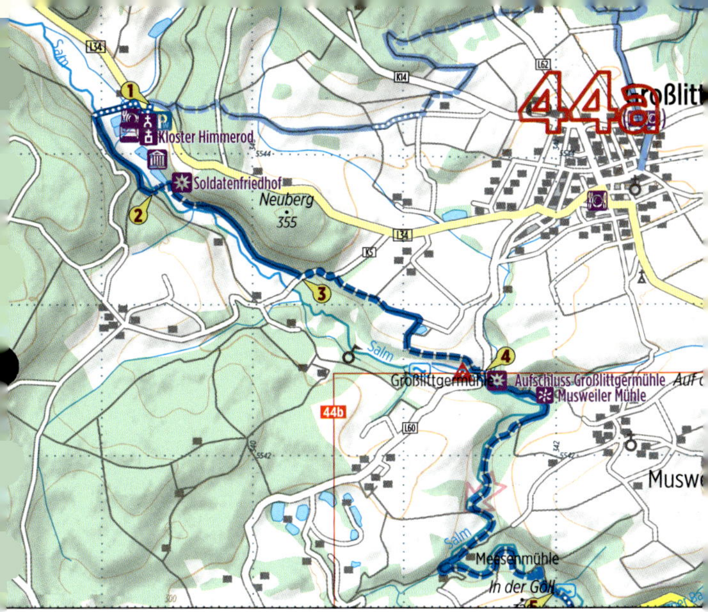

Rückfahrt: **von der Bastenmühle gut 2 km zu Fuß entlang der Lieser nach Wittlich, vom ZOB mit Bus 303 (VRT) nach Himmerod**

Himmerod **s. S. 186**

1 0,0 (310) Vom **Parkplatz** am Kloster Himmerod die Straße queren und durch die **Eingangspforte** in das Klostergelände ⁓ an der Wegkreuzung rechts in den Asphaltweg ⁓ bergab am **Restaurant** vorbei, dann rechts halten ⁓ durch den **Torbogen** hindurch und am **Klosterladen** vorbei ⁓ nach dem **Gasthof** an der Wegkreuzung links auf die Asphaltstraße bergab, vorbei an einem kleinen Laden ⁓ weiter auf dem breiten Schotterweg vorbei am Teich Richtung Wald ⁓ über den **Salmbach** und dahinter am **Wasserhäuschen** links ⁓ nun entlang

Blick vom Salmtal auf das Kloster Himmerod

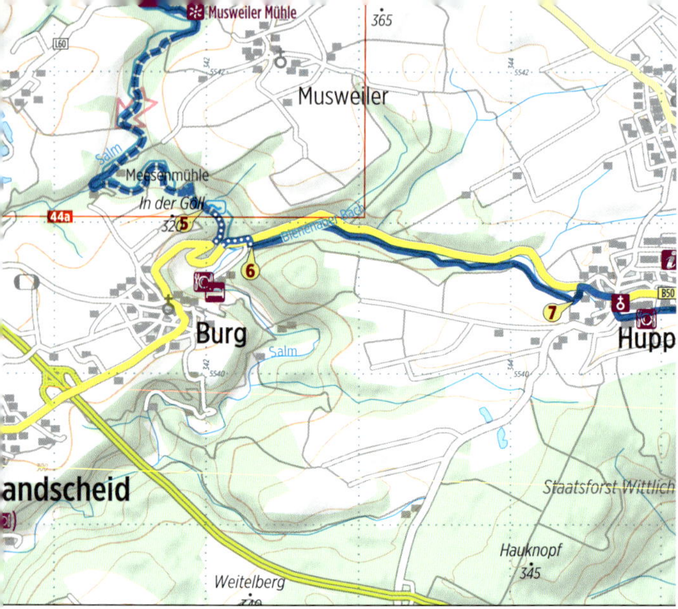

der **Salm** mit hübschen Aussichten auf das Kloster ↝ an der T-Kreuzung in der Linkskurve weiter auf dem Schotterweg.

2 1,1 (290) An der Weggabelung links in den schmalen Treppenweg und auf der Holzbrücke über die Salm.

TIPP Ein Wegweiser verweist auf die in einem Waldstück angelegte Kriegsgräberstätte Himmerod.

Der **Soldatenfriedhof** entstand im Zweiten Welkrieg, als im Kloster Himmerod ein Feldlazarett eingerichtet war. 198 Soldaten wurden von den Mönchen in einem Waldstück nahe des Klosters begraben. 1953-1958 wurden 400 weitere Soldatengräber aus den umliegenden Gemeinden hierher umgebettet.

Unmittelbar nach der Brücke rechts dem Bachufer folgen ↝ entlang eines Fischteichs Richtung Wald ↝ an der folgenden T-Kreuzung rechts auf den Waldpfad ↝ nach 250 m geradeaus auf den Schotterweg und weiter entlang des Baches ↝ am **Wasserhäuschen** weiter geradeaus.

3 2,4 (290) An der **K 5** links und nach deren S-Kurve rechts in den steil ansteigenden Waldpfad ↝ weiter auf einem ebenen Waldrandpfad ↝ am Endes des Waldes weiter geradeaus ↝ nach rechts und zwischen zwei kleinen Kiesgruben hindurch, dahinter rechts in den Schotterweg bergab Richtung ↝ an der T-Kreuzung am Haus links auf den Wiesenweg ↝ ca.

100 m vor der **Hochspannungsleitung** rechts in den unscheinbaren Waldpfad ⤳ zunächst entlang der Hochspannungsleitung über vereinzelte, marode **Stufen** bergab, dann auf einem Waldpfädchen hangparallel Richtung Hochspannungsleitung, die unterquert wird ⤳ am Haus vorbei zur Straße.

Großlittgermühle

4 4,5 (280) An der **L 60** gehen Sie rechts und vorbei an der **Großlittgermühle** ⤳ vor der Brücke links in den breiten Feldweg ⤳ vorbei am **Aufschluss Großlittgermühle** ⤳ an der Mehrfachkreuzung in den rechten Weg zum Reiterhof **Musweiler Mühle** Richtung Bach ⤳ an der Wegkreuzung geradeaus.

Musweiler Mühle

Die **Musweiler Mühle** (1727) am Salm-Bach diente als Mahl- und Ölmühle.

Es folgt ein idyllischer Wegabschnitt zunächst über einen hübschen Wiesenpfad, später durch dichten Auenwald entlang der Salm ⤳ an der Kreuzung nach rechts, bergab mit Blick auf eine Wehrstufe der Salm.

Meesenmühle

Vorbei an der **Meesenmühle**, über ein Bächlein und dann über die Salm.

5 6,2 (265) An der nächsten Kreuzung links und gleich wieder links in den schmalen Waldweg, der parallel der Salm verläuft ⤳ nach einem Anstieg mündet der Weg in einen Wiesenpfad entlang des Waldrandes

Im Salmtal

~ im Linksknick weiter auf einem steil bergab führenden Waldpfad am Hang des Salmufers ~ später wieder parallel der Salm ~ an der Kläranlage auf der Asphaltstraße geradeaus.

6 7,6 (265) Hinter einer **Schranke** links in den Waldpfad ~ in Kehren hinab zur Straße ~ an der **L 34** links über die Salm und kurz am Straßenrand entlang ~ nach 100 m rechts in die Zufahrtstraße zum Hotel und hinter dem **Bienenauer Bach** gleich wieder links, nun den Eifelsteig verlassend ~ entlang des Baches und unweit der Landstraße wandern Sie durch Mischwald in Richtung Hupperath.

7 10,2 (325) An der T-Kreuzung bei den ersten Häusern links, dann rechts auf die **Bitburger Straße.**

Hupperath

PLZ: 54518; Vorwahl: 06571

Tourist-Information, Brunnenstr. 21, ✆ 1070

Eifeler Hof, Wittlicher Str. 16, ✆ 9747

Kath. Pfarrkirche **St. Hubertus** (1786), Wittlicher Str. 1, ✆ 6056

Gehen Sie an der Kirche rechts in die **Bergweiler Straße** ~ links in die Straße **Im Hohlweg** und den Ort verlassen ~ auf dem Wiesenweg parallel zur L 34 ~ am Waldrand links über die Straße und durch den Wald.

8 12,3 (295) Sie queren erneut die L 34 ~ vorbei am Parkplatz und dahinter rechts halten ~ auf dem Weg durch den Wald ~ am Waldrand gehen Sie links und wandern wunderschön oberhalb der Weinhänge mit herrlichem Panoramablick.

9 14,0 (270) An der Schutzhütte geht es links in den Abstieg von diesem Höhenrücken, der bei einigen Häusern endet.

10 14,9 (175) Unten an der Waldstraße schließt sich die Runde der Mühlenroute, halten Sie sich hier rechts und folgen der Rechtskurve ~ weiter bis zum Parkplatz der Bastenmühle.

11 15,3 (175) Am Parkplatz erreichen Sie das Ende dieser Tour.

Bastenmühle

Bastenmühle, Zweibächen, ✆ 06571/954831. Die Mühle wird sowohl landwirtschaftlich als auch gastronomisch genutzt. Das im 18. Jh. entstandene Mühlegengebäude ist im Kern noch vorhanden.

MITTEL

Tour 45 — 13,0 km

Neuerburger Kapellenwanderung

Start/Ziel: Neuerburg, Zinnenplatz

Gehzeit: 4½ - 5 Std. **Aufstieg:** 570 m **Abstieg:** 570 m

Charakteristik: Die verschlungene Tour rund um das farbenfrohe Mittelalter-Städchen im Tal der Enz bietet neben Burgen, Türmen und Kapellen eine berauschende Naturkulisse und beachtlich viele Höhenmeter.

Von Neuerburg geht es direkt steil hinauf, vorbei am Beilsturm. Entlang der Talflanke windet sich der Weg sehr schön und steigt hinab zur Kreuzkapelle. Immer wieder bieten sich Blicke ins Enztal, in das Sie schließlich absteigen, um durch ein Nebental sanft aufwärts zu wandern. Wieder führt der Weg entlang des Hanges hoch über dem Enztal und quert weit ausholend das Nebental des Schlossbaches. Vorbei an der stattlichen Neuerburg steigen Sie schließlich wieder hinab ins gleichnamige Städtchen, für das Sie sich etwas Zeit nehmen sollten.

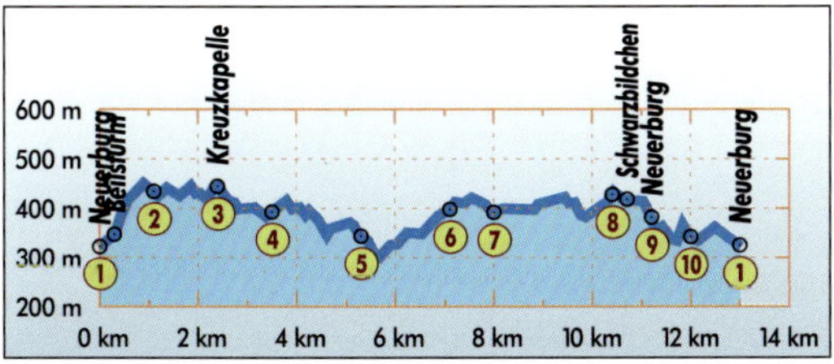

Markierung: wechselnde regionale Wegweisung

Anfahrt: Pkw: über die A 60, Abfahrt Bitburg, von Bitburg auf der B 50 Richtung Vianden, in Sinspelt rechts nach Neuerburg, großer Parkplatz am Krankenhaus; ÖPNV: von Hbf. Trier mit Bus 201 (VRT, s. S. 12) nach Bitburg/Karenweg, von dort zu Fuß zum Bedaplatz (ca. 4 Min.) und mit Bus 445 (VRT) nach Mettendorf, von dort mit Bus 444 (VRT) nach Neuerburg

Neuerburg

PLZ: 54673; Vorwahl: 06564

- **Tourist-Information Neuerburger Land**, Pestalozzistr. 7, ✆ 19433
- **Naturpark Südeifel e. V.**, Auf Omesen 2, 54666 Irrel, ✆ 06525/79-206
- Pfarrkirche **St. Nikolaus** (11. Jh.)
- Freizeit und Erlebnisfreibad **Aqua-Fun**, ✆ 2955

Am Startpunkt der Wanderung, dem Zinnenplatz, erinnert ein Gedenkstein an den Neuerburger Komponisten J. A. Zinnen.

1 0,0 (320) Gehen Sie vom **Zinnenplatz** über die Weberstraße in die **Gerberstraße** ⤳ an der Kreuzung am Stadthaus halbrechts in die **Beilsbachstraße** ⤳ nach ca. 150 m links, nun mit der **Markierung WW 24**, vorbei am Beils-Turm und an der Waldweg-Gabelung rechts halten.

Vom 15 m hohen **Beils-Turm** (16. Jh.), einem Teil der einstigen Stadtbefestigung unweit des Marktplatzes, bietet sich eine prächtige Sicht auf den Ort mit seinen Kirchen, Türmen und der Neuerburg.

Steil geht es hinauf zur Kanzel ⤳ von der Kanzel kommend links kurz entlang des Hanges, dann rechts hinauf in den Pfad ⤳ am **WW 11** rechts halten und vorbei an der Hütte bis zur Kreuzung.

2 1,1 (435) An der Kreuzung im engen Rechtsbogen über einen Waldweg und nun kurvenreich auf gleicher Höhe, ab hier ein ganzes Stück auf dem **WW 27**.

3 2,4 (445) Rechts auf den **WW 12** und hinunter zur Kreuzkapelle.

Die **Kreuzkapelle** (18. Jh.) verfügt über eine prächtige Innenausstattung, darunter barocke Altäre.

Von der Kapelle folgen Sie dem Kreuzweg abwärts ⤳ scharf links auf die kleine Straße und wieder hinauf ⤳ nach 100 m rechts in den **Weg L**.

4 3,5 (390) Aus dem Wald heraus und scharf links, nun entlang der Hangwiese leicht aufwärts ⤳ wieder in den Wald hinein und nun im weiten Rechtsbogen dem Hangweg sanft absteigend folgen.

5 5,3 (340) An der Wegekreuzung rechts hinab zur Straße, nun auf dem **WW 1** ⤳ rechts auf die **L 4**, dann

Neuerburg

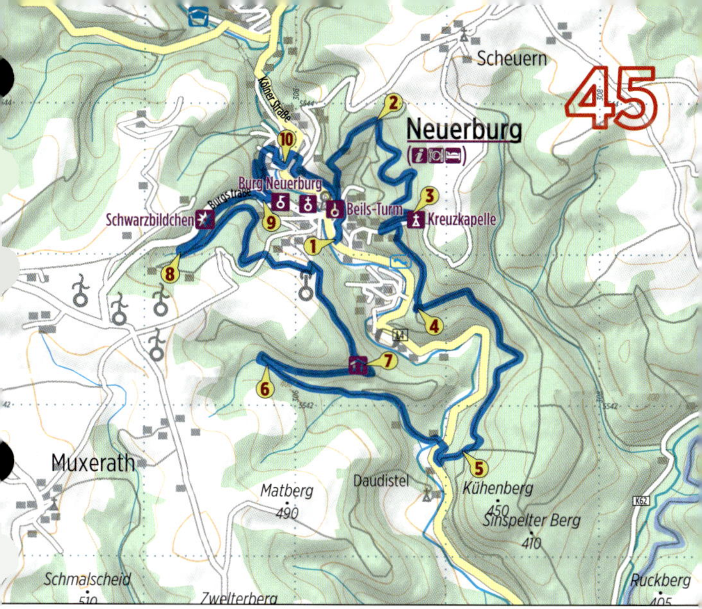

nach der Rechtskurve links über die Enz, dahinter den WW 1 verlassend links und vorbei an den Häusern, nun **ohne Markierung** ⁓ im sanften Anstieg das kleine Tal hinauf.

6 7,1 (395) Den Bach nach links queren, kurz darauf in einer Rechtskehre nochmals über den Bach ⁓ Sie wandern entlang des Hanges fast ohne Anstieg ⁓ bei der **Rasthütte** stößt von rechts der **WW 1** wieder hinzu, nun diesem folgend links weiter.

7 8,0 (390) Kurz darauf an der Gabelung rechts halten und weiter auf gleicher Höhe ⁓ vorbei am **Sendemast**, nach 50 m an der Abzweigung links hinauf und oben rechts in den Hangweg, nun wieder **ohne Markierung** ⁓ über die kleine Straße und dahinter halblinks weiter, nun auf dem **WW 28** ⁓ bald leicht aufsteigend dicht entlang des **Schlossbaches**.

8 10,4 (425) Queren Sie den Bach auf der Brücke, dahinter dann rechts zum Schwarzbildchen.

Schwarzbildchen. Oberhalb der Neuerburg befindet sich die Wallfahrtstätte der Neuerburger Bürgerschaft. Eine Madonna, nachgeahmt der Altöttinger Madonna aus dem 17. Jh., steht versteckt in einer uralten Eiche.

Sie wandern nachfolgend entlang an sieben Bildstöcken ⁓ an der K 50 weiter geradeaus.

Blick von der Kanzel auf Neuerburg

AUSFLUG In der Linkskehre der Straße können Sie geradeaus einen winzigen Abstecher zur Burg machen.

Die **Neuerburg** (12. Jh.) stellt die größte noch erhaltene Burganlage des Kreises Bitburg-Prüm dar.

9 11,2 (380) Auf der Hauptroute folgen Sie der engen Linkskurve und gehen im Beginn der folgenden Rechtskurve links in den Wald hinein, nun mit der Markierung **WW 24** ⤳ halten Sie sich an der Gabelung rechts Richtung Hexentanzplatz, kurz darauf scharf rechts weiter absteigend ⤳ unten scharf links und den Stadtpark umrunden ⤳ am Ende des Weges auf der **Mühlenstraße** hinab, dann beim Pestkreuz über die Enz zum Johannisplatz.

AUSFLUG Rechts liegt das Mühlenviertel mit mehreren Sehenswürdigkeiten: Neben der Johannisstatue und dem Kriegerdenkmal sollten Sie auf jeden Fall dem imposanten Wasserfall und der Mühle einen Besuch abstatten.

10 12,0 (340) Auf der Hauptroute links in die **Poststraße**, nach 50 m rechts und entlang des Soldatenfriedhofes ⤳ auf der Treppe hoch zur **Lindenstraße**, dort rechts und am Platz mit dem Eligiusbrunnen links halten.

Eligiuskapelle (1437). Die Kapelle erinnert gemeinsam mit dem Brunnen auf dem Eligiusplatz an den populären Heiligen Eligius.

Vor der Kapelle links hinauf und hinter dem zweiten Haus rechts in den **Koblenzer Pfad**, nun mit der Markierung **WW 24** ⤳ Sie steigen allmählich zum Beils-Turm ab ⤳ von hier auf bekanntem Weg zurück zum Zinnenplatz.

1 13,0 (320) Am **Zinnenplatz** erreichen Sie das Ende der Tour.

Neuerburg

MITTEL

Tour 46 — 14,7 km

Vom kargen Islek zum fruchtbaren Bekow

Start/Ziel: Utscheid, Kirche

Gehzeit: 4½ - 5 Std. **Aufstieg:** 410 m **Abstieg:** 410 m

Charakteristik: Diese Tour zwischen den abwechslungsreichen Landschaften des Islek und des Gutlandes, auch Bekow genannt, wird bestimmt von den Tälern des Radenbaches, der Enz und des Ringbaches.

Von Utscheid geht es steil hinauf zum Segelfluggelände und über einen Bergkamm nach und nach hinab zum Radenbach. Flach im Tal wandern Sie von Niederraden und entlang der Enz nach Sinspelt und zweigen bald darauf in das Nebental des Ringbaches ab. Im sanften Anstieg folgen Sie dem anfänglich offenen Tal in den Wald hinauf und ersteigen am Ende in einigen Kehren den Bergrücken. Sie queren die Eifel-Ardennen-Straße und wandern allmählich hinab nach Utscheid.

Markierung: wechselnde regionale Wegweisung

Anfahrt: Pkw: über die A 60, Abfahrt Bitburg, von Bitburg auf der B 50 Richtung Vianden, durch Oberweis, dann hinter Neuhaus rechts über Büscht nach Utscheid, Parkmöglichkeiten an der Kirche; ÖPNV: von Hbf. Trier mit Bus 201 (VRT, s. S. 12) nach Bitburg/ ZOB, dann mit Bus 444 (VRT) nach Utscheid

Utscheid

PLZ: 54675; Vorwahl: 06564

Kath. Pfarrkirche **St. Peter** (1746). Die barock ausgestattete Kirche ersetzte einen Bau aus dem 14. Jh.

Zweiseithof (1800), Schulstr. 1. Gut erhaltenes Gehöft.

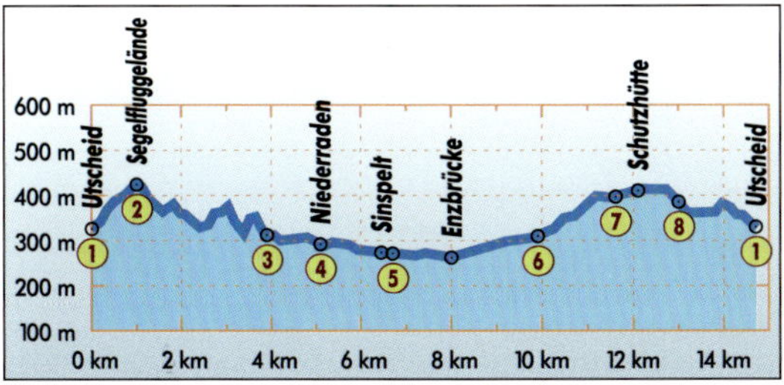

Wasserturm (1957), OT Buscht, Zum Wasserturm 1, ✆ 966903. Der 16 m

hohe Turm an der B50 dient heute als Ferienwohnung.

Segelflugplatz Utscheid, Segelflugverein Südeifel e. V., ✆ 4444, ÖZ: Sa ab 13 Uhr und So/Fei ab 10 Uhr. Auf dem Segelfluggelände befindet sich ein Aussichtspunkt oberhalb des Michelbachtales.

1 0,0 (330) Die Tour beginnt an der Kirche St. Peter, gehen Sie von hier kurz hinab und nach wenigen Metern rechts in die **Schulstraße** Richtung Segelflugplatz ~ halten Sie sich an der Gabelung links, vorbei an der alten Schule, und folgen dem aufsteigenden Privat-Pfad, hier treffen Sie auf die **EV-Markierung**.

Segelflugplatz Utscheid

VARIANTE Zu gewissen Zeiten endet der Pfad an einem Weidezaun. Alternativ zum Pfad können Sie einfach weiter der Schulstraße folgen.

Auf der Hauptroute am Ende des Pfades geradeaus auf die Straße.

2 1,0 (425) An der Kreuzung links zum Segelflugplatz, doch nach reichlich 100 m wieder rechts ab und mit der **EV-Markierung** hinab in den Wald ~ halten Sie sich an der Gabelung links, nun mit der **Markierung WW 22** Richtung Niederraden ~ der kurvenreiche Weg verläuft auf weitgehend gleicher Höhe entlang des Hanges, unten im Tal fließt der Radenbach.

3 3,9 (315) Nach der dritten Wegschlinge fällt der Weg sanft ins Tal ab ~ unten links auf die **K 62** und nach Niederraden hinein.

Niederraden

Die **Marienkapelle** (um 1935) hat sich zum Wahrzeichen des Ortes entwickelt.

4 5,1 (295) An der Kreuzung rechts in die **Dorfstraße** bzw. **L 8** ~ nach dem Rechtsbogen über den **Radenbach**, vorbei am Friedhof und aus dem Ort ~ nun ein Stück entlang der ruhigen Landstraße ~ an der **L 4** links über die **Enz** und hinein nach Sinspelt.

Sinspelt

Sie wandern durch den Ort ~ unterhalb der **Kirche** auf den breiten Fuß- und Radweg links der Straße.

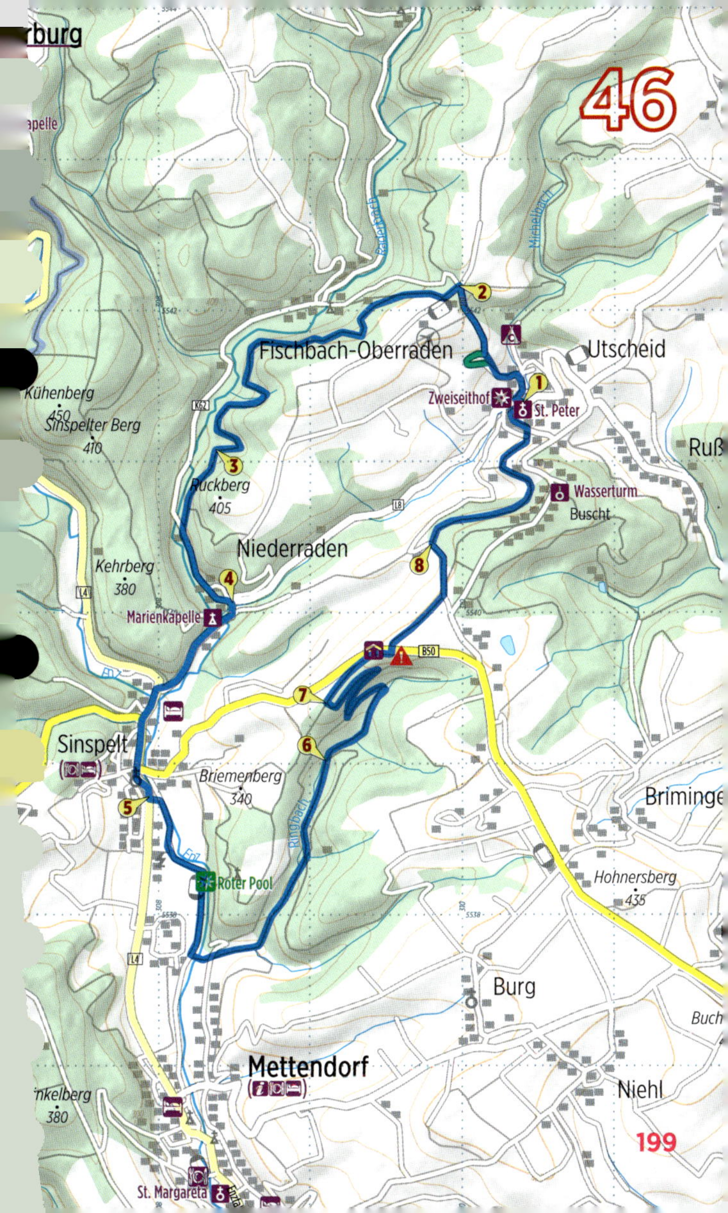
46
Fischbach-Oberraden
Utscheid
Zweiseithof
St. Peter
Wasserturm
Buscht
Kühenberg
450
Sinspelter Berg
410
Ruckberg
405
Niederraden
Kehrberg
380
Marienkapelle
Sinspelt
Briemenberg
340
Roter Pool
Hohnersberg
435
Burg
Mettendorf
Niehl
St. Margareta
Michelbach
Ringbach
Enz
K62
L8
L4
B50

Linde in Niederraden

5 6,7 (270) Nach 200 m an einem Schieferfelsen links Richtung Sportplatz.

Grenzsteine

Nahe der Hausnummer 41 befindet sich ein spezieller Schieferfels: Zwischen jenem Fels und dem Buntsandstein an der Enz verläuft die Grenze zwischen Islek und dem sandigen Randstreifen des Bitburger Gutlandes, der Islek-Vorstufe. Das Gutland als solches, im Volksmund auch Bekow genannt, beginnt hingegen erst bei Mettendorf.

Nun ein Stück entlang der Enz ⤳ vorbei am **Sportplatz**.

Roter Pool ist die volksmündliche Bezeichnung für die 6 m hohe Buntsandstein-Wand gegenüber des Sportplatzes.

Weiter entlang des Flüsschens ⤳ gegenüber des langen Gewerbebaus links auf dem überdachten Brückchen über die Enz, dann unter der Stromtrasse hindurch ⤳ Sie wandern nun längere Zeit durch das Tal des **Ringbaches**.

6 9,9 (310) Der **Wanderweg 49** wechselt ans andere Ufer ⤳ vorbei an einem tiefen Bachgraben ⤳ nach 500 m scharf links und in mehreren Spitzkehren den Hang hinauf.

7 11,6 (400) Oben angekommen trifft der Wanderweg 49 auf den **Wanderweg 50**, folgen Sie diesem nach rechts ⤳ vorbei an einer **Schutzhütte** ⤳ ⚠ Vorsicht beim Überqueren der **B 50**, die Kurve von links ist schlecht einzusehen ⤳ kurz hinter der Straße rechts folgen und über die Felder ⤳ am Ende des Weges links auf die kleine Straße Richtung Hamerskaul.

8 13,0 (385) Noch bevor es zu den Häusern hinab geht, zweigen Sie rechts in den Wald ab ⤳ die weiten Bögen des herrlichen Weges führen Sie im leichten Anstieg zurück nach Utscheid, zuletzt mit freier Sicht ins Michelbachtal und nach Utscheid ⤳ bei den ersten Häusern links auf die Straße **Im Büchel** und vor dem Bildstock rechts entlang der Mauer ⤳ über den **Friedhof** gelangen Sie zur Kirche.

1 14,7 (330) Vor der Kirche schließt sich diese Runde.

Utscheid

LEICHT

Tour 47 11,2 km

Zur Königseiche im Kammerwald

Start/Ziel: Roth an der Our, Parkplatz an der Kirche

Gehzeit: 3½ - 4 Std. **Aufstieg:** 405 m **Abstieg:** 405 m

Charakteristik: Diese grenzüberschreitende Runde führt Sie entlang des Teggelbaches zur deutsch-luxemburgischen Grenze und hoch über dem Tal des Grenzflusses Our in den Kammerwald.

Von der erhaben gelegenen Kirche in Roth an der Our wandern Sie entlang des Teggelbaches. Der waldschattige Weg erhebt sich bald über das Tal und führt Sie kurvenreich am Hang entlang. Von einer Hütte geht es steil hinauf zur Grenze und durch den Viandener Ortsteil Scheuerhof. Nach kurzem Abstieg wandern Sie mit traumhaften Ausblicken an der Talflanke hoch über der Our zurück zur Grenze und erreichen bald darauf die hochgewachsene Königseiche. Ein steiler Abstieg bringt Sie schließlich zurück nach Roth.

Markierung: wechselnde regionale Beschilderung

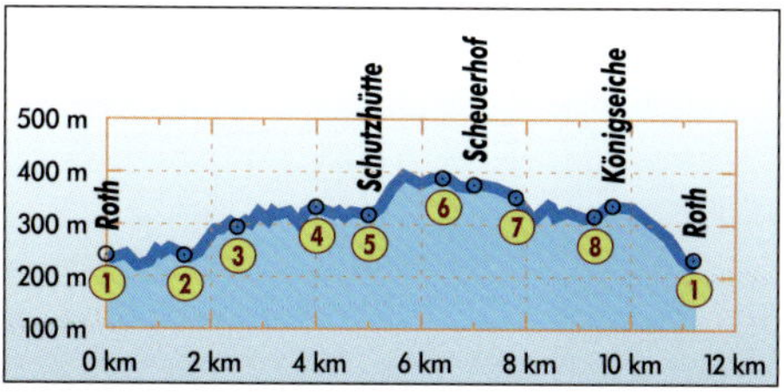

Anfahrt: Pkw: über die A 60, Abfahrt Bitburg, dann von Bitburg auf der B 50 Richtung Vianden nach Roth an der luxemburgischen Grenze, Parkplatz an der Filialkirche St. Peter; ÖPNV: keine praktikable Anbindung

Roth an der Our (D)

PLZ: 54675; Vorwahl: 06566

- **Tourist-Information Neuerburger Land**, Pestalozzistr. 7, 54673 Neuerburg, ✆ 06564/19433
- **Ourtaler Hof**, Ourtalstr. 27, ✆ 218
- Ehem. Johanniterkirche **St. Peter** (1140). Eine der bedeutendsten romanischen Kirchenbauten im Gebiet der Eifel dar.
- **Schloss Roth**, Johanniterstr. 17, ✆ 594. Die einstige Komturei der Templer fand 1248 erstmals Erwähnung. Heute ein Hotel.
- Die **Willibrordus-Linde** am Eingang des Friedhofs wird auf ein Alter von 800 Jahren geschätzt.

1 **0,0 (240)** Ausgangspunkt der Wanderungen ist die einstige Kirche der Komturei der Ordensritter, folgen Sie von hier der **Johanniterstraße** auf dem Kamm zur **B 50**, mit gu-

Königseiche

ter Aussicht auf Vianden und das Schloss ~ an der Bundesstraße nach rechts und nach der Bachbrücke links ins Tal des **Teggelbaches** und an dessen rechtem Rand entlang, nun der **Markierung WW 30** folgend ~ vor dem Fischteich über den Bach, dann auf dem Forstweg entlang der Teiche und des Baches.

2 1,5 (240) An der Gabelung rechts über den Bach ~ der Weg verläuft nun längere Zeit kurvenreich oberhalb des Tales.

3 2,5 (295) Wo der WW 30 rechts hinaufsteigt, gehen Sie links weiter entlang des Hanges, nun **ohne Markierung** ~ der Weg kreuzt eine Handvoll kleiner Seitentäler.

4 4,0 (335) Am breiten Forstweg treffen Sie wieder auf den **WW 30** und folgen diesem nach links ~ immer dem Verlauf des Forstweges folgen.

5 5,0 (320) An der Kreuzung bei der **Schutzhütte** gehen Sie rechts in das Seitental und steigen sanft hinauf, nun mit der **Markierung WW 32** ~ gehen Sie am Holzplatz geradeaus und 200 m später links zur Grenze.

6 6,4 (390) An der Grenze endet der Weg, rechts lässt sich der Grenzstein 200 entdecken, gehen Sie geradeaus in den kleinen Pfad ~ unten am Fahrweg links halten das Bachtal queren ~ oben an der Straße links ~ Sie erreichen den Viandener Ortsteil Scheuerhof.

Scheuerhof (LUX)

Nach einer Grenzziehung im Jahre 1816 blieb Scheuerhof vollständig bei

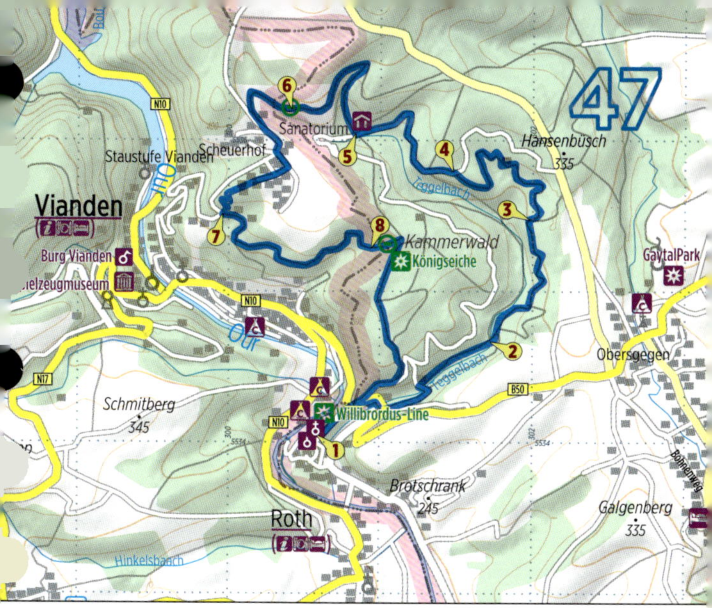

Luxemburg. Im Gegenzug wurde der Staatsforst Kammerwald komplett Roth zugesprochen.

Aus dem Wald heraus und nach dem Rechtsbogen an der Kreuzung links, der blauweißen Markierung folgend ~ kurz darauf links in die **Rue Edouard Wolff** und durch das Wohnviertel ~ am Ende der Straße geradeaus in den Wald und in Serpentinen steil hinab.

7 7,8 (350) Bei der Straßenkehre links über den Weg entlang des Hanges und ca. 250 m später links dem Hangweg hoch über dem Ort Vianden folgen, nun **ohne Markierung** ~ der Weg umrundet ein Nebental.

8 9,3 (315) In der Talsohle nach der Bank links hinauf über den Waldlehrpfad Vianden-Königseiche ~ kurz darauf passieren Sie erneut die Grenze, diesmal beim Grenzstein 171 ~ weiter hinauf, am querenden Weg rechts und gleich wieder rechts ~ vorbei an der Königseiche.

Die **Königseiche** im Kammerwald ist 33 m hoch und hat einen Umfang von 5,20 m. Ihr Alter wird auf über 450 Jahre geschätzt.

Mit der **Markierung H** führt Sie der Weg zurück zur Bundesstraße ~ erneut berühren Sie fast die Grenze, diesmal bei Grenzstein 21 ~ geradeaus über die B 50 und auf bekanntem Weg zur Kirche zurück.

1 11,2 (240) Am Parkplatz bei der Kirche endet diese grenzüberschreitende Tour.

Roth **(D)**

LEICHT

Tour 48 — 12,6 km

Im Goldenen Grund

Start/Ziel: Körperich, Ortsmitte

Gehzeit: 3½ - 4 Std. **Aufstieg:** 205 m **Abstieg:** 205 m

Charakteristik: Diese herrlich entspannte Tour führt Sie durch zwei offene Talzüge entlang zahlreicher Ortschaften rund um einen kleinen Höhenzug und bietet als Extra einige der für die Region typischen Schloss- und Hofgüter.

Von Körperich folgen Sie dem Gaybach vorbei am Seimerich nach Niedersgegen, wo Sie auf die ersten Schlossgüter treffen. Sie folgen dem Hangbogen ins Tal des Notzenbaches und wandern vorbei an Schloss Kewenig nach Hüttingen. Sie wechseln aufs andere Ufer des Lahrer Baches und erreichen das Örtchen Lahr. Der einzige Kilometer ohne Bachnähe bringt Sie über einen kleinen Sattel ins Tal des Geichlinger Baches, dem Sie sehr schön leicht oberhalb des Baches zurück nach Körperich folgen.

Markierung: wechselnde regionale Markierungen

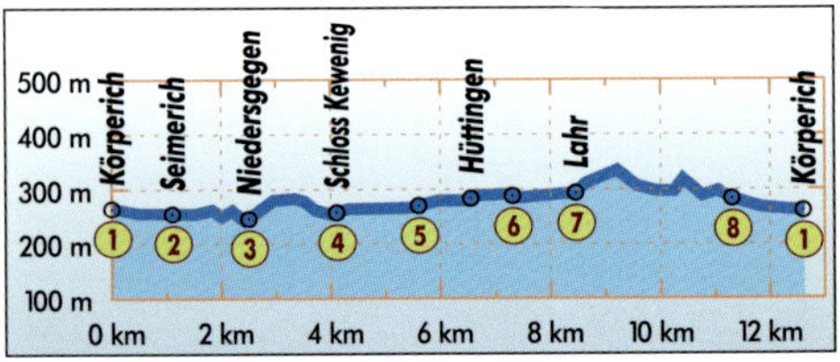

Anfahrt: Pkw: über die A 60, Abfahrt Bitburg, dann von Bitburg auf der B 50 Richtung Vianden, einige Kilometer vor der Grenze in Obersgegen links nach Körperich, dann links zur Kirche St. Hubertus; ÖPNV: von Hbf. Trier mit Bus 201 (VRT, s. S. 12) nach Bitburg, 4 Min. Fußweg zum Bedaplatz, von dort mit Bus 445 (VRT) über Mettendorf Friedhof nach Körperich Kirche

Körperich

PLZ: 54675; Vorwahl: 06566

Kath. Pfarrkirche **St. Hubertus** (1926)

Freibad Körperich, 495

1 0,0 (265) Die Tour beginnt an katholischen Pfarrkirche St. Hubertus, gehen Sie ortsauswärts in der Rechtskurve der **Hubertusstraße** Richtung Hüttlingen ~ nach der Brücke rechts in die **Großenbornstraße**, dem **EV-Zeichen** folgend ~ oberhalb des Freibades entlang ~ rechts am Bunker vorbei.

Seimerich

2 1,1 (255) Auf die kleine Straße und in deren Linkskurve geradeaus

Gutsherrenschloss Bouvier in Niedersgegen

⤳ entlang der Baumreihe am Fuß des Hanges entlang ⤳ durch ein Waldstück ⤳ rechts auf die kleine Straße und hinunter zur Donatuskapelle.

AUSFLUG **Nach rechts bietet sich ein kurzer Abstecher zum Schlossgut an der L 1 an.**

Niedersgegen

- **Donatuskapelle** (1718)
- Kath. Filialkirche **St. Dionysius**. Die Kirche besteht aus einem mittelalterlichen Wohnturm aus dem 15. Jh., 1734 wurde als Saalbau eine kleine Kapelle angebaut.
- **Schlossgut Petry** (1823). Sehenswert sind neben dem Wohnturm und der Kapelle auch der Schlosspark und einige große Höfe.
- Das **Gutsherrenschloss Bouvier** beherbergt heute ein Schullandheim. Die Parkanlagen sind reich an sehr alten Bäumen.

Schloss- und Hofgüter

In der Gegend um Körperich und Niedersgegen finden sich die schönsten Schloss-und Hofgüter der Südeifel, die vom Wohlstand der Gutsherren jener Zeit zeugen. Beispiele sind Schlossgut Petry und das einstige Schloss Bouvier.

Vor der Donatuskapelle links.

3 **2,5 (245)** Noch vor der L 1 links hinauf und im Rechtsbogen zum Wald ⤳ vor dem Wald links und entlang des Waldrandes ⤳ kurz vor Eintritt in den Wald rechts in den Pfad und hinab zum Schloss Kewenig.

Schloss Kewenig

Schloss Kewenig (13. Jh.). Die einst von Wassergräben umgebene Burg wurde im 18. Jh. auf den Grundmauern der ehemaligen Wasserburg errichtet.

4 4,1 (260) Wandern Sie vom Schloss auf dem kaum befahrenen und lose von Bäumen gesäumten Talweg entlang des **Notzenbaches** Richtung Hüttingen.

5 5,6 (270) Bei der zweiten Möglichkeit links über den Bach und dahinter rechts entlang des Waldrandes nach Hüttingen.

Hüttingen

Ofen- und Eisenmuseum, Am Römerberg 10, ✆ 06566/8542, ÖZ: Vorsaison: Fr-So 14-18 Uhr, Hauptsaison: Di-So 14-18 Uhr

An der **L 8** rechts und im Linksbogen durch den Ort ⤳ vorbei an der Kirche und in der Rechtskurve der Hauptstraße geradeaus in die **Talstraße** in Richtung Lahr ⤳ entlang verstreut liegender Höfe.

6 7,3 (285) Am Ende des sanften Linksbogens bei der zweiten Möglichkeit (Höhe Nr. 15) nach links, über den **Lahrer Bach** und wenig später rechts entlang des Waldstreifens ⤳ auf dem Wiesenweg nach Lahr.

Hofgut Mertz in Niedersgegen

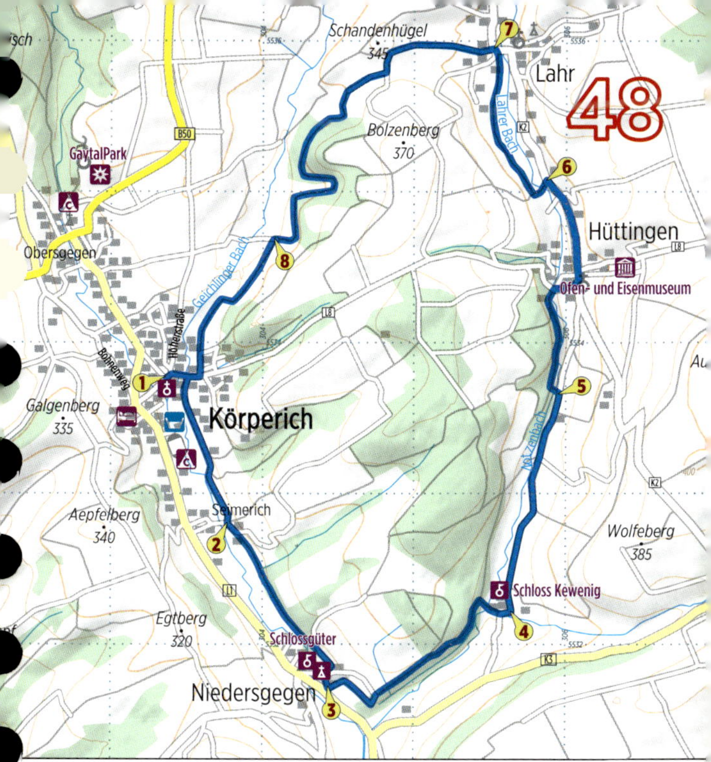

Lahr

7 8,5 (295) Gehen Sie an der Kreuzung links in den sanft ansteigenden **Obersgegener Weg**, rechts ginge es zur Ortsmitte ⁓ in der Gabelung der Linkskurve vor dem Schandenhügel der Straße folgen, dann nach 150 m rechts abbiegen und hinab ⁓ am Ende des Asphalts weiter zum Waldrand, unten im Tal fließt der Geichlinger Bach ⁓ der Weg beschreibt eine ausgeprägte Schlinge ⁓ wenig später folgt eine Rechtskurve.

8 11,3 (280) Gehen Sie nach dem Ende der Rechtskurve links in den sanft absteigenden Hangweg ⁓ weiter geradeaus auf die **Litzergaystraße**, dann an der **Hüttinger Straße** rechts zur Ortsmitte.

1 12,6 (265) An der Pfarrkirche erreichen Sie Ihren Ausgangspunkt.

Körperich

MITTEL

Tour 49 — 18,2 km

Auf den Spuren der Gallier

Start/Ziel: Bollendorf, Parkplatz Burg Bollendorf

Gehzeit: 5½ - 6 Std. **Aufstieg:** 435 m **Abstieg:** 435 m

Charakteristik: Diese teilweise südeuropäisch anmutende Tour unweit der luxemburgischen Grenze bietet Ihnen neben schönster Waldnatur und weiten Blicken zahlreiche Höhepunkte in erstaunlicher Regelmäßigkeit.

Vorbei an der Römischen Villa steigen Sie hinauf zur Hunolay und wandern hoch über dem Tal des Grenzflusses Sauer, vorbei am Aussichtspunkt beim Teufelsloch. Vom Diana-Denkmal bietet sich ein Abstecher zum Schloss Weilerbach an. Nach steilem Anstieg wandern Sie durch den Wald nach Ferschweiler und im sanften Anstieg mit freiem Blick hinauf zur Klause Schankweiler. Der weitere Weg führt Sie über ein Waldplateau zur Wikingerburg und vorbei an markanten Monolithen. Nach den Felsen von Wolfsschluff und Ossenlay liegt Ihnen Bollendorf zu Füßen.

Markierung: Ortswanderwege 6, 7, 8, 9, 32 und 33, regionaler Wanderweg A, Jakobusweg, Matthiasweg

Anfahrt: Pkw: aus Richtung Trier/Bitburg von Echternacherbrück über die L 1 Richtung Bollendorf; ÖPNV: Moselbahn Linie 441(Trier-Bollendorf, VRT, s. S. 12), Linie 443 (Bitburg-Bollendorf, VRT)

Bollendorf

PLZ: 54669; Vorwahl: 06526

- **Tourist-Information**, An der Brücke, ✆ 93033
- Kath. Kirche **St. Michael** (1839)
- **Burg Bollendorf** (716), Burgstr. 10, ✆ 690 od. 6988. In der Burg befindet sich aktuell ein Hotel.

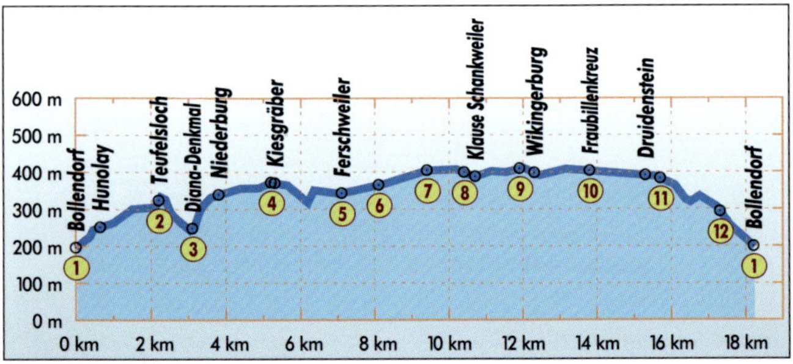

Diana-Denkmal

Römische Villa (2.-5. Jh.) In der sog. Villa Rustica lebten ursprünglich Kleinbauern. Ausgegraben wurde die Villa am Ende des vergangenen Jhs.

1 0,0 (195) Diese Tour beginnt am Parkplatz nahe der oberhalb der Sauer liegenden Burg Bollendorf, gehen Sie von hier, der **Markierung Matthiasweg** folgend, hinauf zur Römischen Villa ⤳ vor der Villa halten Sie sich links auf der Straße **An der Römischen Villa** ⤳ nach dem sanften Linksbogen rechts in die Straße **An der Büchersbach** ⤳ an der Gabelung vor dem Weiher oberhalb der Hunolay halten Sie sich rechts ⤳ Sie wandern immer entlang des steilen Hanges ⤳ vorbei an Sandsteinfelsen ⤳ Sie erreichen das Teufelsloch.

Das **Teufelsloch** ist eine Schlucht, von der Sie eine grandiose Sicht ins Sauertal und auf Bollendorf genießen.

2 2,2 (325) Vom Teufelsloch steigen Sie hinab bis an den Rand von Weilerbach.

Das **Diana-Denkmal** (2. Jh.) ist der römischen Göttin für den Schutz des Waldes und des Jagdglücks gewidmet. Die Skulptur wurde aus einem einzigen Sandsteinblock gehauen.

AUSFLUG **Gehen Sie beim Denkmal geradeaus, können Sie einen kurzen Ausflug hinab nach Weilerbach machen.**

Weilerbach

Museumscafé Remise am Schloss, ✆ 06526/1333. Mit Ausstellung zahlreicher Produkte der Weilerbacher Hütte.

Schloss Weilerbach (1780), 06526/15-2300, ÖZ: Ostern-Okt., tgl.14-18 Uhr, Nov.-Apr., So 12-18 Uhr. Etwas gleichzeitig mit der Eisenschmelze und der Schmiede wurde auch dieses Barockschloss gebaut.

3 3,1 (250) Beim Diana-Denkmal folgen Sie der Markierung Matthiasweg steil hinauf zum Opferaltar ⤳ vorbei an der Niederburg ⤳ durch eindrucksvollen Buchenwald erklimmen Sie die Hochebene ⤳ Sie wandern steigungsarm durch den Wald.

4 5,2 (370) An der Kreuzung kurz vor dem Waldrand biegen Sie rechts ab ⤳ vorbei an den Kiesgräbern.

Die sog. **Kiesgräber** zeugen von einem einstigen römisch-gallischen Friedhof.

Der Weg schneidet sich ein und quert unten ein Bachtal ⤳ von dort wieder steil hinauf auf den Mühlenberg und entlang des Hanges nach Ferschweiler ⤳ am Endes des Weges geradeaus über den Friedhof und vorbei an der Kirche.

Klause Schankweiler

Ferschweiler

PLZ: 54668; Vorwahl: 06523

Tourist-Information, Sybillenstr. 1, ✆ 1308

Eifeler Hof, Büchelstr. 5, ✆ 386

An der T-Kreuzung rechts in die **Hochstraße**, die Bomstraße überqueren und nach wenigen Metern links in die Straße **Unterm Luzienturm**.

5 7,1 (345) Am Ende des Rechtsbogens links in die **Büchelstraße** und in deren enger Linksschlinge halblinks in die **Bergstraße** ⤳ durch das Wohngebiet ⤳ über die K 19 ⤳ Sie verlassen den Ort.

6 8,1 (365) An der 5er-Kreuzung rechts in den Feldweg mit Grasnarbe.

Landart-Installation Fünf Bleistifte. Drei der Bleistifte verweisen im Kontext mit dem Lot im Bilderrahmen auf drei umliegende Denkmäler, die alle an dieser Tour liegen.

Sanft hinauf zum Waldrand, nun wieder über das Hochplateau mit seinen Heidelandschaften ⤳ entlang des Waldrandes.

7 9,4 (405) Noch vor der Linkskurve rechts in den Wald hinein ⤳ nach 500 m biegen Sie links ab ⤳ es geht sanft hinauf ⤳ nach 500 m rechts vor zum **Parkplatz** und links auf die Straße und der Rechtskurve folgen.

8 10,4 (400) Kurz darauf rechts abzweigen auf den kleinen Weg Richtung Klause Schankweiler ⤳ Sie erreichen die Klause.

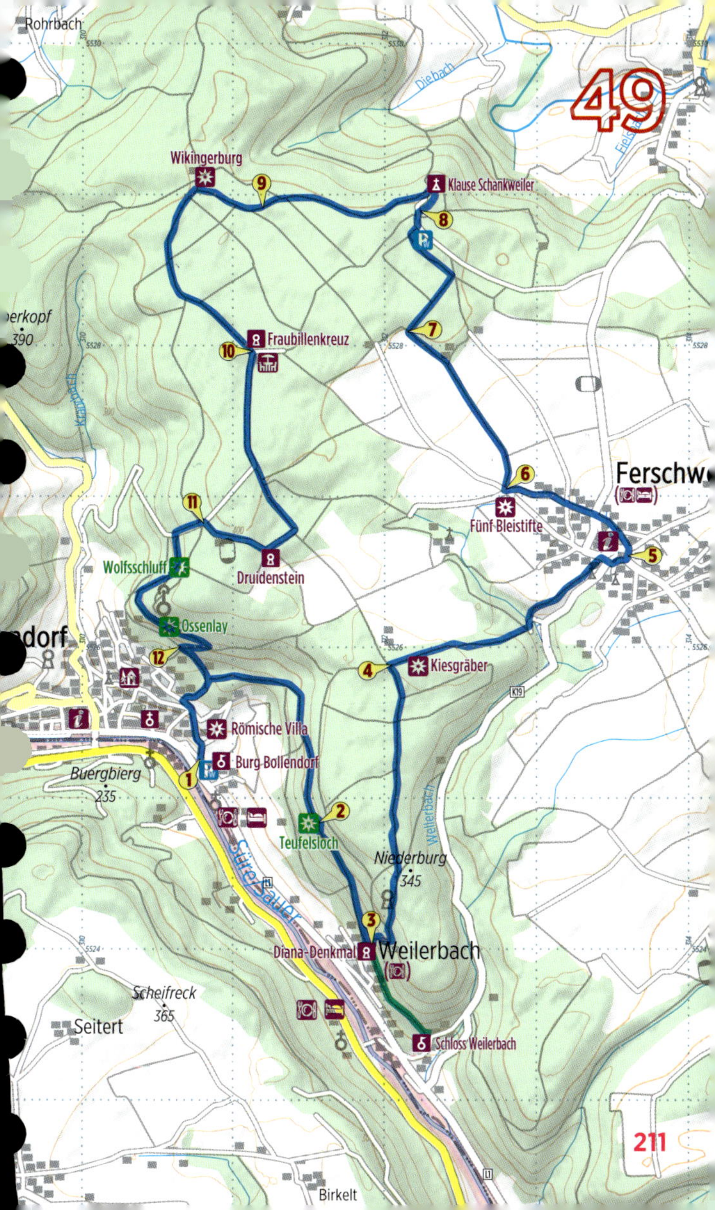
49
Rohrbach
Diebach
Wikingerburg
Klause Schankweiler
Fraubillenkreuz
Ferschw
Fünf Bleistifte
Wolfsschluff
Druidenstein
Ossenlay
Kiesgräber
Römische Villa
Burg Bollendorf
Buergbierg
235
Teufelsloch
Niederburg
345
Weilerbach
Diana-Denkmal
Schloss Weilerbach
Scheifreck
365
Seitert
Birkelt
Sûre/Sauer
Weilerbach
Kranzbach
390
K19
1
2
3
4
5
6
7
8
9
10
11
12

Klause Schankweiler

Die barocke **Schankweiler Klause** (1763) mit ihrem Eremiten ist ein bekannter Wallfahrtsort.

Vor der Klause halten Sie sich links und folgen dem bogenreichen Weg durch den Wald ⁓ Sie wandern auf dem Bergrücken Richtung Wikingerburg.

9 11,9 (410) An der Dreierkreuzung halten Sie sich rechts ⁓ kurz darauf erreichen Sie die Wikingerburg.

Die **Wikingerburg** ist einer der größten keltischen Wallanlagen auf dem Plateau. An diesem Standort wurden Hügelgräber gefunden, die auf das 11. Jh. v. Chr. datiert werden.

Felsen am Wanderweg

Biegen Sie an dieser Stelle links ab und folgen dem **Wanderweg A** ⁓ weiterhin durch den Wald.

10 13,8 (400) An der großen Dreierkreuzung treffen Sie auf das Fraubillenkreuz.

Das **Fraubillenkreuz** ist ein schief stehender Monolith aus vorchristlicher Zeit, den der Missionar St. Willibrord zu einem Kreuz umformte. Solche aufgerichteten Steine werden auch Menhir genannt.

Gehen Sie an der Dreierkreuzung halbrechts in den breiten Waldweg ⁓ nach dem Linksknick an der Kreuzung geradeaus ⁓ hinaus aus dem Wald und bei der ersten Möglichkeit links vor einem Waldstück entlang.

Auch der **Druidenstein** ist ein sog. Menhir.

Gehen Sie an der Kreuzung beim Druidenstein rechts ⁓ vorbei am Waldsportplatz.

11 15,7 (380) Links auf die Waldstraße ⁓ nach 200 m die Straße nach links verlassen ⁓ mit der **Markierung Nr. 33** wandern Sie entlang der Felsformationen Wolfsschluff und Ossenlay ⁓ in einer Schlinge steigen Sie rechts hinab zum Waldrand.

12 17,3 (290) Gehen Sie am Waldrand oberhalb von Bollendorf links und im weiten Bogen hinab in den Ort ⁓ ab den ersten Häusern auf bekanntem Weg zurück zum Ausgangspunkt.

1 18,2 (195) Am Parkplatz bei der Burg findet diese Runde ihr Ende.

Bollendorf

MITTEL

Tour 50 — 9,7 km

Premiumweg Römerpfad

Start/Ziel: Butzweiler, Brunnen Klaus-Pauli-Platz

Gehzeit: 3½ - 4 Std. **Aufstieg:** 435 m **Abstieg:** 435 m

Charakteristik: Dieser Premium-Wanderweg hat viel zu bieten – neben Zeugnissen römischer Kultur und herrlichen Aussichtspunkten gibt es Höhlen, Burgen und ein wahrhaft idyllisches Bachtal.

Vom Butzweiler Ortsrand steigen Sie hinauf zum Ramsteiner Kopf und wandern entlang einer römischen Langmauer. Steil geht es hinab zur Genovevahöhle und ins Tal des Kufbaches, dann noch tiefer bis zum Laufbach. Vorbei an der Klausenhöhle steigen Sie kurz steil hinauf und können einen Abstecher zum Aussichtspunkt Geyersley machen. Kurz nach der Spitzley erreichen Sie die Burg Ramstein. Einen genüsslichen Ausklang der Tour bietet das wildromantische Butzerbachtal mit seinen Hängebrücken, Stegen und Leitern.

Markierung: römische Münze, zu großen Teilen Eifelsteig

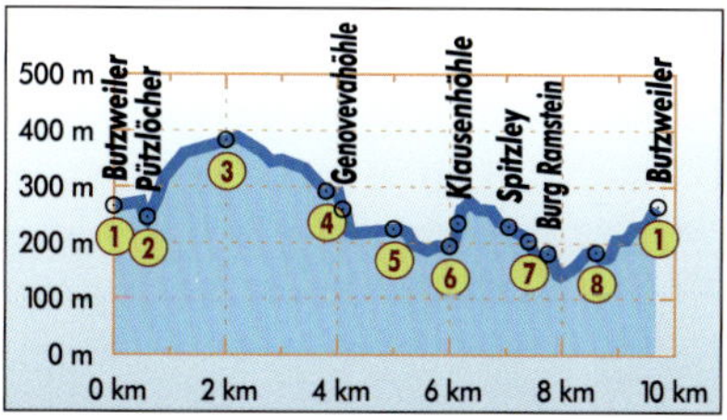

Anfahrt: Pkw: über die A 64, Ausfahrt Trier, auf der B 51 Richtung Bitburg, rechts auf die L 43 nach Butzweiler, dort rechts auf den Ramsteiner Weg (hier alternativer Parkplatz Brunnen Klaus-Pauli-Platz) und zum Wanderparkplatz; alternativ Wanderparkplatz Burg Ramstein (zu erreichen über Kordel); ÖPNV: Hbf. Trier mit Bus Kylltal-Reisen bis Butzweiler/Kordeler Straße; optional von Bhf. Kordel ca. 2 km zu Fuß zur Burg Ramstein

Tipp: Vom Bahnhof Kordel können Sie wahlweise entlang der Kyll oder steigungsreich auf dem Eifelsteig zur Burg Ramstein gelangen und dort in den Weg einsteigen.

Butzweiler

PLZ: 54309; Vorwahl: 06505

Am Brunnen, Ramsteiner Weg 4, ✆ 301, ÖZ: Mi-Sa ab 17.30 Uhr, So/Fei 12-14.30, 17.30-1 Uhr

Pfarrkirche (1759)

TIPP: Sie können direkt in Butzweiler am Brunnen Klaus-Pauli-Platz am Beginn des Ramsteiner Weges parken und auf diesem zum Wanderparkplatz wandern.

Genovevahöhle

1 0,0 (265) Auf dem **Parkplatz** am **Ramsteiner Weg** startet die Tour ⤳ folgen Sie dem Ramsteiner Weg über ein Bachtal bis zu seinem Ende ⤳ dahinter weiter auf dem Waldweg ⤳ rechts erstrecken sich weite Wiesenhänge ⤳ Sie erreichen die Pützlöcher.

Pützlöcher, Führungen Mai-Okt. nach tel. Anm. unter ✆ 0177/8962493, 06505/495 od. 8950. Das römische Kupferbergwerk stammt aus dem 1. Jh. und gilt als eines der ältesten Bergwerke in Deutschland. 1967 und 1990 sind Schächte und Teile des römischen Steinbruchs freigelegt worden. Pütz heißt soviel wie ausgemauertes Wasserloch.

2 0,6 (245) Hinter der Anlage rechts in den kleinen Weg, geradeaus ginge es auf dem Eifelsteig direkt zur Burg Ramstein ⤳ in Serpentinen hinauf durch den Wald und oben im weiten Rechtsbogen entlang des Waldrandes über den Ramsteiner Kopf ⤳ über die Felder zu einem Waldstück ⤳ kurz entlang des Waldrandes, dann scharf links hinauf in den Friedbüsch.

Römische Langmauer, Mitte des 3. Jhs. als Schutzmauer des kaiserlichen Domänebezirks entstanden. Ein Teil der 72 km langen und mindestens 2 m hohen Mauer wurde hier sorgfältig rekonstruiert.

3 2,0 (380) Am Waldrand rechts und über die Felder sanft hinab mit Ausblicken zu Moseltal und Hunsrück ⤳ vor dem Wald rechts folgen ⤳ vor dem nächsten Waldrand links und nach 100 m halbrechts hinab in den Wald und im Linksbogen in Richtung Genovevahöhle.

4 3,8 (290) Geradeaus über eine Kreuzung zahlreicher Wege und kurz darauf rechts halten.

AUSFLUG

Wenig später führt links ein insgesamt 1,2 km langer Abstecher zur Hochburg.

Hochburg. Vom Überrest einer keltischen Fliehburg bietet sich eine herrliche Aussicht.

Auf der Hauptroute weiter geradeaus und kurz darauf links in den kleinen Weg ⤳ Sie erreichen die Genovevahöhle.

Genovevahöhle

Die zur Erkundung einladende **Genovevahöhle**, ehemals Kutbachhöhle genannt, ist bis zu 15 m breit und 8-10 m hoch. Es wird vermutet, dass die Höhle bereits in der späten Altsteinzeit genutzt wurde.

Ab hier verläuft der **Eifelsteig** bis zur Burg Ramstein parallel ⤳ weiter

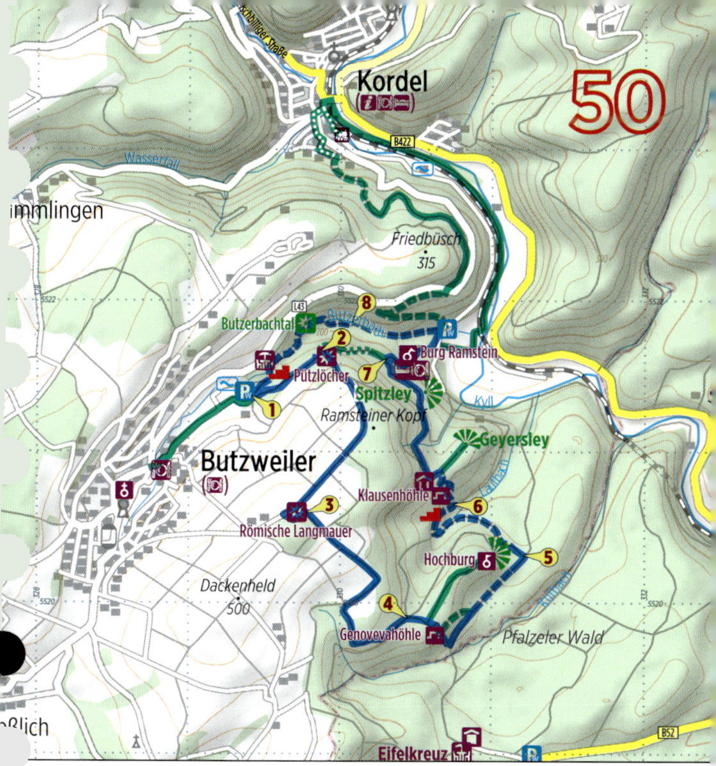

hinab bis ins Kutbachtal ⁓ vor dem **Kutbach** und dem querenden Weg scharf links und nun zunächst leicht ansteigend unterhalb der Hochburg entlang.

5 5,0 (225) An einer Wegekreuzung links und an der folgenden Gabelung den rechten Ast wählen ⁓ an der nächsten Gabelung links halten und im Linksbogen um die Hochburg herum ⁓ im Rechtsbogen das Tal des **Laufbaches** queren.

6 6,0 (195) Den Weg nach links verlassen und steil hinauf ⁓ unter der **Stromtrasse** über Stufen und Serpentinen hindurch zur Klausenhöhle.

Klausenhöhle

Klausenhöhle. Die 10 m lang Klufthöhle mit ihrem markanten Fenster wurde noch im 18. Jh. von nach Einsamkeit suchenden Mönchen als Wohnhöhle genutzt. Nicht belegt ist, ab wann und wie lange die Eremiten hier lebten. Die Höhle lässt sich mittels einer Leiter erklimmen.

Auf Stufen bis zu einem Plateau.

AUSFLUG **Von hier erreichen Sie über einen kurzen Stichweg den Aussichtspunkt Geyersley.**

Geyersley. Von dem durch Abtragung entstandenen Felsvorsprung genießen Sie einen fantastischem Blick auf die voraus liegende Burg Ramstein und das das Tal der Kyll.

An der Kreuzung bei der **Rasthütte** rechts und vor dem Hang entlang Richtung Burg Ramstein ⤳ vorbei an der **Spitzley**.

7 7,4 (205) Wo der Eifelsteig geradeaus Richtung Kupferbergwerk führt, gehen Sie rechts und in einer S-Kurve hinab zur Burg Ramstein.

An der Hochburg

Burg Ramstein

Burg Ramstein, ✆ 06505/1735, Do-Di 9-22 Uhr

Burg Ramstein, ÖZ: 10-18 Uhr. Anfang des 14. Jhs. wurde die Burg auf einem Felsen erbaut. Von der ehemaligen Landesburg der Trierer Erzbischöfe sind heute nur noch Reste der Ringmauer und des 25 m hohen Wohnturms erhalten.

Von den Häusern zu Füßen der Burgruine steigen Sie hinab zum **Wanderparkplatz**.

AUSSTIEG **Von hier sind es im flachen Kylltal gut 2 km bis zum Bahnhof Kordel, auf dem Eifelsteig über den Friedbüsch ca. 1 km mehr.**

Auf der Hauptroute gehen Sie am Parkplatz nach links, nun längere Zeit dicht am **Butzerbach** ⤳ der Weg führt sehr schön durch das idyllische Bachtal, zum Teil über Leitern und Holzstege ⤳ vorbei an der **Sylvesterhöhle**.

8 8,6 (185) Sie überqueren den Bach und wandern nun am linken Ufer ⤳ in der Folge mehrere Male das Ufer wechseln, zum Teil auf Hängebrücken ⤳ Sie passieren zahlreiche Wasserfälle des hochgradig romantischen Bachlaufes ⤳ ein letztes Mal über den Bach und vom linken Ufer sanft hinauf ⤳ oben links in den **Ramsteiner Weg**.

1 9,7 (265) Am Parkplatz erreichen Sie Ihren Ausgangspunkt.

Butzweiler

Ortsindex

Ortsindex